U0654803

厚德博學
經濟匡時

人文社科文库

叶适儒学思想研究

德与利统一的哲学试探

沈尚武 ◎ 著

The Study of Ye Shi's Confucianism

On the Unification of Morality and Profit

 上海财经大学出版社
SHANGHAI UNIVERSITY OF FINANCE & ECONOMICS PRESS

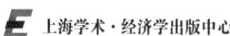 上海学术·经济学出版中心

图书在版编目(CIP)数据

叶适儒学思想研究:德与利统一的哲学试探/沈尚武著.—上海:上海财经大学出版社,2024.5
(匡时·人文社科文库)
ISBN 978-7-5642-4346-3/F·4346

Ⅰ.①叶… Ⅱ.①沈… Ⅲ.①叶适(1150—1223)-儒学-学术思想-研究 Ⅳ.①B244.925

中国国家版本馆 CIP 数据核字(2024)第 068860 号

□ 责任编辑 温 涌
□ 封面设计 张克瑶

叶适儒学思想研究
——德与利统一的哲学试探

沈尚武 著

上海财经大学出版社出版发行
(上海市中山北一路 369 号 邮编 200083)
网 址:http://www.sufep.com
电子邮箱:webmaster@sufep.com
全国新华书店经销
上海华教印务有限公司印刷装订
2024 年 5 月第 1 版 2024 年 5 月第 1 次印刷

710mm×1000mm 1/16 16 印张(插页:2) 229 千字
定价:88.00 元

序　言

收到沈尚武副教授发来的书稿，得知他的新著即将问世，很是高兴。他嘱我为之序，欣然从命。

尚武《叶适儒学思想研究——德与利统一的哲学试探》（以下简称《叶适》）一书之选题，属于中国传统经济哲学的研究领域。叶适儒学思想中有着强烈的"事功"倾向，被认为有悖于儒家仁义大旨，少有人问津，亦是不争的事实。如黄宗羲所言：儒家本为经纬天地之学，但多有"假其名以欺世"之辈，"治财赋者则目为聚敛，开阃捍边者则目为粗材，读书作文者则目为玩物丧志，留心政事者则目为俗吏"①。在他看来，"岂知古今无事功之仁义，亦无不本于仁义之事功"②。而叶适的事功理念，所坚守的正是仁义与事功、德与利的统一的立场，用他的话说："既无功利，则道义者乃无用之虚语尔。"③

在中国思想史上，义利之辨似成了一个难解的死结，表现为"性理之学"与"事功之学"的对峙。孔孟奠定了前者的基石。孔子有言："子罕言利，与命与仁"④；以义、利观界分君子与小人，所谓"君子喻于义，小人喻于利"⑤。至孟子，改"罕言利"为先仁后义，曰："苟为后义而先利，不夺不餍。未有仁而遗其亲者也，未有义而后其君者也。王亦曰仁义而已矣，何

---

① ［明末清初］黄宗羲：《黄梨洲文集》，中华书局1959年版，第220页。
② ［明末清初］黄宗羲：《黄梨洲文集》，中华书局1959年版，第257页。
③ ［南宋］叶适：《习学记言序目》卷第二十三《汉书三·列传》，中华书局1977年版，第324页。
④ 《论语·子罕篇》。
⑤ 《论语·里仁篇》。

必曰利?"①此后程朱理学一脉,因循此道,作出了更进一步的义理发挥。如朱熹所云:"仁义根于人心之固有,天理之公也;利心生于物我之相形,人欲之私也。循天理,则不求利而自无不利;殉人欲,则求利未得而害己随之。"②如此等等。

在中国主流思想传统中,义利之辨的结果,并非义利争胜,一方取代另一方,而是力图将其综合为一整体,以得出"义利统一"的结论。"义利统一"这一理念,大抵是通过对义利两者关系的"辩证"思考,以"义本利末""义先利后""义主利辅"等表述方式来证成的。同此,叶适也不在义利之间执其一端,他既不认同取义舍利,也不主张逐利舍义,而倡言"成利致义"③。他强调,义利并举、经世济民。董仲舒尝曰:"正其谊不谋其利,明其道不计其功。"④叶适对此颇不以为然:"初看极好,细看全疏阔。古人以利与人而不自居其功,故道义光明。后世儒者行仲舒之论,既无功利,则道义者乃无用之虚语尔;然举者不能胜,行者不能至,而反以为诟于天下矣。"⑤又曰:"陋儒不晓,一切筑垣而封之,反以不言利自锢,而言利者遂因缘以病民矣。"⑥

叶适之说,置诸当今社会仍不失其警世意义。《叶适》一书,探讨叶适儒学,对"义、利"范畴及其关系,在现代学术语境中作出了深入的探索,不乏独立的见解。在我看来,《叶适》的学术贡献,最重要的是开启了经学传统的义、利研究的新视角,即聚焦于"德与利统一"展开中国传统经济哲学的探索。这也使得《叶适》获得了理论与实践的双重意义。

我近年来倡言德行诠释学,主张经典诠释须以"德"为所从出发的起

① 《孟子见梁惠王》。
② 《四书集注·孟子》。
③ [南宋]叶适:"成其利,致其义。"参见叶适:《习学记言序目》卷第二十三《汉书三·列传》,中华书局1977年版,第322页。
④ 《汉书·董仲舒传》。
⑤ [南宋]叶适:《习学记言序目》卷第二十三《汉书三·列传》,中华书局1977年版,第324页。
⑥ [南宋]叶适:《习学记言序目》卷第二十二《汉书二·志》,中华书局1977年版,第311页。

点与归宿，与《叶适》所示具有一种互补性。"德行诠释学"关于"德"的理解，是孔子阐发的"德"之理念："天地之大德曰生。"①《论语注疏》注曰："德者，得也。物得以生，谓之德。"②又曰："物得其所谓之德，寂然至无则谓之道。"③"德"使得"物得以生"，令"物得其所谓"，这种生生之德，也构成了《周易》的首要之则："生生之谓易。"这种生生不已、化育生命万物之盛德，表明了"德"必须基于其"行"来理解，是"德行"。着眼于"德"，便是"行德"，两者都具指向"践履"，以及作为实践之结果的"功用"。由此可知，"德行"概念在《周易》那里被重视亦在情理之中。《易》本为卜筮之书，是人们为寻求纾困解难之法而祈求上苍旨意的。卜筮所示，就是人们面对困境的因应之道，指出化解困厄的正确行为方式。毫无疑问，《易》是指向实践的，它不仅是一种启示，而且直接就是命令，告诉人们，必须按照它的指示行动，方能逢凶化吉。孔子解《易》，保留了它的占卜形式，而在解读卦象时进一步阐发了儒家的价值理念，规定了儒者的思维与行为之方式。孔子删订的《易》，被称为《周易》，后世儒者将其尊为六经之首、大道之源。

以是观之，"德行"概念乃是"德"之规定性与实践性的统一。《说文》有云："德者，得也。德，外得于人，内得于己也。"此处之"德"，意即"得""获得"，内外皆得，谓之"德"。《乐书》④也有类似表达："礼乐皆得，谓之有德。德者得也。"德即是得，在践履过程中有所得，得之于外谓之事功，得之于内谓之正心。正如朱熹所说，"德则行道而有得"⑤，实乃一语中的，"行"（而不是"思"）其道而有所得方能谓之"德"。

如果借鉴西方先贤的理论思考，比如亚里士多德的著述，对"德行"概

---

① 《周易·系辞下》。
② 参见李学勤主编：《论语注疏》，北京大学出版社 1999 年版，第 14 页。
"物得以生谓之德"之观念，也见于《庄子·外篇·天地》。此亦表明，这一观念在中国文化传统中具有比较广泛的共识，构成了中国文化传统的主流思想之元素。
③ 参见李学勤主编：《论语注疏》，北京大学出版社 1999 年版，第 85 页。
④ ［西汉］司马迁：《史记》卷二十四。
⑤ ［南宋］朱熹：《四书集注·述而》。

念的界说会更为清晰。希腊语的"arete"（αρετή），英语中没有对应的词。它兼含"virtue"（德性）与"excellence"（卓越、美德）二义[1]，它的德文形式为"Tugend"，我采用"德行"来对译这个词。据亚里士多德对"arete"的界说，任何事物，只要能发挥其卓越的功能，就可称为有"德行"。例如，一匹赛马，不仅要具有符合赛马规定性的躯体，而且在比赛过程中表现出卓越的奔跑速度，这对于赛马而言，就是有德行的。也就是说，不能见之于行者不能谓之"德"。

准此，我们就不难看出，尚武《叶适》一书致力于探索"德"与"利"统一的理论意义便在于：为化解义、利的对峙与冲突，开启了一条新的哲学探索之路。质言之，以"德行"范畴统摄"义""利"，义、利两者相互依存。"义"是德行之"德"的规定性，而"利"则是德行之"行"的实践性，是德的践履与落实。据德而行，得其利而不悖于德，义、利两者共同成就了德。

是为序。

2024 年 1 月 28 日
于上海寓所

---

① 在 Eric Voegelin(沃格林)的 *The World of the Polis*(《城邦的世界》)(载 Eric Voegelin, *Order and History*，Volume II，University of Missouri Press，Columbia and London，2000)一书中，就这样交叉使用"excellence"与"virtue"翻译"arete"。详见该书第 255、258、259、376、386 等页。

前　言

　　本书是"两个结合"思想的典型案例。习近平总书记在党的二十大报告中系统论述了我们取得成功的最大法宝，即马克思主义基本原理同中国具体实际相结合、同中华优秀传统文化相结合的"两个结合"重要思想，特别是"第二个结合"的思想。本书以叶适的儒学事功思想为基础，把中华优秀传统文化的主流思想——儒家思想——同马克思主义的政治经济学和哲学思想相结合，同时借鉴和吸收了西方优秀传统文化的资源，充分论述了德与利相统一的经济哲学思想。

　　本书开启了中国传统经济哲学研究的先河。20世纪90年代，在中国哲学社会科学学术界开始了马克思主义经济哲学的研究，但是直到21世纪初，在中国传统哲学领域，几乎没有经济哲学研究。经济哲学是对经济生活和经济行为的哲学追问，包括经济存在的哲学根据以及经济运行的机理、意义和价值。

　　本书解决了利与命与仁统一的千年难题。从古至今，人们都没有真正理解"子罕言：利与命与仁"的深刻内涵，没有处理好利与命与仁的辩证关系。解决这个千年难题，需要诠释学和现象学的思维方式，需要实事求是，需要马克思的劳动价值论思想，等等。只有将这几方面的理论资源联系起来并贯通一体，才能真正解决这个千年难题。

　　本书以德与利统一的观点为中心来展开叶适的儒学思想研究。首先探析叶适的德与利统一的哲学蕴涵，即"天行健，君子以自强不息"。"天行健"即乾道大化、大用流行，生生不息。人们靠学与思体悟之，效法之，致道成德，继道承善，即君子以自强不息（劳作），表现为仁德之生命力，即仁。同时,利与命与仁(劳作创造价值即利),人们遵循义即中道而行(实践)之,在其中,礼协调人们的欲求,从而达到道德和功利的真正统一与双丰收,并可持续地发展下去。围绕上述思想,具体考察了叶适的乾道的哲学蕴涵,叶适的人性思想,包括人性与道的合一性、人性的自然性和生成性。分析了德与利各自的深刻含义。成德之功在于学与思,德利之间在于行动。考察了社会的不利状况,叶适本人立义行善与务实求事功,表现为为国为民的公利主义思想和爱国主义精神。德与利统一的思想表现为仁德之爱与呵护其生;顺民;天下之势在己;利民利国。德与利统一的方案是行实德、修实政,表现为为民谋福利、富民富国。德与利的统一同样在叶适的经济思想中彰显,表现为批判重本抑末,主张扶持商贾;重视富民,反对抑兼并,以天下之财与天下共理之。其中体现为公平、公正和效率、利益较大化的思想。进一步探讨了德与利统一的内部机制,分析了人之在的特性,表现为人之在的需要性、人之在的精神性、人之在的实践性以及它们的辩证统一,决定了德与利的统一性。理欲的辩证统一和义、利的辩证统一,是德与利统一的重要环节和内容,它们是一体的、过程性的,其辩证性表现为"义、利之和"与"既无功利,则道义者乃无用之虚语尔"。

　　由以上内容可以看出,叶适儒学思想大体上包括三个环节和步骤。首先是对形上之道的探索和追寻,即对乾道或天道的把握,是叶适儒学的重要任务和逻辑前提,但不是他的最终目的。就叶适的儒学来说,认识道只是其思考宇宙和人生的第一步。如何进一步把外在之道转化为内在之性,即"化理论为德性"(借冯契先生语),从而使人掌握人与自然界的本质特征,实现外部世界之理(道)与人的内在之性(德)的统一,是他的第二个基本步骤。只是走到这一步还没有完成,只有到了治国安邦、经世济民的社会实践这一层次和境界,才是他的最高要求。因此,他的第三个环节,也是最重要的一个环节,即如何把内在于人的德性对象化于人类的生活和实践活动中去(道德与功利的统一)。叶适肯定人的修德和重事功、求实治是一体的,是一个完整的过程。这种价值观,并非只求片面、一时一地的功利,而是站在时代和历史的高度,提出儒家应该关怀的目标所在,是修身与经世济国的统一。在这种终极关怀下,所谓事功、功利和实德、实治,是知识分子(君子)的责任与担当,而非小人所认为的只求结果的功利主义的想法。他通过建构自己的德与利统一的儒学思想,除去肤浅的"功利"目的,代之以知识分子(君子)的责任和贡献,用来论述所谓事功学派的终极关怀。此时的事功实治、经世济国是大德的表现,更是大道呈现。

沈尚武

2024 年 1 月

目　录

第一章 导 论

第一节 叶适儒学思想的研究状况

叶适（公元 1150—1223 年），字正则，温州永嘉人。因原籍处州龙泉，自称"龙泉叶适"，又因晚年在永嘉城外水心村居住、讲学，所以人称"水心先生"。叶适的一生经历了南宋的高宗、孝宗、光宗、宁宗四朝，他的政治活动和学术活动主要是在孝宗至宁宗三朝。大体可分三个阶段：从幼年到淳熙五年（公元 1178 年）中进士第二名，为求学阶段；从中进士到开禧三年（公元 1207 年）被弹劾罢官，为从政阶段，除两次丁忧和庆元党禁期间罢职在原籍外，任地方官和京朝官二十余年；嘉定元年（公元 1208 年）后，回永嘉水心村著书讲学，为学术研究阶段，正是在这个时期，他"根柢《六经》，折衷诸子，剖析秦汉，讫于五季"，形成了自己的思想体系。叶适"志意慷慨，雅以经济自负"。他曾多次上书，力主抗金，反对屈辱求和。他把"二陵之仇未报，故疆之半未复"，称为"天下之公愤"[①]，要求南宋朝廷"思报积耻，规恢祖业"[②]。叶适上书宁宗，主张南宋朝廷必须修实政、

[①] ［南宋］叶适：《水心别集》卷之十五《上殿札子（淳熙十四年）》，中华书局 1961 年版，第830 页。

[②] ［南宋］叶适：《水心文集》卷之一《上宁宗皇帝札子（开禧二年）》，中华书局 1961 年版，第5 页。

行实德,使国势由弱变强,北伐才能必胜。在韩侂胄不顾具体形势而坚决北伐的情况下,叶适又向他提出首先加强长江防务,先为不可胜以待敌之可胜。韩侂胄不听。不久,北伐诸军皆败。在江防空虚的情势下,叶适又临危受命,负责保卫江淮。由于他战略思想正确、具体战役指挥得宜,因此保住了江淮,立了战功。在他的组织下,总计建立堡坞47处,特别是他在沿江地区建立了三大堡坞,使它们能够相互支持和联络,两淮江北地区的边防大为巩固。叶适事功显著。然而正在此时,由于主和派的攻击和策划,韩侂胄于开禧三年被害,叶适也以附和韩侂胄用兵而被罢官。从此,叶适结束了他的政治生涯,回到老家,专心从事学术研究。叶适为官重视了解民情、调查研究,是一位有实践经验的官员。同时,他也是一位在中国历史上有重要地位的儒者,是永嘉学派的集大成者。叶适少年时就受到薛季宣、陈傅良的影响,在他们的影响下,开始了自己的政治生涯和学术活动。叶适晚年居住在水心村从事学术活动,著《习学记言序目》,使他的学说更臻成熟。《习学记言序目》成为叶适的代表作。叶适的著作还有《水心文集》《水心别集》,中华书局将此二集合编为《叶适集》。

叶适在历史上有一定的影响,正如他的学生孙之宏在序中所说的那样:

> 竟窃闻学必待习而成,因所习而记焉,稽合乎孔氏之本统者也。夫去圣绵邈,百家起,孰不曰“道术有在于此”?独先生之书能稽合乎孔氏之本统者,何也?盖学失其统久矣,汉唐诸儒推宗孟轲氏,谓其能嗣孔子,至本朝关洛骤兴,始称子思得之曾子,孟轲本之子思,是为孔门之要传。近世张吕朱氏二三巨公,益加探讨,名人秀士鲜不从风而靡。先生后出,异识超旷,不假梯级,谓洙泗所讲,前世帝王之典籍赖以存,开物成务之伦纪赖以著;《易》《彖》《象》,仲尼亲笔也,《十翼》则讹矣;《诗》《书》,义理所聚也,《中庸》《大学》则后矣;曾子不在四科之目,曰“参也鲁”,以孟轲能嗣孔子,未为过也,舍孔子而宗孟轲,则于本统离矣。故根柢《六经》,折衷诸子,剖析秦汉,讫于五季,以吕氏《文鉴》终焉。

其致道成德之要,如渴饮饥食之切于日用也;指治摘乱之几,如刺腧中肓之速于起疾也;推迹世道之升降,品目人材之短长,皆若绳准而铢称之,前圣之绪业可续,后儒之浮论尽废。其切理会心,冰销日朗,无异亲造孔室之闳深,继有宗庙百官之富美,故曰稽合乎孔氏之本统者也。至于忧时虑国,不舍食息,思为康济,常追恨唐初务广地而兆夷狄内侵之祸,中世废府兵而县官受养兵之患,本朝承平,未遑悛定。矧以旧庽垂亡,边方数警,笔墨将绝,别有《后总》,特秘而未传。呜呼! 谁能知先生之苦心哉![①]

孙之弘在序中高度概括了叶适的核心思想,也就是叶适的儒学思想。其"致道成德""切理会心""指治摘乱""前圣之绪业""忧时虑国,不舍食息,思为康济"无不构成叶适思想的主旋律,也是他一生的真实写照。叶适既重视个体的道德修养,又重视功利及实政实德,他所要求和提倡的是将内圣之道与外王事业有机地相互统一起来,强调人的主体精神必须落实到现实世界的各个领域。叶适认为自己应该建立一套理论,并且具有能与朱、陆相抗衡的立论根据,此立论根据同时又能支撑永嘉功利之说,才能形成"干、淳诸老既殁,学术之会,总为朱、陆二派,而水心断断其间,遂称鼎足"[②]的格局。

不过,钱穆先生提出,南宋以后,朱学在北方复兴,虽不得谓其朱学之真精神,却亦不再有水心所谓理想的新花样出现。以后元、明、清三代,象山尚时见称述,龙川亦有人道及,而如水心,则似更少人提及。但还是有人提及。黄宗羲在《宋元学案》中专有《水心学案》,并且黄宗羲的思想与叶适的思想也有相通的地方。他们都对封建专制主义批判,兼通经史,经世致用。黄宗羲也十分强调要将仁义之学与事功之学统一起来,反对空谈心性义理。黄宗羲批判了那种将仁义与事功加以分裂、对立的做法,他认为这种做法违背了儒学的本旨。他说:

---

① [南宋]叶适:《习学记言序目》附录一《孙之弘序》,中华书局1977年版,第759-760页。

② [明末清初]黄宗羲:《宋元学案》卷五十四《水心学案上·水心学案序录》,中华书局1986年版,第1738页。

自仁义与事功分途,于是言仁义者陆沉泥腐,天下无可通之志;衿事功者纵横捭阖,齰舌忠孝之言。两者交讥,岂知古今无事功之仁义,亦无不本于仁义之事功。[①]

黄宗羲主张仁义与事功的统一,即仁义一定要体现出事功,事功则一定要以仁义为根本。但是,许多自认为是儒学传人的儒者则违背仁义与事功统一的精神。黄宗羲指出:"儒者之学,经纬天地。而后世乃以语录为究竟,仅附答一二条于伊、洛门下,便侧身儒者之列,假其名以欺世。治财赋者则目为聚敛,开阃捍边者则目为粗材,读书作文者则目为玩物丧志,留心政事者则目为俗吏。"[②]这些都违背了儒家原来就有的重视经世致用的传统。他疾呼那种"真儒"的精神,他理想的真儒,就是道德与事功相统一的,即所谓"事功原于学道,学道达于事功"。黄宗羲认为,不能再沿袭理学末流"高谈性命之理"的空疏学风,而是应该以儒家的经、史之学为学问的根本,由此而达经世致用。

顾炎武对封建社会后期政治体制进行批判,揭露苛捐杂税害民,以及对兵制改革和军事战略的思想与叶适有一致的地方。如他说,善乎叶正则之言曰:"今天下之官无封建而吏有封建。""州县之蔽,吏胥窟穴其中,父以是传之子,兄以是传之弟。而其尤桀黠者,则进而为院司之书吏,以掣州县之权,上之人明知其为天下之大害而不能去也。"[③]顾炎武同样主张去掉吏胥之害。

杜国庠先生说,明清之际的思想家黄宗羲、顾炎武、王夫之、颜元等人在学术上的贡献,是总结了宋明500余年的所谓"理学","经过了他们的批判,理学是决定性地终结了,绝没有死灰复燃的可能"[④]。"当南宋理学正盛的时候,已有和它对立的学说存在,不过没有取得支配学术界的地位而已。"[⑤]这里指的主要是与朱陆鼎足的叶适和陈亮为代表的学说。王夫

---

① [明末清初]黄宗羲:《黄梨洲文集・国勋倪君墓志铭》,中华书局1959年版,第257页。
② [明末清初]黄宗羲:《黄梨洲文集・弁玉吴君墓志铭》,中华书局1959年版,第220页。
③ [明末清初]顾炎武:《顾亭林诗文集》卷之一《君县论八》,中华书局1959年版,第16页。
④ 杜国庠:《杜国庠文集・论"理学"的终结》,人民出版社1962年版,第377页。
⑤ 杜国庠:《杜国庠文集・论"理学"的终结》,人民出版社1962年版,第378页。

之的理在气中,理依存于气的思想,与叶适的道在物中、道不离物在根本上是一致的,都是对理本论和心本论的否定。王夫之重视天理与人欲的统一,反对理学家的存天理、灭人欲的观点。颜元的义利统一观,与叶适相通。颜元论学重实践、主有用,反对理学的空言义理、心性。他极为推崇南宋的功利之学,尽力为其辩护而反对朱熹对他们的批评。例如,朱熹说:"子静是禅,却成一个行户。如叶正则说,只要教人都晓不得(颜元旁批:'只此一言,压倒你一派。'),尝得一书来,言:'世间有一般魁伟底道理,自不乱于三纲五常',却是个甚么物事? 也是乱道,也不说破。"颜元说:"龙川、正则使碎心肺,朱子全不晓是其物事,予素况之'与夏虫语冰',不益信乎?"[①]再如,朱熹说:"正则之说最误人,世间呆人都被他瞒。"颜元反讥说:"仆谓人再呆不过你,被你瞒者更呆。元亦呆了三十年,方从你瓶中出得半头,略见帝、皇、王、霸世界,尧、舜、周、孔派头,一回想在呆局中,几度摧胸堕泪!"[②]从以上可以粗略看出明清之际的思想家对理学的批判,从而终结了理学。在这个过程中,明清之际的思想家在不同程度上恢复到南宋事功之学的精神,由此可见叶适的思想产生的影响。

早在 1932 年,吕振羽先生就在《中国政治思想史》中对叶适的哲学、政治思想做了初步的探讨。进入 20 世纪 60 年代后,一些专题史著作对叶适的思想有所论述,如侯外庐先生主编的《中国思想通史》、任继愈先生主编的《中国哲学史》、张岱年先生的《中国哲学大纲》。但由于受"以阶级斗争为纲"思想的影响,在 80 年代以前的研究过程中,有些学者往往比较偏激。1963 年浙江省历史学会召开了年会,在讨论叶适思想的评价问题时,有人就提出叶适思想的核心是"克己复礼","皇极""大学""中庸"这三个范畴则为"克己复礼"思想的目的、态度和方法。80 年代以后,有不少论文和专题史著论及叶适,如侯外庐等主编的《宋明理学史》、冯友兰先生主编的《中国哲学史新编》、陈少峰先生的《中国伦理史》、韦政通先生的《中国思想史》、牟宗三先生的《心体与性体》、胡寄窗先生的《中国经济思

---

① 〔清〕颜元:《颜元集·朱子语类评》,中华书局 1987 年版,第 266 页。
② 〔清〕颜元:《颜元集·朱子语类评》,中华书局 1987 年版,第 266 页。

想史》、赵靖先生的《中国经济管理思想史教程》，特别是周梦江先生的《叶适与永嘉学派》《叶适年谱》《叶适评传》，以及楼宇烈先生、张义德先生也分别写了《叶适评传》。

在叶适的哲学思想研究中，有些学者认为叶适的思想是值得批判的，如华山的《叶适思想批判》。① 有些学者认为叶适的哲学思想有强烈的唯物主义色彩，值得肯定和学习，如周梦江先生的观点。他认为叶适具有唯物主义自然观和丰富的辩证思想，在认识论方面，亦有朴素的唯物论倾向，但叶适的哲学体系是不完整的，并存在明显的经验论倾向。王凤贤认为，叶适并没有从根本上否定"子思得之曾子，孟轲本之子思"的传授关系，只是指出了其在思想内容上的变化。李经元认为，叶适对理学理论体系的认识，前期在思想上还不明确，他对理学的批判主要在后期。② 徐洪兴在《论叶适的"非孟"思想》中，把叶适的"非孟"思想概括为：否定孟子一系独传"道统"；批评孟子专言心性；批评孟子"辟墨"太过；批评孟子不切实际的政治思想。③ 张义德则着重探讨了叶适的"中庸"和"致中和"思想，认为叶适在此并没有陷入形而上学的泥坑，而是坚持和发挥了中庸的辩证法。④

在叶适的政治思想研究中，周梦江先生认为，国家的政治危机在外而不在内，反对君尊臣卑，处理好集体与分权、任人与任法、冗官与吏胥的问题。王凤贤认为，叶适的政治思想主要包括夷夏之辨，谋恢复之行、扬民本之源、施宽仁之政、改宋政之弊等。

在伦理思想研究方面，王凤贤认为，叶适并不反对孔子的仁义观，他主张义利相通，强调要修实政、行实德、建实功。周梦江认为，叶适在性命问题上，反对陆九渊的心即理的心性论，晚年也反对朱熹的心生于理的心性论。在道德修养上，强调后天教育的重要性，坚持功利主义道德观。在

---

① 《山东大学学报》，1961 年第 4 期。
② 《叶适思想及其对理学的批判》，《中国史研究》，1984 年第 1 期。
③ 《浙江学刊》，1994 年第 3 期。
④ 《如何评价叶适的"中庸"、"致中和"思想》，《孔子研究》，1993 年第 3 期。

理欲义利上,强调义利、理欲的统一性。在人性论上,对性善与性恶论虽都不赞同,但具体又倾向于荀子的性恶论。王伦信认为,叶适的人性论具有三个特征:排除道德的先验性;强调人性论的社会实践意义;注重人性的平等性和人之质的差异性。[①]

在经济思想研究方面,王凤贤、周梦江等人认为,叶适的经济思想主要包括主张发展商业、重视理财之道、反对抑制复井田、强调富人的社会作用、承认雇佣的合理性、注重人口与财政的关系等几个方面。沈萼则进一步探讨了叶适的经济管理思想,认为叶适以功利主义为管理国民经济的指导原则,以放任主义为经济管理的基本形式,以保富养民为基本目标,并要求在政治上平等对待工商之民,这是一种反传统的功利主义经济管理思想。[②]

2000 年 11 月在温州召开的纪念叶适诞辰 850 周年暨永嘉学派国际学术研讨会上,对叶适的思想探讨激烈,由此出版了《叶适与永嘉学派论集》一书。在哲学思想方面,学者们各抒己见。张立文教授在《论叶适思想的人文精神》一文中,从生存命运的人文关怀、生命价值的人文意义、价值理想的终极关怀三个方面对叶适思想中的人文精神进行了较为全面的论述。蒙培元教授的《叶适的德性之学及其批判精神》认为,叶适是南宋时期一位重要的儒学思想家,叶适批判性命之学:一是对性命之学的先验超越根据的批判,二是对性命之学无益于事功的批判。李中华教授在《叶适易学述要》一文中,从叶适易学之背景、叶适易学之"四辨"、叶适易学之特点及学派归属三个方面对叶适的易学观做了简要述评。屠承先教授的《叶适本体功夫思想及其影响》一文,阐述了叶适本体功夫思想的历史渊源、思想及影响,认为叶适的本体功夫论十分独特,其基石是唯物主义的宇宙本体论和带有唯物主义因素的人学本体论,亦即心理修养学说。杨泽波教授在《"古之圣贤无独指心者"——从叶适看孔孟心性之学的分歧》一文中,认为叶适的目的就是要校正心学的不足,重视智性的发展,维护

---

① 《叶适的教育思想》,《华东师范大学学报》,1988 年第 3 期。
② 《叶适反传统的国民经济管理思想》,《历史教学问题》,1988 年第 3 期。

孔子内外兼顾、诸德皆备的思想体系；叶适的不足主要表现为，他不承认良心本心是道德的本体。另外，钟肇鹏的《叶适的儒学传统与批判精神》、李存山的《叶适的易学与天人观》、王生平的《内圣与外王之间的张力——叶适思想三题》、何俊的《叶适与道统》等，都从不同视角对叶适的哲学思想进行了论述。在经济思想方面，朱晓鹏教授在《试论叶适的经济思想及其现代意义》一文中，阐述了"义利并存：功利主义的价值取向，本末并举""经济自由主义的理想目标，理财富民""廉价政府的思想萌芽"等思想。张祖桐在《论叶适经济思想》一文中认为，叶适的经济思想主要有：大胆批判传统的经济观点，主张扶持商贾，发展商业；主张扩大货币流通，发展商品贸易；反对财政言利聚敛，提倡取之于民、用之于民；主张人地结合，发展生产。王兴文教授在《叶适财经思想述论》一文中，从国家理财、重本抑末、复井田、抑兼并、货币等几个方面对叶适的财经思想进行阐述与剖析。另外，陈锐教授在《论叶适的社会政治思想》一文中认为，叶适对宋代君权进行了有力的批判。（其他思想请参看《叶适与永嘉学派论集》一书。）

　　近年来，又见到研究叶适思想的论文。如蒋伟胜的博士论文《习学成德——叶适的外王内圣之道》（2006 年 4 月完成），他对叶适著作中有关经典，以经制言学的学术逻辑进行梳理：《周易》，重点阐发其乾道的思想；《尚书》，重点阐发其皇极思想；《诗经》，重点阐发其教化思想；《周礼》，重点阐发其礼乐思想；《大学》《中庸》，重点阐发对道学的批评；《春秋》《左传》，重点阐发其理在事中的哲学观念；《论语》，重点阐发其所理解的孔氏之本统和孔子关于学的思想；《孟子》，重点阐发其对心性理论和仁政思想的批评。他认为，叶适的思想包含道在物中的外王层面和习学成德的内圣层面。"道在物中"之"物"乃指典章制度等全部人文世界，道则是人道，是体现于典章制度中的人文精神，人文世界的形上根据是乾道，是一种动健、阳刚、自足的形上之道。叶适持自然人性论的观点，认为成圣的途径是"习学成德"。麻桑在《"义""利""害"观念的现代诠释——以叶适功利伦理学说为进路兼以朱学为基本参照》①一文中,认为叶适在"义"与"害"的连接间,寻找到了一个大写的"利"字:利,既可以是"义",也可以是"害",犹如一剑双刃,较之"心统性情",它是"利统义害"。

由以上内容可以看出,叶适儒学思想的研究,其领域比较广泛,包括哲学思想、经济思想、政治思想、道德伦理思想等;但比较分散,只是在各自领域内部研究比较突出,没有把叶适的儒学思想形成一个统一的思想体系。

第二节 选题的原因及意义

陈寅恪说,"古人著书立说,皆有所为而发",是指思想与时代问题的张力关系。笔者认为,笼统来讲,也就是伽达默尔的诠释学的普遍性、效果历史和应用问题。关于效果历史,潘德荣教授认为,效果历史(Wirkungsgeschichte)是过去与当代相互作用的历史;也就是说,历史不能仅仅理解为过去已发生事件,把历史研究的任务规定为客观地再现历史事件,并从中勾画出历史发展行程的长链。相反,真正的历史对象不是客体,而是自身和他者的统一物,是一种关系,在此关系中,同时存在着历史的真实和历史理解的真实。一种正当的诠释学必须在理解本身中显示历史的真实。一方面,它是历史的演变着的存在,历史作为传统,表明了我们形成于历史之中,亦即当代植根于历史;但另一方面,正因为历史参与了当代的形成,便在当代中找到了它存在的根据,由此进入了当代。我们通过效果历史,把我们同历史上的事件联系起来,进入同一个对话视域,互相沟通,达到视域的融合,这样我们就更能很好地理解和把握历史,展示历史事件的历史意义和当代意义。

现在人们普遍认为,叶适是南宋时期的一位重要的儒学思想家,是事功学派的集大成者。每一时代的重要人物对自己当时的社会现实问题都

---

① 《孔子研究》,2006 年第 5 期。

有自己的思想,并想用自己的一套理论来解决时代问题,具有这种能力的人被认为是理想人格的人。叶适看到社会上传统的世界观和价值观禁锢人们的思想,从而束缚人们的行动,必须进行彻底的批判,然后才能建立新的世界观、价值观和人生观,培养和塑造理想的人格。当今我们也面临着同样的问题,在社会转型时期,特别是在社会主义市场经济需要完备的阶段,问题更复杂。我们要借鉴叶适的合理的经济哲学思想来解决当今的某些问题,或者说对我们当今的某些问题的解决有借鉴意义,把古人的洞见变为当今的智慧。

叶适的哲学思想与经济思想是相互促进的,在其经济哲学思想中一直贯穿着破旧立新的大无畏的批判精神和务实精神。在扫除障碍中建立事功派的哲学基础,在此哲学基础上展开自己的经济主张,并力求诉诸现实。当今我们正在进一步完善社会主义市场机制,呼唤典型的时代人格。笔者认为,叶适的理想人格在当今社会也具有重要的启示作用。叶适的重功利,不是不要道德和道义,而是以利益分配的合理性判定道义。叶适特别强调商业利益和商品经济的重要性。他认为,商人有德,贡献于社会,就是最大的德。建立新的正义原则,实现以利和义的社会发展模式,将道德理想与事功精神结合起来,突出其社会价值。这种功利主义实为一种社会功利主义,也可称为公利主义。这也是我们当今所追求和逐步要实现的奋斗目标。

国内外学者对叶适的哲学思想与经济思想基本上是在两个领域即哲学领域与经济领域进行研究的,没有把二者有机地统一起来,也没有塑造一个叶适所认为的比较完整的人格。从前的学者对叶适的哲学思想和经济思想的互动关系也重视不够,没有专门的论述。笔者试图把二者有机结合起来,并论述其间的内在逻辑。

叶适较详细地论述了乾道和人的特性,也阐述了圣人以道来作用于人。仁义礼乐能限制人的私欲过于膨胀,一旦仁义礼乐无能为力,圣人以道默默无闻地在起作用,从而推动人类历史发展。不过,叶适还是强调仁义礼乐的现实作用(仁义礼乐是与道一致的),所以他说:

故夫圣人推为仁义礼乐，制为生杀赏罚，作为宫室器用，第为尊卑名品，文字以通其心意，权度以一其偏私，举皆归之于《易》；而文王、孔子立忧患之世，有以见天下之情而惧其不能知，则又重之以示其变，系之而存乎辞，而《易》之为书备矣。书之未备也，《易》存乎道，见道者足以为《易》。书之既备也，《易》存乎书，天下即其书而求之，书备而《易》始穷矣。[①]

叶适认为，为了继道成善，致道成德，而"推为仁义礼乐，制为生杀赏罚，作为宫室器用，第为尊卑名品，文字以通其心意，权度以一其偏私"，这一切都在《易》中，文王和孔子又担心不全面和"有以见天下之情而惧其不能知，则又重之以示其变，系之而存乎辞，而《易》之为书备矣"。不过，如果书备（大全）的话，而《易》变化无穷；书不全的话，《易》存在于道（大全）中，只要"见道者足以为《易》"。叶适本人把道（易）的运用看得非常重要，认为人用道便是德：

日与人接，最著而察者八物，因八物之交错而象之者，卦也，此君子所用，非小人之所知也。故乾"以自强不息"，坤"以厚德载物"，屯"以经纶"，蒙"以果行育德"，需"以饮食燕乐"，讼"以作事谋始"……既济"以思患预防"，未济"以慎辨物居方"：皆因是象，用是德，修身应事，致治消患之正条目也。观孔子与群弟子分别君子小人甚详，而正条目于《易》乃明著之，又当于其间择其尤简直切近者，孟子所谓左右逢其原，而近世亦有求端用力之说。夫力则当用，而端无事于他求也，求诸此足矣。此学者参前倚衡之要道也，与夫意测声随而宛转于枝叶之外者殊绝矣。[②]

人与外部世界接触，事物各种各样，比较显著的有八物（天、地、水、火、风、雷、山、泽），取为八卦，八卦象征着自然界与人的最密切的关系。由八卦或八物两两交错而组合成六十四卦，在六十四卦的卦象中蕴含着

---

① ［南宋］叶适：《水心别集》卷之五《易》，中华书局1961年版，第695页。
② ［南宋］叶适：《习学记言序目》卷第三《周易三·上下经总论》，中华书局1977年版，第34—35页。

义理。"因是象,用是德,修身应事,致治消患",这是君子之所用,而为小人所不能理解。孔子及弟子分别君子与小人,君子应将主要精力放在《易》的《大象》中,如"以自强不息""以厚德载物"等。人世间的基本道理应"求诸此足矣",其他的具体事情都要以此为根据;否则,就会舍本求末而落在"枝叶之外"了。叶适指出:

> 夫人之一身,自仁义礼智信之外无余理,形于世故,自六十四卦之外无余义,学者溯源而后循流,则庶几得之,若沿流以求源,则不胜其失。故余谆谆焉以卦象定入德之条目而略于爻,又以卦名通世故之义训而略于卦者,惧沿流不足以求源也。①

可以看出,人身世故之理都存在于五德即仁、义、礼、智、信(圣)和六十四卦之中,五德形于世故就是六十四卦所蕴含的义理。人们要先抓住根本的东西,然后再延续下去。即溯源而后循流。所谓"溯源",就是根据物象、卦象及卦名"定入德之条目""通世故之义训"。至于卦辞和爻辞所讲的则属于支流,解释可以从略,以免"沿流以求源,则不胜其失"。叶适将《易》视作圣人治世的最高准则,希冀通过研究易理,用于人事,达到经邦济世的功利目的。他强调,尊德性不能脱离道问学,不能脱离日常行事。也就是说,叶适认为,人生之意义和价值并非只表现在道德践履中,也反映在人的事功之中。

中国哲学所要研究的一个基本问题是"究天人之际",《易》作为中国哲学的活水源头,具有丰富的天人之际的哲学蕴涵。叶适在领悟到《易》的思想实质后,灵活运用之。他认为,整个宇宙主要由天、地、人组成,大千世界遵循一个天地之道即乾道,有人(我)观察和赞育之、实行之。叶适根据他的乾道观、道器统一观、以象取义说,建立了一个他自己所认可的天人合一的哲学观点:人们首先与外部世界接触,观察大自然的变化,同时也关注人自身的变化,发现人和自然界有某些共同特征,所以由阴阳两爻的排列组合形成八卦,八卦代表着自然界的八物,八卦或八物错综变易

---

① ［南宋］叶适:《习学记言序目》卷第三《周易三·上下经总论》,中华书局1977年版,第36—37页。

而再组合成六十四卦,此中所蕴含的义理与五德是统一的,人世间的道理都存在于五德和六十四卦之中。这种天人合一的观点是根据孔子的思想(叶适认为《彖》和《象》是孔子写的)而建立的,其中,万事万物大化或大用流行和君子以自强不息的思想是贯彻始终的;天行健,万有日新,所以君子以自强不息。开物成物,参赞造化,时刻保有新生的创造活力,就是天赋予人的最根本的道德。反求诸己,返本开新,为真正物我统一和风发能动的天人观。它是以修身应事为宗旨,既重视道德又重视功利,是义利统一的思想。

同时,叶适深知"夷狄之学本与中国异",他认识到,佛学与儒学所关怀的目标不同,因此思考的内容不同:

> 按浮屠书言识心,非曰识此心;言见性,非曰见此性;其灭非断灭,其觉非觉知;其所谓道,固非吾所有,而吾所谓道,亦非彼所知也。予每患自昔儒者与浮屠辩,不越此四端,不合之以自同,则离之以自异,然不知其所谓而强言之,则其失愈大,其害愈深矣。予欲析言,则其词类浮屠,故略发之而已。昔列御寇自言忘其身而能御风,又言至诚者入火不爇,入水不溺,以是为道,大妄矣!若浮屠之妄,则又何止此!其言天地之表,六合之外,无际无极,皆其身所亲历,足所亲履,目习见而耳习闻也;以为世外瑰特广博之论,置之可矣。今儒者乃援引《大传》"天地絪缊","通昼夜之道而知","不疾而速,不行而至",子思"诚之不可揜",孟子"大而化""圣而不可知",而曰"吾所有之道,盖若是也";誉之者以自同,毁之者以自异,嘻,末矣![1]

叶适认为,佛教所谈的心性与子思、孟子所谈的心性是根本不同的两回事,佛教所说的灭、觉,也与中国传统认知里的断灭、觉知不同。根本区别是:"其所谓道,固非吾所有,而吾所谓道,亦非彼所知也。"这是两种不同的文化,有不同的历史背景和各自的思考路径,是不好比高低胜负的。

---

① ［南宋］叶适:《习学记言序目》卷第四十九《皇朝文鉴三·序》,中华书局 1977 年版,第741 页。

儒家与道家的思想同是在中国土壤中产生的文化现象，然而所论的道已很不相同，更何况是不同文化体系的佛教呢？而今儒者乃援引《大传》"天地絪缊""通昼夜之道而知""不疾而速，不行而至"，子思"诚之不可揜"，孟子"大而化""圣而不可知"，而曰"吾所有之道，盖若是也"。这种比附的方法，无疑是誉之者以自同、毁之者以自异，是站在对方的立场来看事情，颠倒了自己的立场，是舍本逐末的做法。

再者，今儒者引借上述术语，是为了说明自己的（道德）学说。"天地絪缊"（天地阴阳流通交融），"通昼夜之道而知"（能够洞悉阴阳之道而无所不知），"不疾而速，不行而至"（能和缓不躁而使万事速成，安静无为而天下大治），有易只是一阴一阳的倾向，同时也具有阴阳之理同阴阳之事分离的倾向，主张太极、阴阳（之理）具有不动性和主静说（静本动用）。叶适是不以为然的。子思"诚之不可揜"，只是突出心诚的作用。关于此点，庞朴先生说：

> 儒家相信，人道来自天道，是对天道的摹仿。《中庸》里面说："诚者，天之道也；诚之者，人之道也。""诚者，不勉而中，不思而得，从容中道，圣人也。"把天道归结为诚，这是思孟学派的特殊见解，不足以代表整个儒家；但它以"不勉而中"等描绘圣的境界，则为儒家各派所共同，和孔子所说的"天何言哉""从心所欲"显然一致。[①]

在此，庞朴先生指出了子思的片面性。再如，孟子的"大而化""圣而不可知"，就是对他的道德心的描述。在这里，孟子的主要含义是指道德本心、良心的生生不息，大化流行，主要是道德心的特征描述。道德心固然重要，但对于大化流行所要描述的大全（道）来说，只是一部分。道德心只是人存在的其中一个具体表现而已。道德心相对于人之在，有点处于末的地位，但并不是说，末不重要。不要忘了，人之在就是要通过人的多种维度表现出来，道德心是其中一维。所以叶适说："嘻，末矣！"但是，要

---

① 庞朴：《儒家辩证法研究》，中华书局 1984 年版，第 74 页。

把道德心提到道的高度和层面,对于一般的人来说是不容易理解的,需要具有较高修养和一定领会能力的人才能悟道,所以有"圣而不可知"的说法。(《孟子》原话:大而化之之谓圣,圣而不可知之之谓神。)

实际上,叶适认为孟子有专言心性的倾向,而古代的圣贤不只是讨论心性问题。叶适说:

> 古之圣贤无独指心者。至孟子,始有尽心知性、心官贱耳目之说。①

孟子则认为:

> 耳目之官不思,而蔽于物。物交物,则引之而已矣。心之官则思,思则得之,不思则不得也。此天之所与我者。先立乎其大者,则其小者不能夺也。此为大人而已矣。②

对孟子的这种观点,叶适提出了尖锐的批评,认为它与古人的"内外交相成之道"大有区别:

> 按《洪范》,耳目之官不思而为聪明,自外入以成其内也;思曰睿,自内出以成其外也。故聪入作哲,明入作谋,睿出作圣,貌言亦自内出而成于外。古人未有不内外交相成而至于圣贤,故尧舜皆备诸德,而以聪明为首。孔子告颜渊"非礼勿视,非礼勿听",学者事也,然亦不言思;故曰"学而不思则罔,思而不学则殆";又曰"吾尝终日不食,终夜不寝以思,无益,不如学也";季文子三思而后行,子闻之曰:"再斯可矣。"又,物之是非邪正终非有定。《诗》云"有物有则",子思称"不诚无物",而孟子亦自言"万物皆备于我矣"。夫古人之耳目,安得不官而蔽于物? 而思有是非邪正,心有人道危微,后人安能常官而得之? 舍四从一,是谓不知天之所与,而非天之与此而禁彼也。盖以心为官,出孔子之后,以性为善,自孟子始;然后学者尽废古人入德之条目,而专以

---

① [南宋]叶适:《习学记言序目》卷第四十四《荀子·解蔽》,中华书局 1977 年版,第 652 页。

② 《孟子·告子上》。

心性为宗主，致虚意多，实力少，测知广，凝聚狭，而尧舜以来内
外交相成之道废矣。①

叶适认为，人的知识的形成和道德修养的过程，无不受到外部现实生活世界的影响，是在人们的现实活动中形成，是"自外入"比较成熟后，又"自内出"，是自律和他律都起作用的过程，是内外交相而成的过程。叶适还指出，孟子"以心为官"之说，既不合尧、舜、孔子之教，又影响后世学者。

由以上内容可以看出，叶适儒学思想大体上包括三个环节和步骤。首先是对形上之道的探索和追寻，即对乾道或天道的把握，是叶适儒学的重要任务和逻辑前提，但不是他的最终目的。就叶适的儒学来说，认识道只是其思考宇宙和人生的第一步。如何进一步把外在之道转化为内在之性，即"化理论为德性"（借冯契先生语），从而使人掌握人与自然界的本质特征，实现外部世界之理（道）与人的内在之性（德）的统一，是他的第二个基本步骤。只是走到这一步还没有完成，只有到了治国安邦、经世济民的社会实践这一层次和境界，才是他的最高要求。因此，他的第三个环节，也是最重要的一个环节，即如何把内在于人的德性对象化于人类的生活和实践活动中去（道德与功利的统一）。需要说明的是，由外到内再到外，只是对人与周围事物的联系（存在）的一种过程性（方向性）陈述和描述，实际上是不分内外和主客的（只是表述的问题），由此体现了叶适儒学的整体性特征。叶适肯定人的修德和重事功、求实治是一体的，是一个完整的过程。这种价值观，并非只求片面、一时一地的功利，而是站在时代和历史的高度，提出儒家应该关怀的目标所在，是修身与经世济国的统一。在这种终极关怀下，所谓事功、功利和实德、实治，是知识分子（君子）的责任与担当，而非小人所认为的只求结果的功利主义的想法。假如一个人只顾自己的小利，是不会成大气候的。正因为如此，叶适才能成为永嘉学派之集大成者。他通过建构自己的道和道统，为求事功实治的思想提出了一套系统而完整的立论基础，同时由于这套理论基础的建立，使得永嘉

---

① 　［南宋］叶适：《习学记言序目》卷第十四《孟子·告子》，中华书局 1977 年版，第 207 页。

学派一向为某些人所认为的只"重利"的思想得以脱胎换骨,除去肤浅的"功利"目的,代之以知识分子(君子)的责任和贡献,用来论述所谓事功学派的终极关怀。此时的事功实治、经世济国是大德的表现,更是大道呈现。

第三节　关于方法论的说明

本书采取描述的方式和方法,根据叶适的文本来阐述叶适儒学思想,以其德与利统一的观点为中心而展开,争取利用中国哲学、西方哲学(包括马克思主义哲学)中与其相关的哲学资源来阐述之。描述的方式和方法就是"面向事物本身",让其如其所是地展开,就是道(说)。人之思而致于道,通过描述的方式存在于文本之中。这样,人就可以通过理解(思)让文本自己诉说和呈现哲学大道,因为道存在于文本之中。叶适本人之思而致于道,存在于他自己的文本之中,所以要根据叶适的文本,通过理解(思)让叶适的文本诉说和呈现叶适的儒学之道,特别是他的德与利统一的观点。潘德荣教授认为,以"文本"为中心,并不是说将"文本"视为诠释的唯一因素,而是指以文本为基础来合理地安顿作者与读者。只有在对文本有了某种程度的正确理解的基础上,读者的体悟和义理发挥才具有合理性与合法性的基础。我们必须区分文本的意义与我们自己受其启发而引申、发挥出来的意义。就文本理解而言,我们要恪守意义的客观性原则,尽量避免主观臆测,这是对于读者的要求。[①] 对文本的理解,人的思修不一,可能会产生差异,但要恪守意义的客观性原则,就是要致于文本诉说和呈现的道,特别是中道,既表现为大化流行,又表现为合适的度,即义、宜,(在人身上)做到仁义一体;道又是过程(大化流行)和结果(利)的统一体。同时,对中国经典原著的诠释,要吸收当代西方哲学的诠释学成果来进行探讨,应将解释与诠释循环视为中国诠释传统方法论上的突破

---

① 潘德荣:《理解方法论视野中的读者与文本——加达默尔与方法论诠释学》,《中国社会科学》,2008 年第 2 期。

口,将经典诠释与成人理念融为一体,这与其说是中国诠释传统现代化之途,不如说是一种回归,回归到先贤往圣所倡导的治学与修身、治国与平天下为一的理念。在传统(西方)哲学那里,人类作为认识主体与客观对象发生关系,旨在达到"自在之物",而在海德格尔,存在的意义通过此时此地的存在,亦即此在对自身的领悟而被理解,并且这一理解过程就是意义的展现过程。在前者,认识主体作为纯粹的旁观者置身于历史之外注视着历史,以求知识的客观性;而在后者,存在置身于被观察的世界和历史之中。就存在的关系而言,存在即世界;就其展现于历史而言,存在即世间。这就如同,子在川上曰:"逝者如斯夫! 不舍昼夜。"表现为动态(乾道)的观点,即大化、大用流行,生生不息。对事物(当然,也包括人)本身的描述也就是事物本身的展开,其展开虽具有多种可能性,但毕竟是事物本身的展开,是事物存在的方式,又是事物呈现的方法,即本体即方法、诠释即功夫(即实践),知行合一、道通为一。其表现为过程性,即事物的连续性和持续性;其表现为一体性,即存在通过存在者表现出来;其表现为结果性和相对性,即存在者具有多样性;其表现为完整性和全面性,即事物本身存在多维性;其表现为绝对性,即存在的大化流行,生生不息,天行健,君子以自强不息。

对同一个问题,可以有不同的描述和表达方式,显示出描述和表达方式的多样性,不过,它们都是为阐述同一个问题服务的。这样,也可以用比较分析的方法来对同一个问题产生共鸣、映衬和诠释,以期达到较好的效果和较强的说服力。

第二章　叶适德与利统一的哲学溯源

第一节　叶适乾道的哲学意蕴——天行健

叶适是南宋永嘉学派的集大成者,是与朱熹、陆九渊"鼎足而三"的思想家。在宋朝时期,学者们为了阐述和论证自己的学说,纷纷从古人的经典中寻找立说的基础和根据。当时的学者们在学术取向上以回归先秦原始儒学为主,掀起了影响深远的宋学经学研究。宋时期的儒家学派在经典的诠释上,把一般的道、理放到最高的位置,相比于道、理而言,不仅经书文本本身必须是载道之言,而且作经的圣人之意也只有在传承道的前提下有所发展才是有价值的,这种对普遍义理的追求体现了宋新儒学思潮的根本特征。下面简要地分析朱熹有关《周易》的观点。朱熹认为《十翼》是孔子所著,而叶适则认为只有《象》《彖》是孔子所著,并且二者对周易的观点有较大差别。首先,朱熹认为易有太极:

> 易有太极,便是下面两仪、四象、八卦。自三百八十四爻总为六十四,自六十四总为八卦,自八卦总为四象,自四象总为两仪,自两仪总为太极。①

> 太极自是涵动静之理,却不可以动静分体用。盖静太极之

---

① ［南宋］朱熹:《朱子语类》,岳麓书社1997年版,第1732—1733页。

体也,动即太极之用也。譬如扇子,只是个扇子,摇动便是用,放下便是体。才放下时,便只是这一个道理,及摇动时,亦只是这一个道理。①

朱熹认为,太极是象数变化的根源和最高准则。太极包涵卦爻象之理,而卦爻象又具有太极之理。太极中有动、静之理,而不是太极自身能动能静。其中,静之理为体、动之理为用,事物的变化有动有静,而以静为本。太极作为天地万物之本体,是绝对静止的,而天地万物(气)却处于运动变化的过程中。太极和理都是不动的。同时,太极无形而有理则为无极。叶适则不以为然:

　　"易有太极",近世学者以为宗旨秘义。按卦所象惟八物,推八物之义为乾、坤、艮、巽、坎、离、震、兑,孔子以为未足也,又因《象》以明之,其微兆往往卦义所未及。故谓乾各正性命,谓复见天地之心,言神于观,言情于大壮,言感于咸,言久于恒,言大义于归妹,无所不备矣;独无所谓"太极"者,不知《传》何以称之也?自老聃为虚无之祖,然犹不敢放言,曰"无名天名之始,有名万物之母"而已。至庄列始妄为名字,不胜其多,故有"太始""太素""未始有夫未始有无"茫昧广远之说,传《易》者将以本原圣人,扶立世教,而亦为太极以骇异后学,后学鼓而从之,失其会归,而道日以离矣。又言"太极生两仪,两仪生四象",则文浅而义陋矣。②

叶适认为,"太极"这一概念在《易经》和孔子所著的《彖》《象》里都没有,是后人受老庄的影响而加到《传》中去的,没有孔子的认可,是值得怀疑的。孔子认为,《易经》的事理还不够详备,特著《彖》《象》以明之,这样就齐备了。近世学者,在现实世界之上又设置太极甚至无极,并张扬之,显得非常抽象化和逻辑化,具有脱离现实世界的倾向。叶适是坚决反对的,认为他们"道日以离矣"。又言"太极生两仪,两仪生四象",则文浅而

---

① ［南宋］朱熹:《朱子语类》,岳麓书社1997年版,第2131页。
② ［南宋］叶适:《习学记言序目》卷第四《周易四·系辞上》,中华书局1977年版,第47页。

义陋矣,有点过于程序化和固定化。

其次,朱熹认为:"易只是个一阴一阳。"①"易是变易,阴阳无一日不变,庄子分明说易以道阴阳。"②其所说的"一阴一阳",是指阴阳既对立,又流转。"阴阳之道,一进一退,一长一消,反复、往来、上下,于此见之。"③事物在运动变化的过程中,其阴阳对立面或相交,或相替,反复往来而无穷,此种特性就是阴阳之理,有此理才有阴阳变易之事。朱熹认为,一阴一阳之理贯穿于《周易》的一切领域,圣人作易,就是根据阴阳之理。阴阳之理是静止的,是无形迹的,具有高度的抽象性,有脱离具体事物的倾向性。叶适则不以为然。陆九渊对此也有自己的看法:

> 易之为道,一阴一阳而已。先后、始终、动静、晦明、上下、进退、往来、阖辟、盈虚、消长、尊卑、贵贱、表里、隐显、向背、顺逆、存亡、得丧、出入、行藏,何适而非一阴一阳哉? 奇偶相寻,变化无穷,故曰:"其为道也屡迁,变动不居,周流六虚,上下无常,刚柔相易,不可为典要,惟变所适。"……广大悉备:有天道焉,有人道焉,有地道焉,兼三才而两之,故六。六者非他也,三才之道也。今顾以阴阳为非道而直谓之形器,其孰为昧于道器之分哉?④

陆九渊认为,无形体者可称为形而上,阴阳无形体,可以称为形而上。阴阳已是形而上者,太极之理为形而上,更是如此,无须再加无极明之。其对"一阴一阳之谓道"的解释,不以道为阴阳之所以然,而是以其为阴阳变易的过程和法则,此过程和法则无有形体,故为形而上。陆九渊不以无形之道为独立自存的世界,强调不分天人的观点:

> 万物森然于方寸之间,满心而发,充塞宇宙,无非此理。孟子就四端上指示人,岂是人心只有四端而已?⑤

① ［南宋］朱熹:《朱子语类》,岳麓书社1997年版,第1436页。
② ［南宋］朱熹:《朱子语类》,岳麓书社1997年版,第1702页。
③ ［南宋］朱熹:《朱子语类》,岳麓书社1997年版,第1439页。
④ ［南宋］陆九渊:《陆九渊集》卷二《书·与朱元晦》,中华书局1980年版,第29页。
⑤ ［南宋］陆九渊:《陆九渊集》卷三十四《语录上》,中华书局1980年版,第423页。

此理塞宇宙，所谓道外无事，事外无道。舍此而别有商量，别有趋向，别有规模，别有形迹，别有行业，别有事功，则与道不相干，则是异端，则是利欲为之陷溺，为之窠臼，说即是邪说，见即是邪见。[①]

陆九渊主张天人一本，本心即天理。日常应事接物，皆道之所在，因为此理充塞宇宙，不分上下，故道不离事，事外无道，离事讲道或离道行事，不是异端，便是邪说。异端指佛道二教，离事求道；邪说，指功利学说，以事为道。（由此可以看出，如果此处谈的功利学说是指永嘉和永康学说的话，那就说明陆九渊对永嘉和永康学说只是片面理解。）陆九渊认为，心即理，理根于心，以心统贯道和器。叶适对陆九渊的观点也不以为然（因为人、心只是道的一部分），他突出乾道的优先性和绝对性，提出"道者，阳而不阴之谓也"。乾道的运行（大化、大用流行）主导着一切领域。具体展开如下：

其为三，阳也，天也，此《易》之始画；（本一而三者，非三则无以为八也。）其有阴，则地也。理未有不对立者也，阳之一雷二水三山，阴之一风二火三泽，此卦也；其为六也，阳则乾、震、坎、艮，阴则坤、兑、离、巽，此义也。以卦则三足矣，以义必六，而交错往来所以行于事物也。学者观其一不观其二，此《易》道所以难明也。[②]

自古以来，人们对《易》的研究无不注意到它的阴阳相推、刚柔相摩、八卦相荡以及其变易的过程和趋势。叶适在这方面有自己的独到见解。他根据卦象把八卦分为阴阳两组卦，这两组的交错往来构成事物的运行演变。对于《易》道的理解，就要从阴阳两组卦的互动关系中来把握，如果观其一而不观其二，《易》的道理将难以显现或被遮蔽。"本一"指━阳爻画或━ ━阴爻画。"其为三"，三是指三个阳爻或三个阴爻。三个阳爻和三个阴爻交错上下排列组合形成八卦。阳阴，指奇偶两画的性质，阳代表

---

① ［南宋］陆九渊：《陆九渊集》卷三十五《语录下》，中华书局1980年版，第474页。

② ［南宋］叶适：《习学记言序目》卷第一《周易一·乾坤》，中华书局1977年版，第1页。

刚,阴代表柔。阳阴二爻即是刚柔二爻。这就是说,三画都是阳爻,也都
是刚爻,象征着天;三画都是阴爻,也都是柔爻,象征着地。它们蕴含的义
理相互对立着。震卦初画为刚,用雷代表,坎卦(第)二画为刚,用水代表,
艮卦(第)三画为刚,用山代表。巽卦初画为柔,用风代表,离卦(第)二画
为柔,用火代表,兑卦(第)三画为柔,用泽代表。这就是"阳之一雷二水三
山,阴之一风二火三泽,此卦也"。"卦"指八单卦,用八种物象代表,所以
说"此卦也"。六画指重卦,属于阳者为乾、震、坎、艮,属于阴者为坤、兑、
离、巽。有这六画,才有刚柔爻象交错往来,才有一卦之义,这就是"此
义也"。就卦所代表的物象说,三画之卦就足够用了;但就卦义说,卦必须
六画,才能体现事物变化的过程。意思是,八单卦表示物象,重卦显示刚
柔变易之理,前者为《象》的体例,后者为《彖》的体例,二者缺一不可。但
是,刚柔变易之义理又基于所代表八物之象。叶适依此种体例,将六画之
卦分为上下或内外两体,依两体所代表之物象及其刚柔爻义解释了六十
四卦的义理。以上的描述显示了事物本身的复杂性和差异性,事物本身
的差别,导致事物的运动,即"交错往来所以行于事物也"。黑格尔以自己
的表述形式进而认为:

> 在意识里发生于自我与作为自我的对象的实体之间的不同
> 一性,就是他们两者的差别,一般的否定性。我们可以把否定性
> 视为两者共同的缺陷,但它实在是两者的灵魂或推动者。正是
> 因为这个理由,有些古代哲学家曾把空虚理解为推动者;他们诚
> 然已经知道推动者是否定的东西,但还没有了解它就是自身
> (Selbst)。——如果这个否定性首先只表现为自我与对象之间
> 的不同一性,那么它同样也是实体对它自己的不同一性。看起
> 来似乎是在实体以外进行的,似乎是一种指向着实体的活动,事
> 实上就是实体自己的行动,实体因此表明它自己本质上就是
> 主体。[①]

---

① ［德］黑格尔:《精神现象学》,贺麟、王玖兴译,商务印书馆 1979 年版,第 23—24 页。

黑格尔在这里主要突出,事物本身的结构的差别性导致事物本身的运动,事物本身出现新的规定,就是差异,也就是运动;反之,事物本身的运动带来事物本身的差异性,出现新的规定。事物的运动是本身的运动,是过程性的,其过程性通过事物的不断的差异表现出来。把一切存在者理解为自己存在,理解为不仅仅是各种存在状态,而且是存在活动、存在过程和存在的历史(变易),这正是黑格尔辩证法的精髓。存在作为主体(在场)和作为实体(在场者)在不同层次上相互转化、相互矛盾而又相互同一(主体即实体),这正是黑格尔哲学尤其是《精神现象学》的基本原则。同样,《易》中的道(易)是运行演变、大化流行的,其表现为事物的生生不息,事物的差别性也得到充分展开。叶适继续分析事物的差别性,例如,解释乾坤两卦说:

> 乾德终始主乎健,其《象》曰"自强",曰"不息"。坤德终始主乎顺,其《象》曰"厚德",曰"载物"。[①]

> 能"自强不息""厚德载物",而天地之道在我矣;知"用九天德不可为首"而知始矣;知"用六利永贞"而知终矣;道之示人,未有切乎此者也,违而他求则远矣。[②]

"用九"和"用六"句,都来自《象》文。这就是说,乾卦六画都为刚爻,其德主健,因此《象》说:"天行健,君子以自强不息。"坤卦六画都为柔爻,其德主顺,因此《象》说:"地势坤,君子以厚德载物。"意思是,乾坤两卦,以天地为其物象,所以其卦义,一为刚健,一为柔顺。君子象此,天地的形象内化到我(人)身上,具有天地的"品格",其内化过程需要人的努力体证(包括体力劳动和脑力劳动),才能转化成人的德性。所谓"天地之道在我"。我(人)具有天地的"品格",具有自己的德性,不断地修德应事,亦应自强不息,厚德载物。由于乾卦六画皆刚爻,如天德纯刚,具有极强的生命力,即自强不息。天之大,具有无限性、永恒性,所谓用九天德不可为

---

　　①　[南宋]叶适:《习学记言序目》卷第四《周易四·系辞上》,中华书局 1977 年版,第 40—41 页。

　　②　[南宋]叶适:《习学记言序目》卷第一《周易一·乾坤》,中华书局 1977 年版,第 1 页。

首,就是形容其无限永恒之义。在现代宇宙学的发展中,有些学者提出宇宙是有限的,这种学说如果能成立,那也是自然科学的问题,并不妨碍天对人而言具有无限性意义。地之厚,能够生物,也能够载物,是一切生命得以存在的基础。生之理乃道也,道是万物生命之源,又是万物发展所遵循的法则。道之示人,即大道显现于人并引导人,人只有观察、认识到大道,并遵循、运用之,才能最终知"用六利永贞"。

叶适为了强调乾道的特性和重大功用,进一步分析:

> 且易之始画也,独乾而非坤,故《象》之赞乾也,有乾而无坤,及其赞坤也,顺承乎天而已。然则"乾道成男,坤道成女,乾知大始,坤作成物,乾以易知,坤以简能",是非坤不足以配乾,非乾坤不足以成《易》,而独乾非坤、有乾无坤之义隐矣。"乾道变化,各正性命",充满覆载,无非乾也;"乾道成男,坤道成女",则阴为无预乎阳,阳必有待于阴,而乾之功用祸矣。①

在乾坤关系中,乾是一种独立的力量。叶适根据乾坤两卦的《象》文中的"大哉乾元,万物资始,乃统天""至哉坤元,万物资生,乃顺承天"来进一步阐述乾道,认为乾道(元)使万物得以萌生,并且"统领主导"大自然的运作过程。虽然坤元能使万物得以长养,但要顺奉大自然的运作过程。意思是,天德乾道自有生物之功,无须依靠坤的势力,即"独乾非坤"。"乾道变化,各正性命。"也就是说,乾元之气所决定的天道有规律地运动变化,大化或大用流行,使得万物各得其所,即乾独立完成了赋予万物以性命的工作,赋予人以自强不息的精神生命,坤则与此无关。叶适同时认为,《系辞》关于乾坤并称的观点与《象》文不合,所谓非乾坤并立无以成易、阳必待阴方有生物之功等观点,是对乾之功用的片面理解,压抑了乾道,影响和限制了乾道的发用。

> 乾为《易》之主,非他卦交错相成之比,故其为初也潜而隐,而非不可用也;其为四也跃而进,而非必求用也;至于上,则道成

---

① [南宋]叶适:《习学记言序目》卷第四《周易四·系辞上》,中华书局 1977 年版,第 40 页。

且革矣,故爻以为"亢而有悔",而《象》以为"盈不可久",明其将变而之阴尔,非若《传》之所谓也。且始终皆道,奚位之择? 独乾御世,奚民之求? 功则由己,奚辅之待? 后世不知乾所以成《易》,而指成《易》以论乾,是以其言若此也。①

乾不仅是一种独立的力量,而且是一种绝对的力量,具有坚定性和一贯性,具有在任何情况和条件下都要贯彻下去的特性。就卦画来说,乾卦纯刚,无阴阳爻交错之象,故其初爻为潜而隐,至上九爻其道已成,成则变革,所以《象》"盈不可久",即将变而为阴。从初上,皆为刚阳之道,其见于人事,既不择位,亦不求民,功劳由己,无待贤人之辅。意思是乾道自成,无须阴的力量就其功业。所谓"乾为易之主""乾所以成易"。就画卦说,谓卦始于阳奇;就义理说,谓刚阳之道,统率一切。这就进一步高扬了乾道,使之成为《易》最大的主题。这一主题在叶适的思想中是以一贯之的。不过弱化了坤的作用。

由此可知,叶适在处理阴阳关系时,同样也强化阳而弱化阴。

"一阴一阳之谓道,继之者善也,成之者性也,仁者见之谓之仁,智者见之谓之智,百姓日用而不知,故君子之道鲜矣。"后世以是为微言之极也。一阴一阳,氤氲渺微,至难明也。善为之继,而综统之机难执,性所以成,而归全之本易离,仁智皆道之偏也。虽然,圣人之乾道,盖难乎言,其言之者有矣,曰"天道下济而光明""天道亏盈而益谦";曰"刚浸而长,说而顺,刚中而应,大亨以正,天道也";又曰"观天之神道而四时不忒";又曰"天地之道,恒久而不已也"。夫天与人不相接,而其好恶消长,如影响符契之相答然,此其所以有贵于圣人之言道也。道者,阳而不阴之谓也,一阴一阳,非所以为道也。②

从以上内容可以看出,叶适对阴阳关系的阐明与普通的见解相比有自己的独到之处。他批评用一阴一阳来诠释道,而要把握综统之机,即直

① [南宋]叶适:《习学记言序目》卷第四《周易四·系辞上》,中华书局1977年版,第44页。
② [南宋]叶适:《习学记言序目》卷第四《周易四·系辞上》,中华书局1977年版,第42页。

接把握统率者的妙处和妙用，要全面领会道的本，不能仁者见仁、智者见智，失之一偏。道虽难言，但圣人并非无所说，如《象》所说的"天道下济而光明"等。《象》所说的道和天道，是指阳刚之道。此道未与人相接，自然消长，比圣人说的更为可贵。因此，只能说阳而不阴之谓道，不能说一阴一阳之谓道。仁者和智者对此道皆有所见，只是未全面觉察和体会而已。他以阳而不阴为道，同样是说，阴阳不能并论，即阳者不靠阴柔成其功，阴柔亦不能改变刚阳的命运。叶适所认定的道应是他心目中的儒家之道，他所理解的儒家之道的精神中，只有阳刚的成分（如君子以自强不息）而无阴柔的地位，因为阴是一种消极的因素。关于阴的作用，叶适谈道：

> 世言阳不可无阴，谓阴必配阳者，卜史之论也。阴何功于物？杀其已生，坏其已成者，性情使之尔。[1]

在叶适看来，阴阳之间不是一种双向的关系，而是一种单方面的肯定，或者说是显和隐的关系。事物在显的时候，其反面以潜在的方式存在，被遮蔽着，隐者隐着。

> 震之一刚居内而消阴，则信矣；艮之二柔居外，则曷为其畜阳也？夫畜阳者阴也，所以畜阳者非阴也，艮之一阳也。[2]

> 若夫四阳居内，上不能乘，下不能消，自以为盛矣，然处偏重之势，本末皆弱，徒自固于中，而不知其桡折乎外也。故阳为阴郭者养，而阴不足以郭阳也，则失其所以养而灭矣，此泽所以灭木，而二与五所以皆为枯杨也。君子知阴之乘也，阳之无用也，独立不惧，遁世无闷，不以刚为过，而非过于刚者不能，然后知大过之象矣。[3]

大过之象即君子应该坚定操守，无所畏惧，不为世用，亦无苦闷。同时，叶适把阳刚进一步推广：

---

① ［南宋］叶适：《习学记言序目》卷第二《周易二·剥复》，中华书局1977年版，第15页。
② ［南宋］叶适：《习学记言序目》卷第二《周易二·无妄大畜》，中华书局1977年版，第16—17页。
③ ［南宋］叶适：《习学记言序目》卷第二《周易二·颐大过》，中华书局1977年版，第18页。

> 然则渐而迷者,人之过也;顿而复者,人之心也。故剥者,天地之过也;复者,天地之心也。呜呼!独阳无阴,岂独圣人以义礼尊之哉?乃天地之正性也。①

这样,叶适把阳刚之德看作人与天地(自然界)的共同本质属性,即整个宇宙的基本属性。乾道作为宇宙的基本属性,具有根本性和存在论的意味。

> 《易》于乾、坤不并言,盖因乾而后有坤也;天地则并言之矣,盖有天则必有地也。《象》称"坤厚载物,德合无疆,先迷失道,后顺得常,西南得朋,乃与类行,东北丧朋,乃终有庆"。先后得丧之间,作《易》者戒之,则坤之广宜若配地者。至乾以元统天,以六御天,正性命,合太和,皆有待于乾而后能;则乾之为大,非配天者也。②

从以上内容可以看出,乾以元统天,乾大于天,天地万物的性命之获得以及宇宙的太和状态的实现和保持,都是乾道发用的结果。抬高了乾的地位,使乾道具有主导万物的性质。乾道的发用是其能动性的表现。乾道能动的属性保证了它始终成为一种积极的因素,并由此成为万物的主导者。

> 乾,物之主也,其进无不遂者,故于坤为泰,于离为大有,大以畜德,小以懿文,而夬以决阴,皆道之亨者也。而独于坎也则不然,待之以险而已,故为需。夫干之遇坎也,虽不足以成功,然刚而不陷,义不困穷,则可须以待无所失之谓也。③

乾道的运行是不择条件的,不论有什么困难,都要想办法克服,把自己的运行行为和状态维持下去。在这方面,显示出乾道的优越性和优先性。

---

① [南宋]叶适:《习学记言序目》卷第二《周易二·剥复》,中华书局1977年版,第16页。
② [南宋]叶适:《习学记言序目》卷第四《周易四·系辞上》,中华书局1977年版,第42—43页。
③ [南宋]叶适:《习学记言序目》卷第一《周易一·需讼》,中华书局1977年版,第3页。

"《易》与天地准,故能弥纶天地之道。"《传》之为是言也,将以大夫《易》也,其意若曰,"天地至大也,而《易》能准之,又弥纶之"尔。按乾称"统天",泰称"财成天地之道",豫称"顺以动,故天地如之",大壮称"正大,天地之情可见矣",《诗》《书》之称道,未尝不先天;惟《易》不然,盖其因变以明理,而后知天地之不能违也。然则天地固准《易》,而《易》非准天地也,且既已准而从之矣,又安能弥纶之乎?①

《易》因变而明理,即《易》通过大变、大用、大化流行而发用和超越,显示出存在中的优先性和主导性。天地与它相符合,在它的强劲动力下存在着,以动的方式存在着。不过,易的变化流行仍然是在天地之间和之内存在的。这样就容易让人产生"又安能弥纶之乎?"的感觉。叶适的这种对乾道、阳刚的探索和突出,具有形而上的意味,对乾道具有一种崇敬感和神秘感。其崇敬和神秘性在于,乾道是一种坚定的、一贯的、自强不息的动力源泉,并具有勇往直前的品格。

叶适用乾来表达《易》的核心思想:乾德终始主乎健,其象曰自强,曰不息。其蕴涵与"生生之谓易"的思想是一致的。易就是生,这是一个分析命题。大化流行、生生不息,中国哲学史上常被人们所引用的这些话,正是从《周易》而来的,也是最能反映中国哲学精神的。生生是连续不断的生成过程,没有一刻停息,它不是由一个"主宰者"创造生命,而是自然界本身不断地生成、不断地创造,天地本身就是这个样子,以生生为其基本的存在方式。天地之所以为天地,就在于生,所谓变化之理,易简之理,说到底就是生生之理。这里的天是自然之天,地是自然之地,天地只是生生不息,并没有某种人格化的道德目的或道德意识,它既不是如同基督教的上帝那样,以其自身的完美性创造世界、创造人类,也不是如同斯宾诺莎的"上帝"(即自然)或康德的"绝对命令"那样,按照某种"必然性"或"先验法则"创造秩序和人类道德。这些都是实体论的说法,无论是"上帝"还

---

① ［南宋］叶适:《习学记言序目》卷第四《周易四·系辞上》,中华书局1977年版,第42页。

是"物自身",都是绝对实体,而乾、天或道并不是实体,而是大化流行的过程,以其流行表明其存在,以其生生表明其本体即存在。

叶适对道(乾道)还有比较形象、精彩的描述和分析:

"或问道,曰:'道也者通也,无不通也。'或曰:'可以适他欤?'曰:'适尧舜文王者为正道,非尧舜文王者为他道,君子正而不他。'""或问道,曰:'道若涂若川,车航混混,不舍昼夜。'或曰:'焉得直道而由诸?'曰:'涂虽曲而通诸夏则由诸,川虽曲而通诸海则由诸。'或曰:'事虽曲而通诸圣则由诸乎?'"古之言道也,以道为止;后之言道也,以道为始。以道为止者,周公孔子也;以道为始者,子思孟轲也。至雄,则又失其所以始而以无不通为道。夫行者以不得乎道也,故陷于迷;学者以不得乎道也,故趋于谬;是则道者限也,非有不通而非无不通也。道一而已,无正也,无他也,自行而言,车航混混,不舍昼夜,虽不得其道犹至也;自学而言,车航混混,不舍昼夜,苟不得其道皆迷也。奈何并诸子百家之纷纷举以为道,而姑教其惟尧舜文王之适?彼不知其所以适,虽尧舜文王,而不知道犹是也。徐行先长者,曹交乌得而为?性善称尧舜,滕世子何取于信?以其始之易于言也,是以误后世之无所始也。至韩愈则又曰"道有君子,有小人;德有凶,有吉",岂惟无所始,几于攘臂而诟矣。己则然,而曰吾辟异说以明夫道也,可乎?盖周公孔子之道,而学者喜为异以离之,其初不毫忽,而其流有越南、燕北之远矣。①

叶适认为道通为一,道无有不通的,道无所不在,像道路一样通往四方,像河流一样入海而不息。古人讲道,以道为目的,如周公、孔子,遵循道,终止和停留于道上。而后人言道,以道为起点和手段,越来越偏离道,如子思、孟子,他们言道只是为了讲心性。尧舜文王之道是与人间正道相适合的,道的大化、大用流行,恐怕尧舜文王他们自己也不真正了解,只是

---

① ［南宋］叶适:《习学记言序目》卷四十四《法言·问道》,中华书局1977年版,第658—659页。

遵循而已,但他们的德行和功业是道本身的呈现。

关于大化、大用流行的思想,冯友兰先生论述道:

> 一切事物,均经成、盛、衰、毁四个阶段。旧事物如此灭,新事物如此生。如此生生灭灭,即是大用流行。大用流行,亦称造化。事物之成、盛是造;其衰、毁是化,一切事物之造及化,总而言之,统而言之,名曰造化。一事物又各是一造化,就其各是一造化说,总而言之,统而言之,名曰万化。或亦以兼指造化;所以亦说"大化"。大化流行,亦即是大用流行。①

熊十力先生的体用论哲学也有类似的思想。张岱年先生在《中国哲学大纲》中,在"本根论"之后,紧接着在"大化论"一章中也有类似的看法。用,或者流变,或者流行,是中国宇宙观的基本观念,是中国哲学有别于其他民族哲学的重要观念之一。与西方哲学"实体"概念相对应的,是中国哲学"流"的观念,这叫做大化之流或宇宙大化之流。中国哲学一般认为宇宙、万物总是在用中,在作用中,在演化中,在流变中,在大化洪流中。宇宙,大用流行也。体即用也。用,即流。流,即宇宙万象。大化洪流造化一切。世间一切皆大化洪流所变现。体与用,用与象之统一,为中国哲学之基本特征。

> 乾居外而其内为坤,为离,为艮,为巽,无有吉者;独为震也,以刚居内而消阴。妄者,阴也,无妄者,刚居内而消去之也。圣人欲教天下之不为妄,则必自其刚之居内者始。②

> 夫刚之在外,不若在内,畜阴而聚之,不若顺阴而升之,此升之多吉所以过于萃之多忧,立庙以系民,用牲以求民,不若顺事于岐山,使民不吾舍而后亨之为得也。③

乾道阳刚本身就是一种绝对运行的状态,在何时何地都要一如既往,

---

① 冯友兰:《贞元六书》,华东师范大学出版社1996年版,第71页。
② [南宋]叶适:《习学记言序目》卷第二《周易二·无妄大畜》,中华书局1977年版,第16页。
③ [南宋]叶适:《习学记言序目》卷第二《周易二·萃升》,中华书局1977年版,第25页。

但是所处的位置也影响着它的表现形式。例如,乾居外,无有吉利;刚居内而消阴,无妄也。所谓君子有诸己也则一,其应于物也无穷,然则君子应物的结果与其所处的位置密切相关。所以乾阳必须居内,既便于乾道的发挥,又有利于事物的发展,也有利于人民和国家。

叶适尊敬孔子,也把乾阳宜居的思想与《论语》联系起来,认为这是"孔氏之本学"。

> 孔子曰:"吾未见刚者。"或对曰:"申枨。"子曰:"枨也欲,焉得刚!"然则以刚居内而消阴,卦之正义,孔氏之本学也。①

先秦儒家曾提出"刚健""自强"的人生准则。孔子重视"刚"的品德,他说:"刚毅木讷近仁。"②如果一个人刚强、果断、朴质、罕言,就近于仁德了。刚毅表现为具有坚定性。曾子说:"可以托六尺之孤,可以寄百里之命,临大节而不可夺也。君子人与? 君子人也。"③临大节而不可夺,即为刚毅的表现。《周易》提出"刚健""自强不息"的生活准则。《大有·彖》云:"大有,柔得尊位大中,而上下应之,曰大有。其德刚健而文明,应乎天而时行,是以元亨。"《乾·象》云:"天行健,君子以自强不息。"乾指天而言,天行即日月星辰的运行。日月星辰运行不已,从不间断,称之曰健,亦曰刚健。人应效法天之运行不已,而自强不息,是仁德的表现。自强即为努力向上、积极进取。

与刚健自强有密切联系的是关于独立意志、独立人格和为坚持原则可以牺牲个人生命的思想。孔子肯定人人都有独立的意志,他说:"三军可夺帅也,匹夫不可夺志也。"④又赞扬伯夷叔齐"不降其志,不辱其身"⑤,即赞扬坚持独立的人格。孔子更认为,为了实行仁德可以牺牲个人的生

---

① ［南宋］叶适:《习学记言序目》卷第二《周易二·无妄大畜》,中华书局 1977 年版,第 16 页。

② 《论语·子路》。

③ 《论语·泰伯》。

④ 《论语·子罕》。

⑤ 《论语·微子》。

命，他说："志士仁人，无求生以害仁，有杀身以成仁。"①孟子进而提出："生亦我所欲也，义亦我所欲也，二者不可得兼，舍生而取义者也。生亦我所欲，所欲有甚于生者，故不为苟得也；死亦我所恶，所恶有甚于死者，故患有所不辟也。"②这里所谓"所欲有甚于生者"，即义，其中包括人格的尊严。他举例说："一箪食，一豆羹，得之则生，弗得则死。呼尔而与之，行道之人弗受；蹴尔而与之，乞人不屑也。"不受嗟来之食，即为了保持人格的尊严。坚持自己的人格尊严，这是刚健自强的表现。在这方面，叶适对孟子是肯定的，即他的弟子讲到的"以孟轲能嗣孔子，未为过也，舍孔子而宗孟轲，则于本统离矣"。

先秦时代，儒道两家曾有关于刚柔的论争。与儒家重刚相反，老子"贵柔"。老子提出"柔弱胜刚强"③，认为"天下之至柔，驰骋天下之至坚"④。他以水为喻来论证柔能胜强："天下柔弱莫过于水，而攻坚强，莫之能先，其无以易之。故弱胜强，柔胜刚，天下莫能知，莫能行。"⑤老子贵柔，意在以柔克刚，柔只是一种手段，胜刚才是目的，贵柔乃是求胜之道。孔子重刚，老子贵柔，其实是相反相成的。儒家宣扬"刚健自强"，道家则崇尚"以柔克刚"。儒家学说的影响还是大于道家的，刚健自强的思想可以说是中国文化思想的主旋律。

尽管大化流行是乾道的基本属性，变化是它的重要性能，但变之中有其不变者，不变的是乾道作为一种动健的阳刚力量，不会随外在条件的改变而不同。

> 刚柔未交，健者为乾，顺者为坤，循于常德而已；刚柔既交，明者为屯，昏者为蒙，德虽有常而不可常矣。圣人之于《易》也，不以一德御众变，《书》《诗》异指者，自此以往，诸卦皆然也，此德

① 《论语·卫灵公》。
② 《孟子·告子上》。
③ 《老子》三十六章。
④ 《老子》四十三章。
⑤ 《老子》七十八章。

之应于物者也；若其有诸己也，则一而已矣。《传》曰："《易》之为书也不可远，其为道也屡迁，变动不居，周流六虚，上下无常，刚柔相易，不可为典要，惟变所适，其出入以度，外内使知惧，又明于忧患与故，无有师保，如临父母。"呜呼！使于其卦必有稽也，吾何间焉！以其泛于言也，则变动周流，微者为象，粗者为数，而君子之德隐矣。[①]

叶适又通过一与多的关系来分析乾道的特性，变即自强不息是常德，是永恒的。但在物内，变又是多样性的(每个存在者有相对静止性)，又表现为不永恒性，即"德虽有常而不可常矣"。不过变的多样性要依赖于变的永恒性，即"其卦必有稽也"，一旦表现为变的多样性，则变的永恒性将沉淀下来，即"君子之德隐矣"。

叶适认为，要把握道，就要弄清楚道的内涵和运行机制：

> 道原于一而成于两。古之言道者必以两。凡物之形，阴、阳，刚、柔，逆、顺，向、背，奇、偶，离、合，经、纬，纪、纲，皆两也，非一也。一物无不然，而况万物；万物皆然，而况其相禅之无穷者乎！交错纷纭，若见若闻，是谓人文。虽然，天下不知其为两也久矣，而个执其一以自遂；奇谲秘怪，塞陋而不弘者，皆生于两之不明。是以施于君者失其父之所愿，援乎上者非其下之所欲，乖迕反逆，则天道穷而人文乱也。及其为两也，则又形具而机不运，迹滞而神不化。然则是终不可邪？彼其所以通行于万物之间，无所不可，而无以累之，传于万世而不可易，何欤？呜呼！是其所谓中庸邪！然则中庸者，济物之两而明道之一者也，为两之所能依而非两之所能在者也。水至于平而止，道至于中庸而止矣。[②]

在此，叶适通过道而阐述了他自己的中庸思想。道存在于万事万物之中，道本身是一，道的运行是其内部的两方面如阴阳、刚柔、逆顺等互动

---

① ［南宋］叶适：《习学记言序目》卷第一《周易一·屯蒙》，中华书局 1977 年版，第 2—3 页。
② ［南宋］叶适：《水心别集》卷之七《中庸》，中华书局 1961 年版，第 732 页。

的表现,因为事物的两方面相互接触而相互作用,共同显示出道的大化、大用流行,且其流行又表现为道之一。中庸的实质是矛盾两方面的相济相依,是矛盾着的两方面相互依赖、相互补给、相互促进,从而推动事物的发展。相依而济物的中庸思想,在一定程度上体现了辩证法关于发展是对立面统一的思想。叶适明确指出,事物本身的对立统一,是不能一分为二,而是"为两之所能依而非两之所能在者也"。其含义是,如果把对立统一分为两种不同的、无关的性质,等于将事物本身的辩证法从理性层次降到知性水平。实际上,"济物之两",或称作对立性,或称作斗争性,它所对应的现象是事物的运动和变化,大化流行,生生不息,即"明道之一者也"。"为两之所能依",或称作统一性,或称作和谐性,它是指事物本身诸方面的相互依存性和相互转化性。同时,事物本身的运动变化并不构成和谐的对立面;相反,它是和谐的一个内在要素,否则和谐就是一潭死水、无差别的统一。"水至于平而止,道至于中庸而止矣",水达到一定的水位,表面上看来停止于平,但还是有进水和出水的动态的平衡。同样,道运行到一定的标准,达到中庸,达到事物本身发展的度,达到事物本身发展的恰到好处,表面看起来或人们容易想到一旦正好了,就不要动了,事实上,事物本身也在动,即动态的平衡,还要趋向于运动、前进,从而达到新的动态的平衡。"道原于一而成于两",事物发展的规律存在于矛盾的两方面所构成的统一关系或统一体中,"道至于中庸而止矣"。叶适从客观事物的"两一"关系揭示了中庸作为事物发展之道的客观性、普遍性和辩证性;进而以此指斥"各执其一以自遂"、违背辩证中庸之道的朱熹执其一"理"和陆九渊执其一"心"的做法,正击其要害。(主要就他们二人的倾向而言。)

中庸思想如此重要,那么怎样才能把握住呢? 叶适说:

> 诚者,何也? 曰:"此其所以为中庸也。"日月寒暑,风雨霜露,是虽远也而可以候推,此天之中庸也,候至而不应,是不诚也,艺之而必生,凿之而及泉,山岩附之、人畜附之而不倾也,此地之中庸也。是故天诚覆地诚载。惟人亦然,如是而生,如是而死,君臣父子,仁义教化,有所谓诚然也。是心与物或起伪焉,则

物不应矣;高者必危,卑者必庳,不诚之患也。①

从以上内容可以看出,叶适认为,要掌握中庸思想,必须诚。整个世界包括人、社会、自然界,都按自己的本性而生存、变化、发展,这就是诚。在天地,就是天地客观必然的发展规律,如日月寒暑、风雨霜露等。在人,就是人及人的社会关系,如君臣父子、仁义教化等。天依天道,人依人道,就是诚。人遵循道做事情也是诚,即主观与客观契合。诚是实现中庸之道、实践中庸之德的根本条件。所谓诚,就是无伪,就是不起伪。诚的无伪性就是按客观必然性做事情。承认天地人的本性及其生存发展,也就是承认大道的运作过程和结果,达到中庸,整个世界就会呈现和谐的最佳状态。

> "致中和,天地位焉,万物育焉",何谓也? 曰:"此明其所以为诚也。"未发之前非无物也,而得其所谓中焉,是其本也枝叶悉备;既发之后非有物也,而得其所谓和焉,是其道也幽显感格;未发而不中,既发而不和,则天地万物,吾见其错陈而已矣。古之人,使中和为我用,则天地自位,万物自育,而吾顺之者也,尧、舜、禹、汤、文、武之君臣是也。夫如是,则伪不起矣。故中和者,所以养其诚也。中和足以养诚,诚足以为中庸,中庸足以济物之两而明道之一,此孔子之所谓至也。②

叶适用未发和既发两种变化以及变化的结果来表达中和的状态。为了用语言表达中和之状态,可以暂时采用分析的方式。大道,在未发之前,万事万物俱在,各就各位,有理有序,一切适中。一旦既发变化,各行其道,只见大化流行,幽显感格,一致和谐,无有冲突。一是静态万物俱在,一是动态,大化流行。动静为一,中和显现。否则,吾见其错陈而已。万事万物的中和显示,就是诚的表现,人能体会之,能培养人们的诚。人们认识到中和并遵循之,是诚的作用,也就是人的诚的体现。人们一旦有诚的心态,把握事物的中庸之道,中庸就能显示事物内部的相互存在和互

---

① ［南宋］叶适:《水心别集》卷之七《中庸》,中华书局 1961 年版,第 733 页。
② ［南宋］叶适:《水心别集》卷之七《中庸》,中华书局 1961 年版,第 732 页。

动的方面达到恰到好处的状态,就是大道一的发用、显现而已。这样,人们掌握和运用中和原则,不自用,不主观,一切依顺客观事物存在发展的规律,就能使天地万物各顺其性、各得其位、各发其育,顺利生存、发展,达到最佳状态,即皇极。

关于中庸的思想,叶适一生中一直在探讨,使得中庸思想越来越系统化,达到理论和现实结合。叶适到了晚年,对中庸又有新的理解:

> 孔子虽曰"中庸之为德其至矣乎,民鲜能久矣",及其与颜闵之徒问答讲习,乃无所考。又"庸"字,古称"弗询之谋勿庸"。"自我五礼有庸哉","生生自庸","庸庸祗祗","民功曰庸",《左氏》"无辞有庸",《孟子》"利之而弗庸",《丧服四制》"此丧之中庸",大抵为用、为利、为实、为常之义。《周官》"以乐德教国子:中、和、祗、庸、孝、友",然则中庸之为德,岂其此类也欤?①

又说:

> 夫以为时中则不待庸也;以为庸德庸行,则不待中也;然则中庸之为德,果一乎,果二乎? 后世无所据执而以意言之,虽服膺拳拳,不敢失坠,而以义理为空言之患未忘也,此亦学者之所当思也。②

叶适早年谈论中庸思想,主要是从道的视角、形上的意义上来谈的,到了晚年,是从形上层面落实到形下层面来谈,把"庸"解释为用、利、实、常、功之义。关于这一点,成中英先生谈得非常中肯,他认为中庸就是基于本体之中及用中之中所发挥与实现出来的生活行为。本体之中是由于我们实践中道而体验得来;用中之中是由于我们了解中的本体而实践中,在实际的不同的具体情况下,发掘不同的中道的具体行为方针或准则。因此,"中庸"的"中"就是使中能应用在生活之中,"庸"可以说是平常、普通而普遍的日用生活。"庸"是指用,普遍而具体的用。所以,"中庸"就是"中用"(含有一与多的关系);"中"用在事物上面、生活经验上面,且须基

---

① ［南宋］叶适:《习学记言序目》卷第八《礼记·中庸》,中华书局 1977 年版,第 111 页。

② ［南宋］叶适:《习学记言序目》卷第八《礼记·中庸》,中华书局 1977 年版,第 112 页。

于本体的认识与实践的热忱而用之。中庸绝不是在生活中求得表面的折衷与妥协的中间路线。① 成中英先生的观点比较充分地说明了叶适的中庸思想,突出了叶适所强调的经世致用观点。

叶适继续分析:

> 盖于未发之际能见其未发,则道心可以常存而不微;于将发之际能使其发而皆中节,则人心可以常行而不危;不微不危,则中和之道致于我,而天地万物之理遂于彼矣。自舜禹孔颜相授最切,其后惟此言能继之;《中庸》之书,过是不外求矣。②

叶适认为,《中庸》之书的一个不足之处是,它没有内外结合,不向外求,没有注重外部世界。我认识到外部世界中和之道,即天地万物之理,然后内化于我,成为我的中和之道,在我的中和之道是天地万物之理的反映,是诚心诚意的。这样,中和之道不仅是一种道德境界,而且是一种认识事物的方法。中和之道是一种境界,那就要通过一定的途径达到它,即致中和:

> 性合于中,物至于和,独圣贤哉? 乃千万人同有也。何孔、孟所称稀阔而不多歟? 由孔、孟至于今,又加久矣,其可称者,何寥沉而不继歟? 呜呼! 安得不博类广伦以明之,毕躬殚力以奉之歟! 此师友之教,问学之讲,所以穷无穷、极无极也。③

叶适认为,中和状态人人应该有之,不能仅圣贤有之,关键看谁的功夫到了。但是,实际上古时候并不多,此后又有不继现象。因为中和之道是一种很高的境界,是一种终极关怀,是一种无穷的、无极限的、人生追求的目标。有了目标,人类才有动力。但需要过程和途径。一方面,要"博类广伦以明之",也就是首先要明确目标,有自觉之心,去学习和研究之,达到更自觉,做到先掌握理论。另一方面,要"毕躬殚力以奉之",也就是

---

① 成中英:《成中英文集卷二》,湖北人民出版社 2006 年版,第 219 页。
② [南宋]叶适:《习学记言序目》卷第八《礼记·中庸》,中华书局 1977 年版,第 109 页。
③ [南宋]叶适:《水心文集》卷之十一《记·信州重修学记》,中华书局 1961 年版,第 185页。

要理论联系实际,付诸实践行动,同时借助"师友之教,问学之讲"来达到无穷无极的目标。无论是理论研究和学习还是实践,都要有很深的扎实的功夫。人们要于道为一、于德一体,必须在气正、灵巧、情恰、心通、性约的基础上贯通古今,融通百家,然后才能轻忽枝叶而抓住根本。这一过程需要内功与外功双管齐下,持续不断,冰冻三尺非一日之寒,乃毅力之考验。也就是体现为功夫即本体,功夫即境界。

叶适又曰:

> 《周官》言道兼艺,贵自国子弟,贱及民庶皆教之。其言"儒以道得民""至德以为道本",最为要切,而未尝言其所以为道者。虽《书》自尧舜时亦已言道,及孔子言道尤著明,然终不的言道是何物。岂古人所谓道者,上下皆通知之,但患所行不至耶?老聃本周史官,而其书尽遗万事而特言道,凡其形貌朕兆,眇忽微妙,无不悉具。予尝疑其非聃所著,或隐者之词也。而《易传》及子思孟子亦争言道,皆定为某物,故后世之于道始有异说,而又益以庄列西方之学,愈乖离矣。今且当以"儒以道得民""至德以为道本"二言为证,庶学者无畔援之患而不失古人之统也。①

叶适认为,《周官》《书》和孔子虽然都谈论道,但我们很难把握道的具体形象和实际的内容。他说:"岂古人所谓道者,上下皆通知之,但患所行不至耶?"也就是说,道对于古人而言,或许并不难得知,也不是什么神秘深远难测之物,而是一种实现的过程和结果,道本身是运行不息的和不断呈现、展现、实现的。专言"道"的老子,对于道的形貌特征描述为"眇忽微妙,无不悉具",虽然讲得极精妙仔细,但"道"没有被规定为某物。无论这是否为老聃所言,其对道的理解和论述,都把道当作一种运行的存在并发挥着作用,从而不离开道本身的作用来言道,不把道视为独立之物即存在者。"而《易传》及子思孟子亦争言道,皆定为某物,故后世之于道始有异说,而又益以庄列西方之学,愈乖离矣。"叶适认为,子思、孟子一下言道,

---

① 〔南宋〕叶适:《习学记言序目》卷第七《周礼·天官冢宰》,中华书局 1977 年版,第 86 页。

则与古人相反,忽视道的呈现与作用即大化、大用流行,而定为某物即存在者,将道视为远离事情的某种高深莫测的东西,视道为对象(物)来探求。这种对象化的道,叶适认为并非古人所言的道,也非孔子所称的道。叶适继续谈道:

> 按古诗作者,无不以一物立义,物之所在,道则在焉,物有止,道无止也,非知道者不能该物,非知物者不能至道;道虽广大,理备事足,而终归之于物,不使散流,此圣贤经世之业,非习为文词者所能知也。[1]

叶适认为,"物之所在,道则在焉",即认为道存在于物中。所谓物,是广义的,泛指人情物事。也就是说,道并不离万物、人世而单独存在,具体的事物不存在了(其消失本身就是道),但道还是客观常存的,道在这里体现了有无的、具体的、辩证的统一。同时,"非知道者不能该物,非知物者不能至道;道虽广大,理备事足,而终归之于物",道终归于物,是道体现为:"此圣贤经世之业,非习为文词者所能知也。"即道不在形外(超越于现实),不是人的主观心意臆测所论,而是实实在在地在日常日用、万事万物之中,它最大的呈现、展现就是"圣贤经世之业"。可以看出,道虽然难以明言,但可以自身呈现、展现和实现。道虽然没有形象,但存在于物上(中)。道在人身上通过德体现出来。德的表现方式有隐和显之分。对儒家来说,真正的君子是不会把德一直隐藏起来的。叶适说:

> 君子于其险也,则经纪而弥纶之,不困于屯也;于其说也,向晦以全其明,入宴息以养其力,不诡于随也;于其险也,则果行而育德,成己也;于其顺也,则振民而育德,成物也;夫是以随者不随而蛊者不蛊,此其义之所以为大而不可小用之也。若夫沦溺败坏,安其自然,何取于易哉![2]

君子成就事业,当然要冒一定的风险,不过因顺自然规律,养精蓄锐,

---

① [南宋]叶适:《习学记言序目》卷第四十七《皇朝文鉴一·四言诗》,中华书局1977年版,第702页。

② [南宋]叶适:《习学记言序目》卷第一《周易一·随蛊》,中华书局1977年版,第10页。

诚信守道,就能成就自己。同时,君子要振民育德,也是贯彻乾道的结果。君子把自己的德性向外推及别人,教化人民,培育人民的德行。

> 然则以六五之君,当交泰之日,小人革面以避君子,君子降心以纳小人,怀失身之惧,而犹无善治之益也。若夫乾之二为见龙,三为夕惕,四为跃渊,五为飞龙,其君子以是道,其臣亦以是道,所别者位而已矣,此唐、虞、三代之所为盛也。[①]

儒家强调内圣外王,君子以乾道振德,其目的就是为了以道出治世,实行经世济民报效祖国的方针。实现这一理想同样需要乾道的发用。《泰·象》曰:"天地交,泰。后以财成天地之道,辅相天地之宜,以左右民。"天地有序,人民大治,是因为三阳开泰,乾道发越。

叶适在谈到《大学》时,也有类似的思想:

> 按经传诸书,往往因事该理,多前后断绝,或彼此不相顾。而《大学》自心意及身,发明功用至国家天下,贯穿通彻,本末全具。[②]

我们知道,"内圣外王"一词早见于《庄子·天下篇》,庄子用"内圣外王"一词来概括儒家的学问。庄子指出儒家的道,自身是一个统一的整体(同其他各家各派相区别),包括内外两个方面:内的方面叫圣,外的方面叫王。能完整地拥有这两个方面的就称为道。具体来说,内圣之道表现为"配神明、醇天地、明于本数",外王之道表现为"育万物、和天下、泽及百姓、系于末度"。庄子还进一步用儒家的六经来概括内圣外王之道:《诗》《书》《易》体现的是内圣之道,《礼》《乐》《春秋》体现的是外王之道。庄子虽宗道家,然评论先秦学术最为公允。由此可以看出,叶适本人分析问题是比较全面的,内圣与外王兼顾,体现了儒家的基本精神。

---

① ［南宋］叶适:《习学记言序目》卷第一《周易一·泰否》,中华书局1977年版,第7—8页。

② ［南宋］叶适:《习学记言序目》卷第八《礼记·大学》,中华书局1977年版,第113页。

第二节　叶适的人性分析——君子以自强不息

一、孔子及其以前的人性简析

叶适的人性论与中国传统的人性论的原始状况有密切的关系,要深刻地领悟叶适的人性论,必须了解中国传统人性论是如何形成的。中国传统人性论的形成离不开中国人心目中的天人关系。中国传统的人性论不是认为人或人性是一种客观事物,从而来论述其性质,包括其普遍性、特殊性或可能性等,而主要是就人之面对天地万物,并面对其内部所体验的人生理想,而自反省人性是什么,以及天地万物之性是什么。这需要简单考察一下人类文明和人文精神的启蒙状况。人与外部世界包括天地万物的关系,一开始是不怎么知道,处于朦胧状态,慢慢有些认识,至于认识如何,各个民族都有不同的发展史。人与天地万物的真实关系以及对这种关系的思考,往往都是从宗教活动和宗教认识开始的,中国人也有类似的特征。中国的人性论也是在其中生长出来的。

人类文化,一般是从宗教开始,中国人也不例外。人们对自己和外部世界的认识,是从无意识到有意识、从不自觉到自觉逐步发展的。宗教可以诱发人的自觉,但原始宗教,常常是由于对天灾人祸的恐怖情绪而来的原始性的对神秘之力的皈依,并不能表示何种自觉的意义。从遗留到现在的殷代铜器来看,中国文化到殷代已经有了很长的历史。但从甲骨文中可以看出殷人的精神生活还未脱离原始状态,他们的宗教还是原始性的宗教。当时他们的行为,似乎是通过卜辞而完全决定于外在的神,包括祖宗神、自然神和上帝。殷人的宗教生活,主要是受祖宗神的支配。他们与天、上帝的关系,都是通过自己的祖宗作中介人。周人的情形也是如此。周的文化,最初只是殷朝文化中的一支。灭殷以后,在文化制度上的成就,乃是继承殷文化之流而向前发展的结果。所以,"殷因于夏礼,所损益,可知也。周因于殷礼,所损益,可知也"①;又"周监于二代,郁郁乎文哉"②。这些内容说明,周文化系统是由继承发展殷文化而来的。在《尚书·商书》中,屡用天字及天命词语。当时,人们居住在黄河大平原,头顶上有日月星辰的苍天,脚下有肥沃的大地,并制造出在当时比较先进的铜器,能说明人们对天有一定的感觉。再者,当时的农业已成为经济的基础,而农业与天时天象又是如此密切。在此种情形下,人们能够形成天的观念。在周初可靠的文献中,特别强调天、帝、天命的观念,这在人类文化发展的过程中,不是突然出现的,而是有一定的必然性。周之克殷,乃是一个有精神自觉的统治集团,克服了一个没有精神自觉或自觉得不够的统治集团。

周人推翻殷人的政权,革掉了殷人的命,成为新的胜利者,但通过周初文献可以看出,周人并不像一般民族那样具有战胜后的趾高气扬的气象,而是有一定的忧患意识。忧患意识不同于作为原始宗教动机的恐怖、绝望。一般人常常是在恐怖绝望中感到自己过分渺小,而放弃自己的责任,依凭外在的神为自己作决定。由卜辞所描绘的殷人尚鬼的生活,正是这种生活。忧患与恐怖、绝望的最大不同之点,在于忧患心理的形成,是指当事人对某事的吉凶成败,在经过深思熟虑后形成的看法,在这种看法中,主要预见到了吉凶成败与当事人行为的密切关系,以及当事人在行为上所应负的责任。忧患正是由这种责任感而来的要以自己的力量克服困难但尚未克服的心理状态。所以忧患意识是人类精神开始对事物产生责任感的表现,也是人类意识有了自觉性的表现。只有自己担当起事情的责任时,才有忧患意识。这种忧患意识,实际上蕴含着一种坚强的意志和奋发的精神。在忧患意识跃动之下,人的信心的依据,渐由神而转移向自己本身行为的谨慎与努力。这种谨慎与努力,在周初表现在"敬""敬德""明德"等观念中。周初所强调的敬,是人的精神,由散漫而集中,不断地消解自己的观念和欲望,不断增强自己的责任感,从而凸显自己主体的积

① 《论语·为政》。
② 《论语·八佾》。

极性与理性作用,因而是内发的心理状态。这正是自觉的心理状态,与被动的警界心理有很大的不同。如周公曰:"呜呼!自殷王中宗及高宗及祖甲及我周文王,兹四人迪哲。厥或告之曰:'小人怨汝詈汝。'则是皇自敬德。厥愆,曰:'朕之愆允若时。'不啻不敢含怒。"①(意思是,周公说:"啊!从殷王中宗到高宗、到祖甲,再到我们的周文王,这四位君王领导得明智。有人告诉他们说:'老百姓在怨恨你,咒骂你。'他们就更加敬慎自己的行为;有人举出他们的过错,他们就说:'我的过错确实像这样。'不敢怀怒。")在《尚书·康诰》中的"明德慎罚""敬哉",在《尚书·召诰》中的"曷其奈何弗敬""王其疾敬德",这些都是周初文献的一贯精神,常常可以看到。周人建立了一个由敬所贯注的敬德、明德的观念世界,来观察、指导自己的行为,对自己的行为负责,这正是中国人文精神较早的出现。此种人文精神是以敬为其动力的,这便具有道德的品格。这样使原来的自然神、上帝、天命,具有了人格神的味道。天命不再是无条件地支持某一统治集团,而是根据人们的行为(德行)来做选择。天命渐渐从它的幽暗神秘的气氛中摆脱出来,而使得人们可以通过自己的行为加以了解、把握,并作为人类合理行为的最后根据。在夏商、殷周之际,一有失德,天命就转向他人,于是产生"天命靡常"②的观念。天命转向有德的人,当时,人们通过文王来把握天命。周能取殷而代之,是由文王奠定基础,而由武王收其成功。一方面虽然强调天命,另一方面又感觉到天命的不可靠性,不能仅靠巫、卜来给人们以行为的启示,而要通过文王具体之德来作为行为的启示。于是,文王便成为天命的具体化,文王的纯德变成上帝的真正内容,像文王这样有德的人便成了上帝的代言人,文王实已代替上帝在那里发号施令。这体现了以德论天、帝的特征。

　　一般宗教中的教主,其精神是向着天上,而文王的精神则眷恋着现实世界,在现实中解决现实的问题,关心人们的疾苦。文王在周人心目中的地位,实际上象征着宗教中人文精神的觉醒,从而显示出周初的宗教不同

---

① 《尚书·无逸》。
② 《诗·大雅·文王》。

于殷代的宗教。此种人文精神与政治活动有密切关系。在当时,宗教活动和政治活动常常是融为一体的。人们的政治活动往往通过宗教形式表现出来,政、教是难以分离的。在政治上,人们对领袖充满敬畏之心,再者,像文王这样有德的人能深察民情、懂得民意,人民容易把文王这样的领袖抬高到与天命同等的地位。人民的意向成为天命的代言人,要求统治者应通过人民的生活去了解天命。在周初已认为上帝不是为了事奉自己而选择政治的领导人,乃是为了人民而选择可以为人民作主的人。当时,认为天命不是先降在王身上,而是先降在民身上,因此,《尚书·酒诰》说,"惟天降命肇我民"。这开始由道德的人文精神之光,照出了人民存在的价值。不过,人既是由天所生,人的一切,都是由天所命,而此时已有道德的人文精神之自觉,人的道德根源,当亦为天所命。所以,《尚书·召诰》说,"今天其命哲,命吉凶,命历年"。"命哲",乃是天命的新内容,此一观念,是从道德上将人与天连在一起的萌芽,这是人由天所生的应有之义。周初的忧患意识、敬、命哲等观念,奠定了中国精神文化之模型,也是比较传统的哲学思维模式,给后来文化发展产生深远的影响。

周初宗教中道德的人文精神的显示,并不能意味着宗教的没落,而可能提供宗教以新的根据。宗教本是在人智蒙昧阶段,与神化同时产生的,所以宗教带有迷信的成分。某种宗教的没落或发展,完全看它遇着人类知识的抵抗时,能否从迷信中脱离出来,以发展超迷信的意义。周初以天命为中心的宗教的转化,正是从迷信中脱离出来的转化。所谓超迷信的意义,应当是对于现实生活中的人文的肯定,特别是对于人生价值的肯定、鼓励与保障。因而给予人生价值以根据;同时,也是以人生价值作为宗教的根据。宗教与人生价值的结合、与道德价值的结合,亦即宗教与人文的结合、信仰的神与人的主体性的结合,这正是周初宗教的特征。

不过,古代以人格神的天命为中心的宗教活动,随着人类文明进步的发展,其权威是一直走下落之路,宗教与人文失掉了平衡,而偏向人文方面去发展。这在《尚书》和《诗经》等典籍中有一定的记载和表现。在《诗经》中反映较早时期的诗歌,有较多描述有意志的宗教性的天,在《尚书》

中也能印证，这大体是《大雅》《周颂》中早期的诗。到了《大雅》后期的诗，如《板》《荡》《抑》等诗，已开始对天的善意与权威产生了怀疑，但对之存有敬戒之心。如《荡》诗："荡荡上帝，下民之辟。疾威上帝，其命多辟。"（意思是：法度败坏的上帝，像下面人民的暴君；暴戾的上帝，他的命令多邪淫。）又："天不湎尔以酒，不义从式。"（意思是：天不沉醉你们用酒，不宜放纵你们发狂。）"匪上帝不时，殷不用旧。"（意思是：不是上帝不善良，是殷商不用旧规章。）这些诗，对于天的权威，还都留有余地。这一时期，是表现天的权威坠落的开始。

在幽王时代，反映在《诗·小雅》里的天，几乎可以说是权威扫地，周初所继承转化的宗教观念，几乎可以说是完全瓦解了。例如《节南山》诗："天方荐瘥，丧乱弘多。"（意思是：天正要降严重的瘟疫，死丧混乱大而多。）"昊天不傭，降此鞠讻。昊天不惠，降此大戾。"（意思是：上天不均匀，降下这个极凶灾。上天不恩惠，降下这个大灾难。）"昊天不平，我王不宁。"

关于命的演进，根据典籍可考之，殷代称"帝令"，即"帝命"。周初则多称天命。厉王时代，便多称天而绝少称天命。西周之末，或东周之初，始出现命运之命。西周末，人格神的天命既已逐渐垮掉，于是过去信托在神身上的天命自然转变为命运之命。天命与命运之不同点，在于天命有意志、有目的性。而命运的后面，并无明显的意志，更无什么目的，只有一种为人自身所无法克服的盲目性的力量。帝、天命、天，有时可以互用。但帝字所表现的人格神的意义特强，天命自然还是人格神的意味，天则常与自然之天及法则性之天相联系，而人格神的意味已趋于淡薄。在《诗经》中，命运之命字，代天命而出现，可以说，古代宗教在文化中已经告一段落。

在宗教活动中，人们很重视一些活动的程序和仪式，这就是礼。一开始主要是宗教性质的，随着人文因素的增加，特别是道德意识的提高，礼的人文因素也在加强。周初由敬而来的合理的人文规范与制度（在典籍中称作"彝"）充实了礼的内容。后人即以此新内容、新观念的礼，追称周公的制作，乃至古代王者的一切制作。春秋时代，是以礼为中心的人文世纪。从思想史看，《春秋》时代也是继承《诗经》时代而来的，是《诗经》时代宗教坠落以后的必然地发展，此一发展倾向，代表了中国文化发展的主要方向。在春秋时期，许多道德观念几乎是由礼加以统摄。敬是周初最重要的道德观念，由敬而重视彝，由彝而扩大到礼。如《左传》僖公三十三年晋臼季谓"出门如宾，承事如祭，仁之则也"，这是较早见到有道德意义的仁字，成为以后孔子以礼为仁的功夫之所先声。原有宗教性的天，在人文精神激荡之下，演变成为道德法则性的天，不再有人格神的性质。如《左传》文公十五年所说的"礼以顺天，天之道也"。又《左传》昭公二十五年，子大叔答晋赵简子之问："夫礼，天之经也，地之义也，民之行也。天地之经，民实则之。"春秋时代的道德是以礼为依归，所以此时天的性格也是礼的性格。

宗教活动是与人们的政治活动和日常活动联系在一起的，宗教中的道德性，便常显为宗教中的人民性。如《左传》庄公三一年周太史过论虢"虐而听于神"之必亡，说："国将兴，听于民。将亡，听于神。神，聪明正直而壹者也，依人而行。虢多凉德，其何土之能得。"依人而行，说明了宗教人文化以后，神成了人的附庸。在谈到未来时，信仰宗教者讲永生，则常指向超现实的彼岸。永生，在春秋时代，称之为"不朽"。《左传》襄公二十四年，晋范宣子以其家世之世禄相承为不朽，此已异于宗教之永生。而鲁叔孙豹则以立德立功立言为三不朽，是直以人文成就于人类历史中的价值，代替宗教中永生之要求，因而加强了人的历史的意识，以历史的世界代替了彼岸的世界。

在春秋时代，虽然由道德的人文精神的发展，而认为天地之法则具有道德性质，为道德法则，但在长期的宗教传统习性中，由于人们意识的习惯性，依然是倒转来在天地的道德法则（即德性之天）中，求道德的根据。而尚未落下来在人的自身中求道德的根源。因此，认为"善"仍然是来自从上而下的命，而不是来自自身的"性"。具有以天论德的特征，这里的天

是一种类似假借的天①,借宗教性的天,来作为道德的善的根据。《左传》成公十三年刘康公说道:

> 吾闻之,民受天地之中以生,所谓命也。是以有动作礼仪威仪之则,以定命也。能者养之以福,不能者败以取祸。

善、中是礼所要达到的目的。一般情况下,形成礼的两个因素是文饰和节制,如何把这两个因素调整好,做到恰到好处,所得出的结果就是善和中。"民受天地之中以生",在这时还是称作命,而不是性。此处的命,既不是宗教性的天命神意,也不是盲目性的运命,而是指一般的道德法则,向具体的个体上的凝结和内化。善和中仍然是从外从上加在人身上的东西,与人没有不可离的关系,所以要靠"动作礼仪威仪之则"来把从外从上而来的命,定在人身上。在这里谈的客观性方面重一些。孔子所谈的以礼作为仁的功夫,相应的主观性方面重一些。孔子是以礼来克服个人仁心由内显现的障碍,做到克己复礼为仁。孔子本人还是仁礼、内外统一的,既重视内容又重视形式,既注重主观又注重客观。孔子五十所知的天命,是道德性之天命,而不是宗教性之天命。他的知天命,是对自己的性、自己的道德性,得到了自觉自证。孔子对天、天命的敬畏,是由道德力量所引发的道德情感,道德情感常常同宗教情怀融在一起,成为一种较高的精神状态。在孔子心目中的天,只是对"四时行焉,百物生焉"的现象而感觉到有一个宇宙生命、宇宙法则的存在。他既没有进一步对此做形而上学的追求,也决不认为那是人格神的存在。天是伟大而崇高的客体,性是内在于人的生命之中的主体。

再者,孔子一生的使命,就是要重建中国传统以礼乐为人中心的人文文化。当时的时代问题,是周衰而夷狄之力量兴起,是贵族阶级之堕落与无礼,是士庶人之逐渐要求提高社会地位。总而言之,是传统的礼乐崩坏。即中国人文世界之内部败坏,与反中国人文的夷狄势力,对中国人文的威胁。孔子一方面佩服周公,佩服提倡尊王攘夷、使他不致被发左衽的

---

① 参见杨泽波:《牟宗三三系论论衡》,复旦大学出版社 2006 年版,第 119 页。

管仲,一方面要求当时居贵族与平民间的士人,负起保护与重建中国人文的责任。孔子则痛心于当时贵族阶级人物之僭窃礼乐、腐化堕落。因此,孔子曰:"礼云礼云,玉帛云乎哉?乐云乐云,钟鼓云乎哉?"人们有礼乐制度,反而不遵循,他认为是人的内心问题,他要人知内心仁德,乃为礼乐之本。孔子明是要特重"文之质"或"文之德",以救当时之文敝,人要做到文质彬彬。简言之,即孔子之教,于"人文"二字中,重质过于重其所表现于外的礼乐之仪"文",而要人先自觉人之所以成为人的内心之德,使人自身先堪为礼乐之仪文所依之质。这才是孔子一生讲学之精神所在,亦是孔子之人文思想的核心所在,也就是要弘扬仁的精神。

如果分别来说,先看侧重主观方面。在孔子天是从自己的性中转出来的。天的要求,成为主体之性的要求,所以孔子才能说"我欲仁,斯仁至矣"这类话。对仁作决定的是我而不是天。对于孔子而言,仁以外无所谓天道。他的"天生德于予"的信心,实乃建立在"我欲仁,斯仁至矣"之上。性与天道的贯通合一,实际是仁在自我实现中所达到的一种境界。再看侧重客观方面。孔子的仁具有觉的特性,这种觉不是知觉和感觉,而是一种道德理性。中国成语"麻木不仁"便指出了仁的特性是有觉而不是麻木。人一旦不麻木,就有健的感觉和健的行为。健是《易经》中"健行不息"之健。《易经》言:"天行健,君子以自强不息。"所谓"天行健",可说是"维天之命,於穆不已"的意思。君子看到天地的健行不息,觉悟到自己亦要效法天道的健行不息。这表示,我们的生命,应通过觉以表现健,或者说,要像天一样,表现创造性,因为天的德或道就是创造性的本身。健的含义就是客观的创生不已,大化、大用流行,生生不息即为道。孔子的仁就是天(命)、道的印证。

以上是对孔子及孔子以前人性论的简要的说明,只有了解以上内容,才能深刻地领会叶适的人性论,因为叶适的人性论思想同上述思想有极为密切的联系。由叶适的道统思想可知,他对孔子以后的传统哲学思想多有批判,而不是直接继承孔子的思想。叶适的人性论也显示出孔子思想的一些特征。

二、人性与道的合一性

叶适是通过天与人的关系来论述人性的,提出性与道合、顺天求合的思想。叶适认为,人和万物都生于天地之间,是客观存在的。他认为的天是自然之天,而不是人格神的存在,同孔子的天相似。只是对"四时行焉,百物生焉"的现象,感觉到有一个宇宙生命、宇宙法则的存在。若从宇宙大化流行的角度看,就是天德或天道。性是主观地讲,天道是客观地讲,叶适认为性与道合。他说:

> 按《书》称"惟皇上帝降衷于下民",即"天命之谓性"也,然可以言降衷,而不可以言天命。盖万物与人生于天地之间,同谓之命;若降衷则人固独得之矣。降命而人独受则遗物,与物同受命,则物何以不能率而人能率之哉?盖人之所受者衷,而非止于命也。……夫性与道合可也,率性而谓之道,则以道合性,将各徇乎人之所安,而大公至正之路不得而共由矣。①

叶适认为,人和万物都是物,都在天地中存在。形象地说,都生在即降在天地之间,也都被抛弃在世间存在着;也就是说,有着同样的命,但存在的方式不同。人和物生存于天地之间,人和物是客观存在(即叶适所认为的命)的,各有各的本质和特性,不是超越的天命流行和创造的结果,超越的天命是不存在的,所以"不可以言天命"。但在世间,人与物又不同,人不仅客观存在,还能有衷(善、中、正之意),即人"若止受于命,不可知其当然也";也就是说,只有人才能具有对其周围世界进行实践和价值判断的可能性(函数),才能认识和体验事物之"当然"(可作原因、规律、义理讲),并遵循之,人在内化了的理性原则指导下,行动之,而物则不能。在此,叶适已把超越和先验的天命(即朱熹和陆九渊所倾向的天命)拉掉,回到现实世界,现实世界(包括人与物)还是依然大化、大用流行,生生不息的。天"降衷",只能对人,不能对物,也就是善和中为人所独得。这就是

---

① ［南宋］叶适:《习学记言序目》卷第八《礼记·中庸》,中华书局1977年版,第107页。

说,人与万物的区别就在于:人有自觉的意识,能认识事物之当然和所以然,因而能"率(循)性";而万物"止受于命",不能"率性",没有自觉的意识,只有自然本性或本能。人有自觉性,如孔子的仁,就能认识和体验到天德和天道的本性,能做到性与道合,即"天行健,君子以自强不息"。人们融入道的洪流中,遵循道的法则,进行着实践活动,成己成物,开物成务,建功立业,做到大公至正之路得而共由矣。

道本身大化流行,从而自然界展现着生机和活力,它是连续的、整体的和动态的。但是,人们在试图理解自然界的生命之流时发现,它的持久模型是联合而不是分离,是结合而不是离散,是综合而不是分立。永恒的自然之流的特征在于,它由众多的生命之流的分支汇合与趋同而成。正是在这个意义上,有机过程才被视为和谐的、有规律的。自然界是生命力采取实实在在的形式交融和混合的结果。山川、金石、草木、禽虫以至于人,都是能量——物质统一的形式,象征着道的创生性转化是永存的。李约瑟把中国的宇宙看成由种种意志自行组合调节而成的有序和谐的观点,无论如何都是不太妥当的。意志,不论加以怎样广义的界定,在这里都不起作用。认为天地无意识地完成转化的观点清楚地表明,有机过程的和谐状态不是通过把游离于实在的意志有序化取得的。和谐将通过自发性而获得。在宇宙大化流行背后,确实没有任何拟人的上帝、天命或物体,但这也不能说明宇宙功能是非人格性的。不论人的意愿和欲望如何,宇宙功能的自然性总不以人的情感为转移,但也不是反人性的。它对于一切存在形式都是公正的,而不是以人类为中心。因此,我们人类并不感到非人格性的宇宙功能是冷漠、外在和藐远的,虽然我们也知道它对于我们个人的思想和种种念头大体来说是漠然无视的。事实上,我们是这种功能的一个组成部分,我们本身是大化流行的产物。冯契先生指出:

真正具有自由德性,便意识到我与天道为一,足乎己待于外。但自我具足不是自我封闭,而正是自我超越,与时代精神为一,与生生不已的实在洪流为一。自由德性具有肯定自己又超越自己的品格。我不断地以创造性活动表现自己,把我的德性对象化——显性以弘道;而又同时从为我之物吸取营养——凝道而成德。正是在这一显性弘道和凝道成德的交互作用过程中,我以德性之智在有限中把握无限、相对中把握绝对。①

冯契先生从弘道和凝道的路径充分揭示了"天行健,君子以自强不息"的深刻内涵。

同时,叶适在论及《后汉书·律历》时说:

其后杜预亦言:"当顺天以求合,非为合以验天。"此二言者,皆古人所未发,后世所当遵也。②

又说:

因变明理,而后知天地之不能违也。③

尽人道而求备于天以齐之。④

夫气之必应,灰之必飞,阴阳之情,天地之理当然也;应有早晚,飞有多少,其差忒而不能尽齐者,人道之厚薄,时政之宽猛,固使之也。古人所以贵于和阴阳,合天地也。⑤

顺天以求合,这句话本来是西晋杜预说的,叶适把它提高到哲学高度来看待。叶适认为,天地代表着万事万物,万事万物是变化的,并且有自己的道理,是事物自己运动变化的原因和特征。既然客观事物皆根据其内在规律自行运动变化,人就只能顺之而不能违。人遵循客观事物规律去活动,同时也形成自己的社会活动规律,即社会人事也有自己的内在规律。这就是"天自有天道,人自有人道"。但必须"尽人道而求备于天以齐之"。以齐之来说,说到底,就是一个宇宙之道,即在万事万物之中的大

① 冯契:《冯契文集》第一卷《认识世界和认识自己》,华东师范大学出版社 1996 年版,第 454 页。

② [南宋]叶适:《习学记言序目》卷第二十四《后汉书一·志》,中华书局 1977 年版,第 337 页。

③ [南宋]叶适:《习学记言序目》卷第四《周易四·系辞上》,中华书局 1977 年版,第 42 页。

④ [南宋]叶适:《习学记言序目》卷第二十二《汉书二·志》,中华书局 1977 年版,第 312 页。

⑤ [南宋]叶适:《习学记言序目》卷第三十六《隋书一·志》,中华书局 1977 年版,第 540 页。

化、大用流行，生生不息。因此，"古人所以贵于和阴阳，合天地也"。叶适的顺天求合，只是人的行事应遵循客观规律，坚决反对天人感应，符瑞谶纬等邪说。他在论及《陈书》的有关内容时说："（吴）明彻不量时度力，轻弃根本，贪进无继，岂惟已得尽失，败弃前功，而南北两立之势自此不完；不然，叔宝亦未遽亡。人谋之谬，遂与天会，论事者不可不知。"①在谈到天文与人事关系时，叶适指出：

> 天文、地理、人道，本皆人之所以自命，其是非得失，吉凶祸福，要当反之于身。若夫星文之多，气候之杂，天不以命于人，而人皆以自命者求天，曰天有是命则人有是事，此亦古圣贤之所不道，而学为君子者之所当阙也。顾乃学之以为博，言之以为奇，以疏而意密，则学者之所慎也。②

叶适认为，天道不能干预人事，天地出现一些迹象，是天道运行的特点和结果，不能是人事的征兆。特别是气候迹象如彩虹、地理迹象如地震等是不能预示人事活动的。学者不能无限攀比，要引以为戒。叶适固然强调人的学习的重要性，注重人的主体能动性的发挥。他说：

> 能"自强不息""厚德载物"，而天地之道在我矣。③

> 士君子之处世以道，虽难易不同，不害其为仁。至于心所不欲而自行之，屈伸舒卷在己而不在物。④

关于主体的能动性，冯契先生有深刻的论述，笔者个人认为，对理解上面叶适的观点极有帮助。他说：

> 主体的能动性表现在精神在造就自我的过程中间认识自我。精神本身不是实体，而是依存于一定实体的作用、功能，并非独立的存在。精神现象是一种生命现象，不能离开生物体。

---

① ［南宋］叶适：《习学记言序目》卷第三十三《陈书·列传》，中华书局 1977 年版，第 486 页。

② ［南宋］叶适：《习学记言序目》卷第二十二《汉书二·志》，中华书局 1977 年版，第 312 页。

③ ［南宋］叶适：《习学记言序目》卷第一《周易一·乾坤》，中华书局 1977 年版，第 1 页。

④ ［南宋］叶适：《习学记言序目》卷第二十七《魏志》，中华书局 1977 年版，第 379 页。

但精神这种作用、功能有其独特的地方,它作为形体的作用是对万物的反映,其内容以万物为根据。但是,就像黄宗羲说的"心无本体,功夫所至,即其本体"(《明儒学案·序》),可以说在不断的发展过程中,它越来越具有本体的意义。这可以从两个方面来讲:一方面,如果能如实地反映现实世界的秩序,在实践中达到我与时代精神为一,心与天地造化为一,即越来越认识现实世界的秩序而与之相一致,这就是"功夫所至,即其本体";另一方面,精神具有很大的可塑性,经过教育培养,经过自己的专一的活动,精神可以越来越具有一种坚定、一贯的性格,成为独特的自由个性。自由的个性通过评价、创作来表现其价值。在价值界中,精神为体,价值为用,价值是精神的创造。因此,我讲化理论为德性,精神成为自由个性,它就具有本体论的意义。这两方面的结合(一方面是我与天地造化、时代精神为一,另一方面是自由个性越来越具有本体的意义),是人与自然、性与天道交互作用的结果,精神或自我是这种交互作用的枢纽。[①]

冯契先生的论述可以看作对叶适上述思想的详细展开。人对道认识,形成理论,同时内化成人的德性,在这同一过程中,也认识到物的性质和用途,并把自在之物转化为我之物。冯契先生认为,认识的辩证过程所涉及的就是存在和自我、天和人之间的关系;也就是说,认识的过程无法回避存在的问题。冯契先生把认识过程理解为对世界和自我的双重把握,无论是世界还是自己,都首先呈现为具体的存在形态,而二者具有内在的相关性。二者的关系要在人的实践活动中把握。冯契先生说:

　　　实践即感性活动能够给予客观实在,而实践是认识的基础,所以客观实在不仅是超越的,而且是内在于认识过程的。这也

---

①　冯契:《冯契文集》第一卷《认识世界和认识自己》,华东师范大学出版社1996年版,第84页。

可以说是对认识论以客观实在为出发点说明了理由，作了论证。①

杨国荣教授对此段内容有深刻的分析，他认为，这里值得注意的是对实在内在性的肯定。作为对象，存在无疑具有超越于人的一面，但从认识过程看，它同时又是内在的。所谓内在，首先表现为关系中的存在：作为认识对象的存在，已不同于本然意义上的自在之物，而是进入人的行（实践）与知（认识）的过程、与实践及认识的主体形成了某种关系的存在，就后一方面而言，认识中的存在，无疑也具有内在性。② 存在具有超越性与内在性，我个人以为，同样，人在这种视域中活动，人也具有内在性与超越性，即既内在又超越。人的内在性是指人这种此在或亲在处于动态的、形成的关系中。人的超越性是指人这种此在或亲在与其周围世界不断生成新的视域和存在。

以认识世界与认识自己为内容，广义认识论中的存在，表现为不同的形态。运用本然界、实说界、可能界、价值界等范畴，冯契先生从认识世界的层面，具体地展开了其广义认识论。本然界也就是所谓"天之天"或自在之物，它尚未进入认识的领域；在认识过程中，主体作用于客观实在，在感性直观中获得所与，从而使本然界化为事实界。事实是为我之物，事实界即已被认识的本然界。事实界中事物间的联系呈现为多样的形式，与之相应，事实界提供了多重可能，并形成了有意义的、排除了逻辑矛盾的可能界。不同的可能对人具有不同的意义。现实的可能性与人的需要相结合，便构成了目的，人们以合理的目的来指导行动，改造自然，使自然人化，从而创造价值。对天道或世界的如上理解，无疑体现了一种认识论的视域，但同时，其中又渗入了本体论与价值论的内涵。关于此点，黑格尔有类似的论述：

> 古代人的研究方式跟近代的研究很不相同，古代人的研究

---

① 冯契：《冯契文集》第一卷《认识世界和认识自己》，华东师范大学出版社 1996 年版，第109页。

② 参见杨国荣：《论冯契的广义认识论》，《中国哲学史》，2006 年第 1 期。

是真正的自然意识的教养和形成。古代的研究者通过对他的生活的每一细节都做详尽的考察,对呈现于其面前的一切事物都作哲学的思考,才给自己创造出了一种渗透于事物之中的普遍性。但现代人则不同,他能找到现成的抽象形式;他掌握和吸取这种形式,可以说只是不假中介地将内在的东西外化出来并隔离地将普遍的东西(共相)制造出来,而不是从具体事物中和现实存在的形形色色之中把内在和普遍的东西产生出来。①

又说:

这些环节不再分裂为存在与知识的对立,而停留于知识的单一性中,它们都是具有真理的形式的真理,它们的不同只是内容上的不同而已。它们在这种知识因素里自己发展成为一个有机整体的那种运动过程,就是逻辑或思辨哲学。②

黑格尔以自己的方式表达了相似的哲学精神,人的存在是"一个有机整体的那种运动过程",当然包含有真、善、美的统一,因此才是具体的普遍的存在,表现为道的生生不息的、充实而繁荣的气象。

人类的总目标就是达到自由和真、善、美的境界,使自然成为适合于人性发展的人化的自然,使社会成为自由个性的联合体,使精神成为真、善、美统一的自由人格。自然的人化和社会进入自由王国都是自由个性的条件,是精神达到自由的条件,也可以说是人成为自由人格的结果。而这种个性的自由、精神的自由就在于智慧,在于化理论为德性、化理论为方法。以广义认识论为视域,冯契先生扬弃了认识论与本体论、价值论等之间的分离形态,并将知识与智慧的统一引入认识论,后者同时表现为对何为哲学与哲学何为这一元哲学问题的澄明。其中,人的实践活动(劳动)起着重要作用。

叶适讲道:

盖水不求人,人求水而用之,其勤劳至此。夫岂惟水,天下

---

① 〔德〕黑格尔:《精神现象学》上卷,贺麟、王玖兴译,商务印书馆1979年版,第21—22页。
② 〔德〕黑格尔:《精神现象学》上卷,贺麟、王玖兴译,商务印书馆1979年版,第24页。

之物，未有人不极其勤而可以致其用者也。目之色，耳之声，口
之味，四肢之安佚，皆非一日之勤所能为也。智者知之积，一粒
之萌芽，一缕之滋长，以教天下，天下由之而不自知也，皆劳民劝
相之道也。①

叶适以水为例，"盖水不求人"的水就是自在之物。"人求水而用之"
的水就是为我之物。自在之物是离开人的目的独立存在的，它以自身为
原因，自己运动变化，自己大化流行，动力因在自身，是事物本然的状况。
自在之物化为为我之物就成了相对于人的自然界。为我之物是与人的有
目的的活动相联系的。为我之物可以说是在自在之物加上人的勤劳即劳
动，把人的本质力量作用在自在之物上，体现人的目的，并且符合人的要
求和利益；也就是说，为我之物即为人类所认识和利用之物，它体现了人
的目的。人的目的如果是正当的，那么他的有目的的活动就是好的，具有
善的价值。就客观实在性来说，自在之物与为我之物并无原则的差别，二
者有同一性。不过，既然为我之物是相对于我、相对于人的自然界，那么
它与自在之物还是可以区别的。这种区别正如王夫之所说的，自在之物
是"天之天"，为我之物是"人之天"。天道与人道的分化根源于人类化天
之天为人之天的实践活动，即勤劳。这一实践包含着同一过程的两个不
同方面：从对象说，是自在之物不断地化为为我之物，进入为人所知、所用
的领域；从主体说，是主体从自在走向自为，是继天继道，能动地遵循道而
改变自己的周围世界，进而属人化。天之天与人之天的划分，早在庄子那
里就已经出现。《庄子·达生》中说："不开人之天，而开天之天，开天者德
生，开人者贼生。不厌其天，不忽于人，民几乎以其真！"②"天之天"与"人
之天"两个概念展示了天道的两个不同区域或层面：一是本然的天道，没
有人为的因素参与其间，可以称为自在之物；二是对人而言的天道，与人
的相关性是它的一个基本规定，可以称为为我之物。人之天要符合、遵循
天之天，同时人之天本身也要形成自己的天之天。特别是，人们的社会活

---

① ［南宋］叶适：《习学记言序目》卷第三《周易三·困井》，中华书局1977年版，第27页。
② 陈鼓应：《庄子今注今译》，中华书局1983年版，第468页。

动都有自己的运行规律。人的本质力量通过人的劳动对象化和形象化于各种事物，劳动对象与产品打上了人的印记，成为人们有用的、欣赏的对象。农民种田地，即"一粒之萌芽"，到最后收粮食，工人在工厂做工，即"一缕之滋长"，到最后出产品，无不凝结着人们的辛勤汗水和劳动。人们生产出来的物品，可以自用，一旦一些物品多余而另一些物品短缺时，人们为了实现物品的有用性和价值性，把某些物品拿到市场上交换，形成商品，体现出较原初意义的"人求水而用之"的蕴涵和"皆劳民劝相之道也"的深刻意义。叶适由此想法，可以引出他有注重商品交换和商品经济的意识，当然还有其他原因。

关于人性善恶的问题，叶适认为不能以善恶来说明人性。他说：

> 孟子"性善"，荀卿"性恶"，皆切物理，皆关世教，未易重轻也。夫知其为善，则固损夫恶矣；知其为恶，则固进夫善矣。然而知其为恶而后进夫善以至于圣人，故能起伪以化性，使之终于为善而不为恶，则是圣人者，其性亦未尝善欤？伊尹曰："兹乃不义，习与性成"；孔子曰："性相进也，习相远也，惟上智下愚不移。"呜呼！古人固不以善恶论性也，而所以至于圣人者，则必有道矣。[①]

叶适认为，性与道合，顺天求合，人的本性无所谓善和恶。叶适对孟子、荀子发问，如果人性本善或本恶，怎么会产生由恶变成善或由善而不能避免恶呢？还是说明人的本性不是一个固定的特性，而是发展变化的，是性与道合、顺天求合的？关于此点，崔宜明教授有深刻的分析：

> 孟子和荀子都在用一把尺子量它自身。孟子所理解的人性是道德心，说这是一个事实，然后又用道德心作为一把尺子，说道德心是"好"的；他并不是像（在上面的假设中）他所自以为的先回答了关于人性的事实问题，然后对这一事实作出价值判断；他实际上是在说：人有道德心是一个事实，根据这一事实来评价

---

① ［南宋］叶适：《习学记言序目》卷第四十四《荀子·性恶》，中华书局 1977 年版，第 653 页。

这一事实,这一事实是"好"的。荀子实际上是在说:人有利欲心是一个事实,然而根据另一事实——人有道德心——来评价这事实,这一事实是"坏"的。人性就"是"人性,既不"好"也不"坏",既不"善"也不"恶"。"好"与"坏"、"善"与"恶"都是根据人性之所"是"作出的评价,是根据人的生活需要是否得到了满足所作出的评价……人性之为"事实"不同于人有理性、欲望、感情、语言……之"事实",混淆两类事实之不同是以上种种人性观的共同错误之所在,而这一错误的结果就是人性理解为某种既定的、不变的东西,从而都是"本质主义"的人性观。[①]

崔宜明教授从事实与价值的关系,用辩证的观点分析了性善、性恶等人性论的错误在于混淆了两类事实,在于只是用知性的思维来把握人性的"本质主义"观点。再者,把人的某个属性当成人的本质,同样也是不合适的。可以看出,人性的把握应该从人本身的存在性上来把握,不能从人的某个属性上来把握。

性善和性恶与事物(包括人和人心)的道理有关,能恰到好处地符合事物之理,就是善,否则就有恶的成分。人要做事达到恰到好处,就要看人是否有能力和水平了(当然在客观条件相通的条件下),这就要关联到个人学习、修养和下功夫的深浅的问题,即"性相进也,习相远也""习与性成"。

叶适又继续论述:

> 周衰而天下之风俗渐坏,齐晋以盟会相统率;及田氏六卿吞灭,非复成周之旧,遂大坏而不可收,戎夷之横猾不是过也。当时往往以为人性自应如此,告子谓"性犹杞柳,义犹桮棬",犹是言其可以矫揉而善,尚不为恶性者。而孟子并非之,直言人性无不善,不幸失其所养使至于此,牧民者之罪,民非有罪也,以此接尧舜禹汤之统。虽论者乖离,或以为有善有不善,或以为无善无

---

① 崔宜明:《道德哲学引论》,上海人民出版社 2006 年版,第 61 页。

不善,或直以为恶,而人性之至善未尝不隐然见于搏噬、紾夺之中,此孟子之功所以能使帝王之道几绝复续,不以毫厘秒忽之未备为限断也。余尝疑汤"若有恒性",伊尹"习与性成",孔子"性近习远",乃言性之正,非止善字所能弘通。而后世学者,既不亲履孟子之时,莫得其所以言之要,小则无见善之效,大则无作圣之功,则所谓性者,姑以备论习之一焉而已。①

　　人性的善与恶问题,是一个长期争论不休的问题。叶适既反对性善论,也反对性恶论。他肯定孟子"直言人性无不善,不幸失其所养使至于此,牧民者之罪,民非有罪也""而人性之至善未尝不隐然见于搏噬、紾夺之中"。在这里,叶适肯定了"孟子之功"有两方面:一是在人们"搏噬、紾夺"之中发现"人性之至善",即以为人的善是在社会关系中形成;二是指出人们之所以互相"搏噬、紾夺",是由于人"不幸失其所养",不能维持最起码的生活水平,所以人们有时为了生存而不得不互相争斗。这也说明,人性善的存在往往同一定的物质基础相联系。叶适认为,孟子关于人性的思想的以上合理性,是与当时天下风俗大坏的历史背景相联系的,不能脱离这个背景抽象地看。对于孟子的人性善的思想,叶适还是不同意的,他认为"言性之正",还应该以孔子所说的"性近习远"为准,"非止善字所能弘通",不能用一个"善"字来概括。他批评"后世学者",不顾孟子此论的历史背景,"既不亲履孟子之时,莫得其所以言之要,小则无见善之效,大则无作圣之功,则所谓性者,姑以备论习之一焉而已"。关于此点,亚里士多德也有相似的阐述:

　　　　德性分为两类:一类是理智的,一类是伦理的。理智德性主要由教导而生成,由培养而增长,所以需要经验和时间。伦理德性则是由风俗习惯沿袭而来,因此把"习惯"(ethos)一词的拼写方法略加改动,就有了"伦理"(ethiee)这个名称。由此可见,对于我们,没有一种伦理德性是自然生成的。这是因为,没有一种

---

① 　[南宋]叶适:《习学记言序目》卷第十四《孟子·告子》,中华书局 1977 年版,第 206 页。

自然存在的东西能够改变习性。例如，石块的本性是下落，不能让它习惯上升，即使你把它向上抛一万次也不行；同理，不能使火焰下降。凡是自然如此的东西，都不能用习惯改变它。所以，我们的德性既非出于本性，也非反乎本性生成，而是自然地接受它们，通过习惯而达到完满。①

叶适又说：

> 天有常道，地有常事，人有常心，于《书》见之，孔氏所索焉，不可不考。②

关于常心，叶适谈道：

> 何谓常心？父母之于子也，无不用其情，言不意索而傅，事不逆虑而知，竭力而不为赐，有不以语其人者，必以告其子，此之谓常心。其于人也不然，以外之不常丧其所常矣。夫天地之常而人得之，其物也，不后而将，不先而迎，喜怒哀乐称事之当然而不为过，见之者疑乎拙，其于应物也无穷。圣人得是心也，奉而行之，用其厚，去其薄，用其朴，去其巧，用其不知，去其知。庙堂之谋，其于野人，必忠告而求同焉，天地不能违，鬼神不能间，复合而为一。是故哀矜恻怛，保惠刑杀，以救其民而复于常。③

叶适指出，一方面，父母子女之情是人之常情、人之常心；另一方面，人对于其他人，要遵循天地之常，"天地不能违"，去做事。人不要耍心计，要"用其朴"，做到：

> 以天为不可不敬，以民为不可不畏，以己为不可任，以谏为不可逆，患至而不敢避，功成而不敢居，酌天下之心以处其中，如是而已矣。先事而忧，已事而思，天下皆安而圣人自危，其防虑畏谨，有家人父母之所不能知；是故智者以为愚，勇者以为怯，辨

---

① ［古希腊］亚里士多德：《亚里士多德选集·伦理学卷》，苗力田编，中国人民大学出版社1999年版，第31页。
② ［南宋］叶适：《习学记言序目》卷第五《尚书·总论》，中华书局1977年版，第60页。
③ ［南宋］叶适：《水心别集》卷之五《进卷·书》，中华书局1961年版，第697页。

者以为讷,圣人之常心独守而勿失,此其所以为大也。①

同样,叶适也看到了事情的另一面:

> 悲夫无惑乎后世之言,极于帝王之盛而终以不能至也! 夫教不至者杀,养不足者剥,仁不熟者断。今也丧其常心,而君臣上下相饰以智,相斗以巧,愈出愈奇,愈用愈疑。盖自秦、汉、魏、晋、隋、唐之君,务为非常不测之智以愚其民,抗焉而为之上,方合而遽散,几得而复失,而欲以空言庶几于唐、虞、三代之治,是犹桀之誉尧,北行而求其越者也,岂不悖哉!②

叶适以为人有常心,但人修养不好,就会丧失常心。人有常心与天有常道、地有常事一样,天地也有失常之时,所以人也有失其常心而互相搏噬、绐夺的时候,天地虽有失常之时,但总的来说还是有常的。人性虽有失常变恶之时,但总的来说也还是有常心的。他所说的常心就是指人们的爱心、仁心。叶适认为,人性所以失其常心而互相侵夺,是由于人们不幸失其所养,不能维持其生存条件所致,这是"牧民者之罪,民非有罪也"。叶适把人性变恶的责任归之于社会统治者,而不认为是老百姓的罪过。由此,叶适进而论证了人与社会的关系。他谈道:

> 且均是人也,而何以相使? 均是好恶利欲也,而何以相治? 智者岂不能自谋? 勇者岂不能自卫? 一人刑而天下何必畏? 一人赏而天下何必慕?③

叶适提出的问题是:同样是人,为什么这些人听那些人的安排? 为什么智者勇者不去自谋自卫,而共慕天下之赏、共畏天下之刑呢? 他说:

> 天下之人所以奔走后先,维附联络而不敢自弃者,诚以势之所在也。故势者,天下之至神也,合则治,离则乱;张则盛,弛则衰,续则存,绝则亡。臣尝考之于载籍,自有天地以来,其合离、张弛、绝续之变,凡几见矣,知其势而以一身为之,此治天下之大

---

① ［南宋］叶适:《水心别集》卷之五《进卷·书》,中华书局1961年版,第697页。
② ［南宋］叶适:《水心别集》卷之五《进卷·书》,中华书局1961年版,第697页。
③ ［南宋］叶适:《水心别集》卷之一《治势上》,中华书局1961年版,第638页。

原也。①

叶适认为,将各人结合而成社会的势,也可以说是社会的道或人道,并认为有人若能"知其势而以一身为之,此治天下之大原也"。从其中可以看出叶适的关于人与社会的关系之思想:人必须成为社会的一员,而不是社会群体之外的单独意义上的个人。人不能离开社会而索居,人总是与其他人发生着这样或那样的关系。因此,他又认为每个人都不能"私其身""私其家""私其学",而应以与群体与社会保持共性为己任。他说:

> 一人之身,众人之身也;一身之家,天下之家也;一士之学,万世共由之学也。不以其身丽众人之身,必自成其身,其身成而能合乎众人之身矣,若夫私其身者非也。不以其家累天下之家,必自治其家,其家治而能合乎天下之家矣,若夫私其家者非也。不以其学诬万世共由之学,必自善其学,其学善而能合乎万世共由之学矣,若夫私其学者非也。师虽有传,说虽有本,然而学者必自善。自善则聪明有开也,义理有辨也,德行有新也,推之万世所共由不异矣。谓必用一说一本者,以学为诬者也;不一说,不一本,而不至乎其所共由者,以学为私者也。②

在叶适看来,人们自成其自身的过程,是求得合乎众人之身的过程,是不断符合众人心愿的过程;自治其家的过程,是求得合乎天下之家的过程,是不断符合社会要求的过程,是自善其学的过程,是求得合乎万世共由之学的过程,是不断符合人类进步的过程。其实,这就是人们作为社会成员要社会化和要继承人类历史文化遗产之精华的思想。而这一思想与叶适终生倡导的社会性功利思想是相一致的。叶适的这一思想也是他之所以要将人性称为降衷,而把其他物称为降命的原因和发挥。人不但能认识万事万物之所以然,而且还能根据其所以然为他人和整个人类创造价值,从而创造人类的社会文明。如此人性,康德也有与之相契合的深刻

---

① [南宋]叶适:《水心别集》卷之一《治势上》,中华书局 1961 年版,第 639 页。
② [南宋]叶适:《水心别集》卷之二十九《杂著·题薛常州论语小学后》,中华书局 1961 年版,第 592 页。

论述：

> 人具有一种要使自己社会化的倾向：因为他要在这样的一
> 种状态里才会感到自己不止于是人而已；也就是说，才感到他的
> 自然禀赋得到了发展。然而，他也具有一种强大的、要求自己单
> 独化（孤立化）的倾向；因为他同时也发觉自己有着非社会的本
> 性，想要一味按照自己的意思来摆布一切，并且因此之故就会处
> 处都遇到阻力，正如他凭他自己本身就可以了解的那样，在他那
> 方面，他自己也是倾向于成为对别人的阻力的。可是，正是这种
> 阻力才唤起了人类的全部能力，推动着他去克服自己的懒惰倾
> 向，并且由于虚荣心、权力欲或贪婪心的驱使而要在他的同胞
> 们——他既不能很好地容忍他们，可又不能脱离他们——中间
> 为自己争得一席地位。于是就出现了由野蛮进入文化的真正的
> 第一步，而文化本来就是人类的社会价值之所在；于是人类全部
> 的才智就逐渐发展起来了，趣味就形成了，并且由于继续不断的
> 启蒙就开始奠定一种思想方式，这种思想方式可以把粗糙的辨
> 别道德的自然禀赋随着时间的推移而转化为确切的实践原则，
> 从而把那种病态地被迫组成了社会的一致性终于转化为一个道
> 德的整体。①

康德从人类历史哲学的高度，分析大写的人即人类，从而指出人性具
有单独化（私向化）和社会化两重性。一方面，人要活着、生存、生活，进而
生生不息，大化流行，人首先需要能量流向自身，称为最初的私向化（恶），
其次在此基础上发展，"并且由于虚荣心、权力欲或贪婪心的驱使而要在
他的同胞们——他既不能很好地容忍他们，可又不能脱离他们——中间
为自己争得一席地位"。此时由野蛮过渡到文明，再不断启蒙（学习），形
成实践原则和一个道德的整体。在其中，恶起着重要作用，康德确立了恶
是文明之根，在某种意义上恶就是善。不过，恶与善只是人类历史行进中

---

① ［德］康德：《历史理性批判文集》，何兆武译，商务印书馆1990年版，第6—7页。

的两个要素而已，或者说是两个表现特性而已，重要的是人类本身怎样处理二者之间的张力，使恶（私向化）和善（社会化）之间的关系处于中道之中。

叶适认为，天有常道，地有常事，人有常心。所以他又说：

> 治天下有常道，下不过为民，上不过为君，君民不过欲交得其所愿。人无异性，则古今无异时，其所以治之者一而已矣。《诗》《书》所载，皆上古之俗也。其人之好恶、逆顺、哀乐、死生之情，微细出入何以少异于今世？知此理者，尧、舜、汤、武之治可复见于今日。盖其所以为治之道，必有相承而不可废者矣，非各务信其术而自为也。①

治天下有常道，在下者不过为民，在上者不过为君，君与民不过欲，各得其所愿，才是有常，这是合乎人的本性的。人有常心而无异性，古今无异时而治有常道。人的常心、本性是善的。恶是由人失常造成的。叶适认为，由于人心失常、风俗渐坏、治道不一，所以便有人性善恶的表现。如果为君者以常道治天下，使民得到物欲，君与民都得欲而不过欲，人人都不失常心、不失常性，天下就常治了。

叶适所谈的人的常心、本心是善的，但他认为的善不是孟子性善的含义。他认为的善与亚里士多德的"中道"接近。亚里士多德说：

> 我所说的是伦理德性，它是关于感受和行为的，在这里面就存在着过度、不及和中间。例如恐惧、坚定、欲望、愤怒和怜悯，总之，感到痛苦和快乐，这可以多，也可以少，两者都是不好的。而是要在应该的时间、应该的情况，对应该的对象，为应该的目的，按应该的方式，这就是要在中间，这是最好的，它属于德性。在行为中，同样存在过度、不及和中间。德性是关于感受和行为的，在这里，过度和不及产生失误，而中间就会得到成功并受到称赞。这两者就是德性。德性就是中道，是对中间的命中……

---

① ［南宋］叶适：《水心别集》卷之八《进卷·苏绰》，中华书局 1961 年版，第 740 页。

过度和不及都属于恶,中道才是德性。单纯是高尚的,杂多即丑恶。德性作为对于我们的中道,它是一种具有选择能力的品质,它受到理性的规定,像一个明智人那样提出要求。中道在过度和不及之间,在两种恶事之间。在感受和行为中都有不及和超越应有的限度,德性则寻求和选取中间。所以不论就实体而论,还是就所以是的原理而论,德性就是中道,作为最高的善和极端的美。①

叶适像亚里士多德一样,强调做任何事情都要掌握好一个度,即过与不及都是恶,只有把握好度,做到恰到好处才是善。叶适认为,人的合理物欲要求是合乎人性的。他说:

"人生而静,天之性也,感于物而动,性之欲也。"但不生耳,生即动,何有于静? 以性为静,以物为欲,尊性而贱欲,相去几何?②

叶适分析,人只要生,就是动,也就是天之性也。欲是感于物,就是性之动。这样,尊性而贱欲,就会是既尊动又贱动(没有其他说法,是不可能的)。接着就引出尊性与贱欲相差无几,没有什么区别,天理与人欲同样重要,都是道的表现。要求物质欲望是人之常情,欲而不得,甚至铤而走险,也是"人之情"。叶适说:

水欲下而火欲上,人之情有所欲而不获,冒患出险,求必遂而后已,此人也,非天也。咸之感,比之辅,革之聚,以人而得其天者也。凡卦惟大亨,而既济举小以明之,言其志在于欲而不必于理也。欲之未遂也,无不用其极,既遂则举而弃之,犹刍狗然,是以"止而乱"也。故君子之戒既济,以为无宁未济之患,而所欲既得,则患之始而乱之所由生,所当思而预防也。然则火已上,水已下,已济矣,犹曰未济,未济者,欲济而未能,人情于其本然

---

① [古希腊]亚里士多德:《亚里士多德选集·伦理学卷》,苗力田编,中国人民大学出版社1999年版,第39—40页。

② [南宋]叶适:《习学记言序目》卷第八《礼记·乐记》,中华书局1977年版,第103页。

者,不自安而犹以为未也。故君子之戒也,慎辨其物而居其方,宜上者毋下也,宜下者毋上也。不然,则物交错而方乱矣。①

虽然有时为了欲而铤而走险,但也充满忧患意识。叶适提倡,君子要做到"慎辨其物而居其方,宜上者毋下也,宜下者毋上也";否则,"则物交错而方乱矣"。叶适认为,要控制和调节好人们的欲望,礼起着重要的作用。礼的作用是养人之欲,给人之求,调节情欲,不是灭情绝欲。他赞成荀子的"礼者养也"的思想。他说:

"故礼者养也:刍豢稻粱,五味调香,所以养口也;椒兰芬苾,所以养鼻也;雕琢、刻镂、黼黻、文章,所以养目也;钟鼓、管磬、琴瑟、竽笙,所以养耳也;疏房、檖貌、越席、床第、几筵,所以养体也。"按孔子教颜渊"非礼勿视,非礼勿听,非礼勿言,非礼勿动",谓能自克以复礼。夫自克则不费乎物而礼行焉;而荀卿谓制礼以为养。使耳目口鼻百体之须必皆有待于礼,则礼者欲而已矣。且颜子箪食瓢饮陋巷,不改其乐,孔子亟称之,故独许以复礼。今为费以求多于礼,筋骸通塞,纷纷乎鬶养于外物之不暇,而安所复哉? 然则养者,礼之文也,非礼之实也。②

"礼者养也""礼者欲而已",这就是制礼的目的。叶适认为,礼不能只注重"文"而不重视"质",礼要与欲和物联系起来,礼是调控物欲(利)的,以达到中道。在某种意义上,体现着礼与利的关联。如果仅强调礼,走极端,礼就要转化成没有内容的理、天理。叶适坚持"以礼养人",坚决反对"存天理、灭人欲"的禁欲主义和反中道的思想,即"然则养者,礼之文也,非礼之实也"。

叶适进一步阐述:

君子之当自损者,莫如惩忿而窒欲,当自益者,莫如改过而

---

① [南宋]叶适:《习学记言序目》卷第三《周易三·既济未济》,中华书局 1977 年版,第 33页。

② [南宋]叶适:《习学记言序目》卷第四十四《荀子·礼论》,中华书局 1977 年版,第 651页。

迁善,故亦以二卦象之,盖皆非刚阳不能,而柔阴无预乎其间也。
若使内为纯刚,而忿不待惩,欲不待窒,刚道自足,而无善可迁,
无过可改,则尧舜禹汤之所以修己者废矣。然后知近世之论学,
谓动以天为无妄,而以天理人欲为圣狂之分者,其择义未
精也。①

叶适认为人的损益,去恶从善,要靠自身的修养,修养好,才能近于中
道。然而,以朱熹、陆九渊为代表的近世之学,大讲"天理人欲之辨"的心
性理论,都是一些不切实际、不重实功的无用之学。

在叶适的人性论中,叶适初步提到了现实的社会关系,人的劳动在人
性形成中的作用,突出地讲到性与道合,顺天求合,"性近习远",乃言性之
正,非止善字所能弘通。在此,引用崔宜明教授对人性的分析来进一步升
华叶适人性论(叶适本人也可能意识到)。崔宜明教授指出:

需要在三个层面的统一中来理解和说明人性问题。第一,
人作为现实的"存在者",有其"现实性本质",就是他所生活于其
中的既定社会关系的总和。第二,人作为一种"类存在",有其
"类本质",就是劳动、劳动的创造。第三,人作为"存在",有其
"存在性本质",就是生成性、未完成性。那么,所谓人性,作为对
"人本身"命名,如果是在终极的和彻底的意义上对人之所以为
人的理性认识,就应当是属于"存在"层面上的事情。因为作为
现实的存在者的人和作为一种类存在的人,需要把自身实现为
"存在","人"以"存在者"和"类存在"为基础,把自身"完成"为
"存在";那么,就可以说,人性就是生成性、未完成性……可以把
"人性是生成性、未完成性"的观念称为历史主义的人性观。②

三、利与命与仁

对人性要做更透彻的理解,还要分析其内部的重要因素是怎样互动

---

① ［南宋］叶适:《习学记言序目》卷第二《周易二·损益》,中华书局 1977 年版,第 24 页。
② 崔宜明:《道德哲学引论》,上海人民出版社 2006 年版,第 73—74 页。

和运行的,只有其重要因素相互联系、有过程性地运行起来,才是一个有生机和活力的个人,进而才能形成整个人类历史的不断前进和发展(当然这是从基础性方面来讲的)。首先是人的存在即命,人的存在要有活力即仁,人就能创造价值即利,当然人有了利,又能充实人的活力,这是一种生存意义上的诠释循环,是人的真正存在,而不是简单的命题循环,关键是怎样进入此种诠释循环过程。关于此问题,孔子早有曲折和辩证的表述:子罕言利与命与仁。① 但是,好多人对此不能深刻领会,以至于在理解上有较大差异。还是从朱熹说起,朱熹说:

> 子罕言利与命与仁。罕,少也。程子:"计利则害义,命之理微,仁之道大,皆夫子所罕言也。"②

在此,朱熹认为罕是少的意思,但为什么说少,怎样来的,不清楚。同时把利、命、仁分开来讲,还笼统地讲计利则害义,不能符合孔子的本义,也不是事物本身。朱熹在《朱子语类》中又展开讨论,不过基本主张差不多。如:

> 行夫问"子罕言利,与命,与仁"。曰:罕言者,不是不言,又不可多言,特罕言之耳。罕言利者,盖凡做事只循这道理做去,利自在其中矣。如"利涉大川""利用行师",圣人岂不言利。但所以罕言者,正恐人求之则害义矣。罕言命者,凡吉凶祸福皆是命。若尽言命,恐人皆委之于命,而人事废矣,所以罕言。罕言仁者,恐人轻易看了,不知切己上做功夫。然圣人若不言,则人又理会不得如何是利,如何是命,如何是仁,故不可不言。但虽不言利,而所言者无非利;虽不言命,而所言者无非命;虽不言仁,而所言者无非仁。③

此解释是对《四书集注》中的此问题论述的展开,不过提到"盖凡做事只循这道理做去,利自在其中矣",略有不同,但还是把利、命、仁做孤立的

---

① 《论语·子罕》。
② [南宋]朱熹:《四书章句集注》,中华书局1983年版,第109页。
③ [南宋]朱熹:《朱子语类》,岳麓书社1997年版,第849页。

理解。下面再看杨伯峻先生对子罕一句的理解和梳理。杨伯峻先生认为,"子罕言利与命与仁"应翻译为:"孔子很少(主动)谈到功利、命运和仁德。"他认为,罕是副词,少也,只表示动作频率。而《论语》一书,讲"利"的六次,讲"命"的八九次,若以孔子全部语言比较起来,可能还算少的。以为《论语》中讲"仁"虽多,但一方面多半是同别人问答之词,另一方面,"仁"又是孔门的最高道德标准,正因为少谈,孔子偶一谈到,便有记载。不能以记载多便推论孔子谈得也多。孔子平生所言,自然千万倍于《论语》所记载的,《论语》出现孔子论"仁"之处若用来同所有孔子平生之言相比,可能还是少的。[1] 笔者个人认为,杨伯峻先生以记载单个字出现的次数来阐述义理,恐怕欠妥。另外,杨伯峻先生又梳理了别人的理解,如金人王若虚(《误谬杂辨》)、清人史绳祖(《学斋占毕》)都以为这句应如此读:"子罕言利,与命与仁。""与",许也,意思是,"孔子很少谈到利,却赞成命,赞成仁"。黄式三(《论语后案》)则认为,"罕"读为"轩",显也,意思是,"孔子很明显地谈到利、命和仁"。遇夫先生(《论语疏证》)又以为:"所谓罕言仁者,乃不轻许人以仁之意,与罕言利命之义似不同。试以圣人评论仲弓、子路、冉有、公西华、令尹子文、陈文子之为人及克伐怨欲不行之德,皆云不知其仁,更参之以《儒行》之说,可以证明矣。"[2]还有的把子罕一句,句读为:"子罕言利,与命,与仁",遵循《论语正义》中的"与,及也"的解释。[3] 笔者认为,上述观点有冲突的原因是,他们没有把利、命、仁之间的内在联系和内在逻辑处理好,没有动态地、过程性地看待问题。下面分析叶适对此问题的发问。

　　叶适对于利、命、仁(德)的关系做了进一步探析:

　　　　按《论语》"子罕言利,与命与仁",今考孔子言仁多于他语;

---

[1]　参见杨伯峻:《论语译注》,中华书局 1980 年版,第 86 页。

[2]　参见杨伯峻:《论语译注》,中华书局 1980 年版,第 86 页。

[3]　参见巫宝三主编:《中国经济思想史资料选辑》,中国社会科学出版社 1985 年版,第 359 页。

岂其设教不在于是，朋至群集有不获闻，故以为罕耶？①

同时引用孔子的原话加以说明：

> 子曰："富与贵，是人之所欲也；不以其道得之，不处也。贫与贱，是人之所恶也；不以其道得之，不去也。"②

> 子曰："君子喻于义，小人喻于利。"③

叶适在此对"子罕言利，与命与仁"发问，是想就事物本身的意义来把握孔子的本义。（句读应为："子罕言：利与命与仁。"）命，是事物本身的存在。仁，是爱人和爱护事物，珍惜一切，也就是让事物本身按自己的本性展开，生生不息，大化流行。利，是事物本身呈现的状态和结果。与，是合（而为一）。这样，孔子的本义是利与命、仁合一。在某种意义上，利与命与仁的关系就表现为存在与存在者的辩证关系：存在通过存在者表现和诠释出来，其展开为万象更新；存在体现为过程，存在者体现为结果，过程中有结果，结果依次出现呈现为过程，过程和结果的统一乃大道也，大化流行，生生不息；在人（君子）身上体现为人的自强不息的过程（命、仁）和不断创造价值、成果（利）的辩证统一。利与命与仁的合一与展开，是要靠思、体验来把握的，是不好直接由人（口头）言说的，实际上就是事物本身的展开和言说。叶适以树（命，存在）为例（下文讲到），要爱护树，要培土养育，固根（本），树生长旺盛（仁），有绿叶，开花，结果（利），这是一个过程，要生生不息，继续下去（包括从果实、果仁在土里生长到根、树）。可以考虑到，事物本身大化流行，生生不息，不应该有先天与后天、先验与（后验）经验之分，只是过程（生命）的延续而已。如果说形上是道、是存在，形下是道的显现者、是存在者的话，实际上二者是一体性的、过程性的，不能人为地割裂开来。在此过程中，可以想到，树根（本）和树梢在某种意义上同等重要，意思是说本和末都应该重视。再者，如果要让树本身生长得更

---

① ［南宋］叶适：《习学记言序目》卷第四十九《皇朝文鉴三·序》，中华书局1977年版，第737—738页。

② 《论语·里仁》。

③ 《论语·里仁》。

好,就要爱护树,可能需要养根和修枝,要达到适宜的标准(度),即中道,也就是义。可以看出,利与命仁,就是一体性的、过程性的,不能人为地、主客二分地割裂之。同样,人(们)要好好地生存、生活,是需要富与贵的(甚至可以说,需要利作为能量而存在),因为像树一样,人也是需要爱护的,才有活力,即仁,天行健,君子以自强不息。同时,遵循道,人劳动,表现为自强不息(即仁),就能创造价值和成果(利),即不以其道得之,不处也。不好的果实(即不利、害),人们不喜欢,只要在遵循道的情况下,不好的结果如贫与贱,就离开了,即不以其道得之,不去也。不过,由于人的修养不一,君子有较高的修身和养性,能自觉地领悟到利与命与仁的合一性和过程性,并能把握中道即义。在把握义和实践之时(度),就能有真正的利(不是主观臆想的),即利与命与仁合一性和过程性中的利,君子在把握义的同时,在行动(自强不息)中体现出来,真正的利自然会来的(并不是君子从根本上不要利,而是要真正的利),真正的利的不断出现,就是人(君子)的自强不息的呈现。而小人道德修养的功夫不到,只顾眼前利益,不能联系、体悟到利与命、仁的关系。再说,小人得到的利也不是真正的利(将来会不利的),即不是利与命与仁合一性和过程性中的利。所以孔子说:"君子喻于义,小人喻于利。"以树(存在者)的例子为切入点,暗示着在道(存在)的洪流中,蕴含着丰富的内容,其中包括德与利的动态统一,在仁义礼智与利的互惠、互利的互动中,在天人合一的状态中,遵循着道的方向,永远前进着。不过,世界历史与人类历史的进展有时也不是一帆风顺的,这就预示着对人们的考验,人们能否做到"天行健,君子以自强不息",能否做到从容中道,否则就没有真正的利,努力地实践吧(包括理论实践、道德实践、经济实践等)!

关于能否直接言道,作者有些想法(这里就问题本身谈,暂且不分各家各派)。老子曰:"道,可道,非常道。"我理解为,道本身能够言说即道说(可道),但道本身不是我们人的平常的说话(言说),我们人讲的话,有时往往是在道本身之外,很难说是道本身。又如我们平常讲的日用即道,道日用而不知,又怎样理解呢?

事物本身言说或道本身道说,即道,大化流行,大用流行,生生不息。在天人合一、人事合一的状态中,人本身的生存、活动当然也在其(道说)中,即人本身的言说。然而,人(口头)说话和人说的话,往往就不是在天人合一、人事合一的状态中,是具有认识论(狭义)、主客二分的特征。这样人说的话是贴标签式的,是固定的、外在的,说出来的往往不是道本身,与道不一致,甚至歪曲(如大话、假话、空话等)。不过也有一致的时候,如人的言行一致,但还是要通过人本身的行动即言说表现出来。前面说过,人本身的行动,也是道说,即大化流行。人要把握道本身,更多要靠学(为学者日益,为道者日损:人接触具体事物越多,即存在者越多,但同存在相比的话,存在显得越来越少,表面上分析是如此,实际上二者是一体的)和思的活动、体悟、体验等,很少直接是人(口头)讲话。思也是人本身的活动,也是道说的一部分,有可能达到道本身。但思、体悟、体验,要靠修养、作功夫,功夫即本体(道),功夫到家了,就能悟道(存在),但功夫不到家,就不能悟道。道本身言说,也是一种语言,即"语言是存在的家"。这里的语言不是人的语言,不是人在说话(如果是的话,可能"言不尽意"或者"得意忘言"),人只是在倾听,人是倾听者,所以孔子罕言。

由以上的分析可以看出,叶适继承了孔子的人性思想,批判了孟子的性善论和荀子的性恶论,发展出了自己独特的人性论思想。叶适的人性论方面的性与道合、顺天以求合,显示出人的生机和活力以及奋发进取的有为气象,同道一样大化流行。再者,叶适提出:"盖万物与人生于天地之间,同谓之命;若降衷则人固独得之矣。"人与万物都存在于天地之间具有客观性,叶适言降命,对人与万物是一样的,说明人与万物有共同性,特别是拿人与动物来说,二者有共同性,可以称作人性(狭义)或动物性,其内涵是一样的,说明是用人性专指人的自然属性。叶适言降衷,是指人独有,与万物相区别,特别是与动物不同,才显示出人的高明;也就是说,降衷是人的本质,专指人的社会属性。降命代表人性,降衷代表人的本质(广义的人性应包括人的本质)。降命与降衷的关系也就是人性与人的本质的关系。人性与人的本质是有内在联系的,是因为人是高等的动物,又是社会的存在者。作为高等动物,人保留着"食色"等自然欲望;作为社会存在者,人创造了和正在创造着动物根本不能的人类历史文明,并能继承下去。人性与人的本质也是相互影响、相互促进、相互发展的。在人性中,人的自然欲望即人的自然需要(利),是人们进行社会活动的内在动力,由于人的自然需要是一直不能满足的,在某种意义上是无限的,所以能推动人类社会不断向前发展,主要体现了重视经济的物质文明方面的发展。同时,人的本质,作为社会关系的总和,有自己运作方式,表现为道德、政治、法律等规范即(广义)礼,给人性中的自然欲望以及这种欲望在社会活动中的体现规定一个合适的度,这主要表现为人的精神文明、政治文明和制度文明方面的发展。人们的社会行为只要保持在合适的度内即中道,就是善,超出度即过与不及,就是恶。而人性的需要和发展往往要突破原来的度,这样人们就必须根据道之目前的大化流行的状况(包括自然界和人类社会的状况)重新确立新的度,从而推动人类历史不断向前发展。叶适能突破孟子性善和荀子性恶的人性论思维方式,继承和发展了孔子的人性思想,是同他的哲学睿慧、大无畏的批判精神和强烈的时代忧患意识即责任感分不开的,是难能可贵的。

第三章 叶适德与利关系的基本内容探析

第一节 德与利的含义

德,在这里主要探讨的是仁义道德及其道德的实践活动,可以称作内圣方面,是指人的道德存在,但不局限于向内发展,仍是内外互动的结果。道要通过器来表现,在人身上,德是道的集中体现。同样,德要通过与利及事物(器)的联系和互动来表现。利,在这里主要探讨的是功利、事功以及从事这些事业的经济、政治等实践,可以称作外王方面,是指人的经济存在和政治存在等。德和利二者都是人的实践活动,一般情况下,仁义和事功是统一的,仁义通过事功来表现,事功中含有仁义,即圣贤事业,二者统一于人的现实实践活动,即"天行健,君子以自强不息"。

下面先打算考察德与利的本义的形成与演变。叶适是从《尚书》开始研究的。"德"字出现的比较早,是周代金文里的常见字。"德"字所表述的语义在中国传统文化中自始至终处于主导位置,处理人伦关系,指导人们行动的道德观念。根据现在古文字学家的看法,"德"字在甲骨文中已有。徐中舒先生在《甲骨文字典》中,认为"德"字的初文应是从彳从直。金文中在这个字下面加"心",成为"德"字。另外,金文中也有无彳,而从直从心的,作"惪"。德字的本义已由许慎在《说文解字》卷十说"惪"字时所讲:惪,外得于人,内得于己也。德字从心从直,本义即正见于心,所谓端正心思、心性,反省自我,即"内得于己也"。在内心确立正直的准则,加强心性修养,指导和约束个人行为,以求达到"外得于人"的要求,这便可称之为有德。《广韵·德韵》:"德,德行,悳,古文。"德的含义与行、行为有关。这样德就有德行和德性的意义,分别指人的道德行为和道德品格。周代金文中所见绝大部分德字,都是从心,旨在表明心性修养之重要。德字的要求,也反映了殷周之际社会生活的大变革。

殷人尊神,率民以事神,先鬼而后礼,先罚而后赏,尊而不亲。其民之敝,荡而不静,胜而无耻。周人尊礼尚施,事鬼敬神而远之,近人而忠焉。其赏罚用爵列,亲而不尊。其民之敝,利而巧,文而不惭,贼而蔽。①

殷人重视上帝鬼神,崇拜上帝鬼神,即"率民以事神"。祭祀鬼神成为日常生活中的重要活动,认为上帝鬼神能给人们带来福音和福利,能保佑自己的意识。周代金文及有关史籍记载,周革殷命,周人打败殷朝之后,为了对占领地区进行最有效的统治,曾大规模分封同姓和异姓贵族。积极推行宗法政治,在占领区域内建立起大大小小的封建诸侯国家,同时制定出一套比较完备的礼法制度。注重人事,尊礼尚施,事鬼敬神而远之,怀疑甚至批判天命,提出"天命靡常,惟德是辅"的观念。德的观念得以彰显,但天的观念没有消失,而是用德来充实天的内容,以德论天。周人认为天命靡常,强调的是个人行为的重要性。被确立为个人行为的准则,就是端正心性的德性修养。德的内容体现于礼法制度中,遵守礼法制度就能进行德性的修养,礼法制度是德的外在形式。

周初分封了一大批诸侯国家,配合这一行动,制定出一套具体可行的礼法条文,维护宗法政治,严格实行"赏罚用爵列,亲而不尊"。礼法的制定在于调整人们之间的关系,明确君臣尊卑。然而,仅凭一些条文规定去约束人们的行为,特别是去限制贵族之间的利益争夺,是远远不够的。为了调整宗族内部的关系,缓和利益矛盾的冲突,还必须大力提倡人的内心反省,引导人们端正心性,强调德的作用。随着时间的推移,人们对礼法

---

① 《礼记·表记》。

不太重视,出现有礼法不遵守的现象,一直到春秋时期,孔子看出时代问题,努力提倡德性和德行,明确提出仁德,并弘扬仁,要克己复礼。孔子主要倡导人们的道德实践行动,没有太多的理论论证,没有论证仁德的根据,到曾子、子思、孟子,以及朱熹、陆九渊、王阳明,一直到牟宗三等为仁德找根据,找到天、天道,上面通天,下面通人,天命下贯而为性,具有以天论德的特征,同样也体现儒学的宗教性。叶适是不以为然的,叶适要把超越的天道拉掉,他认为道本身存在于万事万物中。人的德性要通过同别人、同外界的事物相联系,通过事功和利的方式表现出来。如孔子云:"仁者,天下之表也。义者,天下之制也。报者,天下之利也。"①意思是说,仁是天下的标准,义是天下的裁断原则,回报是天下的公利。

同样,"利"字也出现在中国最早的文字甲骨文中,"利"字是左右形成的会意字。左边的"禾"字是象形字,在充满想象和抽象的意味中,描摹一株果实饱满、枝头低垂的植物。右边是象形的"刀"字,这两方面合成的结果就是利字。在利字中,"禾"与"刀"两方面平行排列,一方面同另一面发生联系,主要体现为靠体力(感性实践活动)凭借工具去完成。在农耕社会之前,人们用"刀"式的工具来采集野生植物和饱满的果实而食用,获得自身利益和好处。在早期农耕社会的农业生产中,农夫用锋利的农具收割成熟的庄稼,作为生活和消费资料,以利于自身、他人和社会的发展。"利"字在甲骨卜辞中被进一步引申为祭祀、占卜的吉利,在《周易》中特别明显。人们占有和享用着对自己有利的外界对象,从而避开和抛弃对自己不利的外界对象。后来,在很长的历史阶段,"利"字一直作为单音词,用来指称现代意义上的"利益"这个概念。只是到了晚近之后,才形成了"利益"这个双音词。"利"又体现为功利、利益,特别是私欲、私利和公利方面。"利"也指或抽象或具体的社会性功用、有利于什么和个体性财货。"利"有时还泛指社会事业和功绩。

---

① 《礼记·表记》。

第二节　孔子及其以前的德与利统一的简析

在《尚书·尧典》一开始就塑造了一个儒家典型的人格形象——尧，颂扬了尧的大德和功绩。对于这一点，郭沫若做了分析。

儒家所理想的人格是具有一定的发展阶段的，就是《大学》《中庸》两本书中所说的格、致、诚、正、修、齐、治、平、赞、参、配。这个发展阶段刚好把尧的人格粉饰出来。尧的人格是：

"钦明文思安安，允恭克让"——这是格、致、诚、正的事体。

"光被四表，格于上下"——这是赞、参、配的事体。

"克明俊德"——修身。

"以亲九族，九族既睦"——齐家。

"平章百姓，百姓昭明"——治国。

"协和万邦，黎民于变时雍"——平天下。[①]

上文简译为：他敬事节俭，明照四方，善治天地，道德纯备，温和宽容。他忠实不懈，又能让贤，光辉普照四方，至于天地。他能发扬大德，使家族亲密和睦。家族和睦以后，又辨明其他各族的政事。众族的政事辨明了，又协调万邦诸侯，天下众民也相递变化而友好和睦起来。

由以上内容可以看出，原始儒家的形象是大德和功业并重的，人的大德在事业中呈现出来，人修德是为了创事业，同时在创事业中进一步修德，体现内圣和外王统一，体现人与自然、人与人的普遍联系。不像后来叶适所批判的一些学者，以修德、心性为主，甚至空谈心性。

大禹和伯益在帝舜面前讨论政事时讲：

禹曰："於！帝念哉！德惟善政，政在养民。水、火、金、木、土、谷惟修，正德、利用、厚生惟和，九功惟叙，九叙惟歌。戒之用休，董之用威，劝之以九歌，俾勿坏。"

---

①　郭沫若：《中国古代社会研究》，河北教育出版社 2004 年版，第 72 页。

帝曰："俞！地平天成，六府三事允治，万世永赖，时乃功。"①

上文简译为：禹说："啊！帝要深念呀！帝德应当使政治美好，政治在于养民。水、火、金、木、土、谷六种生活资料应当治理，正德、利用、厚生三件大事应当宣扬，这九件事应当理顺，九事理顺了应当歌颂。要用休庆规劝臣民，用威罚监督臣民，用九歌勉励臣民，使政事不会败坏。"舜帝说："对！水土平治，万物成长，六府和三事真实办好了，是万世永利的事业，这是你的功勋。"

六府（水、火、金、木、土、谷六种生活资料）与三事（正德、利用、厚生）是相互关联的，提到一方必然就牵涉和带出另一方，三事在治理六府中体现，六府的治理要达到三事，这样就是万世永利的事业。人在天地之间，要处理好这九件事，这也是道的呈现，因为道有一切关系的大化、大用流行。

关于正德、利用、厚生三事，牟宗三又做了进一步分析，显示出了人的优越性。他说：

亲亲、尊尊与尚贤皆正德中事；正德、利用、厚生即是王道。利用、厚生是人民生活的幸福，而讲幸福不能离开德，不能一往是功利主义、唯物主义。当然王道亦不能只是德，必须重视人民的幸福。所以内圣必函外王，外王就须正德以开幸福。从王道方面讲，正德必函厚生。正因为德是指道德的真实心、仁义心言，故一夫不获其所，不遂其生，便不是仁义心所能忍。从个人道德实践的立场上说，律己要严；从政治王道的立场上说，对人要宽，要恕。正德求诸己，利用厚生归诸人，而亦必教之以德性的觉醒，此正所以尊人尊生也。尊生不是尊其生物的生，而是尊其德性人格的生，尊其有成为德性人格的可能的生。若只注意其生物的生，则是犬马视之，非所以尊人也。故厚生必以正德为

①《尚书·大禹谟》。

本。此是儒家言德治之大端。①

这里牟宗三谈的"功利主义",应该是狭隘的功利主义,即只为个人利益的功利主义。"唯物主义"应该是庸俗的唯物主义,只知道个人吃喝、财物是好东西的,只有物的主义。这二者是应该反对的。牟宗三突出人和人的德性的优先性,是可以肯定的,然而,想通过德性本身内部开出其他,难度是很大的。人包括人的德性应该同其他如利用、厚生以及前面讲到的六府相互联系,以达到共在而存在,否则就是孤独的、空虚的。世界除了心性之外,还有其他广阔的领域,这些领域有其独立性、多样性和复杂性,不能消融于心性之中,而是生命依存的对象与价值实现的场所。正是因为人的心性之外的世界如此广大丰富,人的生命才能向外扩充附丽、多姿多彩,不致萎缩枯竭。

在正德和利用、厚生之间,是不是缺少些什么?是不是缺少一个环节和媒介?如果能这样发问的话。亚里士多德从一个很重要的方面提醒我们:

> 求知是人类的本性。我们乐于使用我们的感觉就是一个说明;即使并无实用,人们总爱好感觉,而在诸感觉中,尤重视觉。无论我们将有所作为,或竟是无所作为,较之其他感觉,我们都爱观看。理由是:能使我们识知事物,并明确事物之间的许多差别,此于五官之中,以得于视觉者为多。②

亚里士多德把以观看为主的求知作为人类的本性,人类由感觉、记忆、经验,积累智慧以建立理论学术。求知是人的一种欲望,纯粹求知的精神就是纯粹科学的精神。纯粹科学的精神是不顾个人名利的,只有这样才有科学的发现。

这种科学精神,在中国古代(在孔子以后,也不绝对)是比较缺乏的,也可能是因为关注的重点有别。因此,其理论科学,不能继续发展;科学

① 牟宗三:《牟宗三先生全集·政道与治道》,中国台湾联经出版事业公司 2003 年版,第31—32 页。

② [古希腊]亚里士多德:《形而上学》,吴寿彭译,商务印书馆 1959 年版,第1页。

技术之知识,不能继续扩充。这样中国人的实用的科学技术活动和利用厚生的活动,就不能逐步地、充分互动地展开。中国人缺乏此种科学精神,其根本原因在于,中国人太重视道德实践活动,即使有认识活动,也主要是认识一些道德规则和道德规范,也就是礼,然后再按照礼去行动。这样就淡化了对周围世界的观察,同样也不会对周围的客观世界有较多的知性分析和判断,即在同外界打交道时,怎样改进人的活动方式。客观世界常常被赋予较多的道德意义,并且主要关心怎样提高人的道德修养,人的道德修养一旦提高,直接就认为人的其他活动的品位和质量也提高了。于是由此判断,即直接的过渡至内在的道德修养,与外在的实际的实用活动。此即由正德,直接过渡至利用厚生。正德与利用厚生之间,少了一个理论科学知识之扩充,以为其媒介。这就会导致正德之事,亦不能通到广大的利用厚生之事,从而也不能提高利用厚生之事的水准,只退却为个人之内在的道德修养。由此退却,虽能使人更体悟到此内在的道德主体之尊严,此心此性之通天德天理——此即宋明理学之成就,然而亦同时闭塞了此道德主体之向外通的门路,而趋于此主体自身之寂寞与干枯。

叶适在他生活的时代已认识到问题的严重性,对思孟、朱熹、陆九渊多有批判。叶适对孔子是非常尊敬的,认为孔子成圣之功在于学习。孔子比较注重人的全面发展,历来是为人们所称颂的。人在天地之间存在,人的存在是多维度的。人与周围世界相联系也是多维度地展开。人修养好,推及别人,体现着人的道德存在和道德理性。人理解、领会自己及外部世界需要培养人的认识能力,体现人的认识存在和认知理性。在利用、厚生的活动中,人们进行生活资料的生产,能培养人的经济意识,体现着人的经济存在和经济理性。人按照人的特性多维度地发展,并且在道中展开,才是健康、全面的发展。

孔子提倡仁,主张爱人,己欲立而立人,己欲达而达人,主张推己及人。这些思想同样表现在利即经济问题的看法上。孔子认为,治国安民要"恭、宽、信、敏、惠。恭则不侮,宽则得众,信则人任焉,敏则有功,惠则足以使人"①。这五种品德都是仁,其中的宽和惠是含有对经济问题的看法。有了这种想法,孔子提出"重民"("所重:民、食、丧、祭"②)、"利民"("因民之所利而利之"③)、"足民"("百姓足,君孰与不足"④)、"养民"("其养民也惠"⑤)以及"济众"("如有博施于民而能济众"⑥)的主张。这些都是"惠民""宽民"经济思想的发挥。这些思想表现在孔子所主张的经济政策上,有弛禁思想、薄赋敛思想等。特别是"利民"这一主张,通过孔子和子张的对话,能够比较形象和详细地表现出来:

> 子张问于孔子曰:"何如斯可以从政矣?"子曰:"尊五美,屏四恶,斯可以从政矣。"子张曰:"何谓五美?"子曰:"君子惠而不费,劳而不怨,欲而不贪,泰而不骄,威而不猛。"子张曰:"何谓惠而不费?"子曰:"因民之所利而利之,斯不亦惠而不费乎? 择可劳而劳之,又谁怨? 欲仁而得仁,又焉贪? 君子无众寡,无小大,无敢慢,斯不亦泰而不骄乎? 君子正其衣冠,尊其瞻视,俨然人望而谓之,斯不亦威而不猛乎?"子张曰:"何谓四恶?"子曰:"不教而杀谓之虐;不戒视成谓之暴;慢令致期谓之贼;犹之与人也,出纳之吝谓之有司。"⑦

孔子在回答子张什么是美德和恶的同时,对利民的思想也表达得非常鲜明。德和利交融一体,德通过利表现出来,利寓于德中。人们的道德存在和经济存在是相互牵涉和联系的,人们的道德理性和经济理性也是难以截然分开的,毕竟都是人们的存在,都是人们的理性。孔子谈到富民的思想:

> 子适卫,冉有仆。子曰:"庶矣哉!"冉有曰:"既庶矣,又何加

---

① 《论语·阳货》。
② 《论语·尧曰》。
③ 《论语·尧曰》。
④ 《论语·颜渊》。
⑤ 《论语·公冶长》
⑥ 《论语·雍也》。
⑦ 《论语·尧曰》。

焉?"曰:"富之。"曰:"既富矣,又何加焉?"曰:"教之。"①

孔子认为,首先有人的存在,然后创造和增加人们生存的现实条件,使人们安居乐业。"庶矣哉!"是在当时状况下,赞赏人口之稠密、众多。古代人口稀少,再加上春秋时期战争连年,人口大量减少,所以人口多是一件好事。但人口众多之后,又该怎么办呢? 孔子的回答是让人们富裕起来。所谓"富之",显然是对众多的人而言的。使人们富裕起来,当然是增加人们的收入、提高人们的生活水平。富裕之后又该怎么办呢? 孔子的回答是"教之",即对人们进行教育和培养,提高人们的道德素质和生活能力。正当的富和有益的教是应该统一的,有一定的条件,人们能够受教育,受教育后,人们的生活和生产能力提高,同样能创造更多的财富,从而再进行更好的教育。这也是德、利统一的一个表现。

至于如何使人民富裕起来,孔子并未提出具体的办法。但是,孔子主张为政者必须实行廉政,取之有道,用之有道,坚决反对横征暴敛、贪污腐败。这样才能取信于民。在孔子看来,当时有些暴富者,如孔子谈到的:

季氏富于周公,而求也为之聚敛而附益之。子曰:"非吾徒也。小子鸣鼓而攻之,可也。"②

季氏比周公还有钱。季氏要用田赋制度增加赋税,使冉有征求孔子的意见,孔子私于冉有曰:"君子之行也,度于礼:施取其厚,事举其中,敛从其薄。"③但是,冉有仍旧听从季氏,实行田赋制度。季氏富于周公,就是聚敛的结果。孔子认为,为政要有德性,《论语》记载:

哀公问于有若曰:"年饥,用不足,如之何?"有若对曰:"盍彻乎?"曰:"二,吾犹不足,如之何其彻也?"对曰:"百姓足,君孰与不足? 百姓不足,君孰与足?"④

年成不好,国家用度不够,孔子的学生有若向哀公建议,为什么不实

①　《论语·子路》。
②　《论语·先进》。
③　《左传·哀公十一年》。
④　《论语·颜渊》。

行十分之一（彻）的税率呢？哀公说道，十分抽二，我还不够，怎么能十分抽一呢？有若对说，如果百姓的用度够，你怎么会不够？如果百姓的用度不够，你又怎么会够？有若的观点也代表了孔子的观点，其基本精神就是减轻人们的负担。藏富于民是儒家的一个主张，只要老百姓富足了，国家自然也会富有，老百姓贫穷，国家从根本上不能富有。也就是说，人们富足，就能够向国家缴纳较多的国税；再者，人们也有足够的能力进行再生产。在孔子时代，人们生产财富主要是在农业方面。在求富问题上，孔子并不反对商业。只是后来的一些封建王朝的经济政策对经商不利。孔子曰：

> 富而可求也，虽执鞭之士，吾亦为之。如不可求，从吾所好。[1]

一般来说，从事商业是比较容易致富的。"执鞭之士"可以理解为市场的守门人，手执皮鞭来维持市场秩序（可能最初与赶牲口、运送货物到集市有关）。这里的求富，显然是指个人，并不是为别人或国家求富。大概是执鞭之士天天和商人打交道，了解市场行情，比较容易致富。执鞭之士是同商业市场有关的。这说明孔子并不反对商业，而且如果有机会，他也想从事商业活动。不过，孔子主张取财有道：

> 不义而富且贵，于我如浮云。[2]

> 富与贵，是人之所欲也；不以其道得之，不处也。贫与贱，是人之所恶也；不以其道得之，不去也。[3]

孔子反对不以正当方法、不符合道（理）本身来获得财富和显贵；否则如浮云一般。欲富贵而恶贫贱，是人之常情，无可指责，但要以其道得之。对于经商来说，其实质就是物流，即商品交换和流通（与道的运行相契合），从而满足人们的各种需要。这里所谓的道就是义，即正义、正当的意思。孔子决不认为商业本身是无义或无道的，他所说的道和义，是指社会

---

① 《论语·述而》。
② 《论语·述而》。
③ 《论语·里仁》。

的公正或公义。孔子主张富民,只要是有道而为,都可以为。商业本身是有道的,就可以经商,所以孔子不反对自己有机会的话也可以经商,更不反对别人从事商业活动。其实,他的学生子贡在当时就是赫赫有名的商人。子贡是非常富有的,他不仅对当时的经济发展有一定的贡献,而且做了一些对社会有益的事情,受到当时人们的尊敬。孔子谈到子贡"赐不受命,而货殖焉,亿则屡中"①,意思是子贡虽做过官,但他并不受此约束,经常来往于各国之间,经营商业。子贡有较强的预测市场行情变化的能力,容易致富,这一点孔子是肯定的。孔子对人的存在的关注是多方面的,既关心人们的道德存在,又关心人们的经济存在,当然还有其他方面。总之,孔子比较注重人的全面发展。

第三节　人的德性分析

一、成德之功在于学与思

叶适继承了孔子的思想,注意人和社会的比较全面的发展,反对心性之学,他认为心性之学无益于事功。朱熹说过,永嘉之学偏重事功,当时和以后的许多学者都承认叶适提倡事功。但叶适除了提倡事功,更重视提倡德性,并且主张德性与事功的统一,而不是纯粹个人的功利主义,当然也不是提倡纯粹个人的善。在叶适看来,心性之学不能运用到现实的社会实践活动中去,得不到现实的验证,不能产生实际的社会效果,那就只能是个人的内心体验,而缺乏客观有效性。以朱熹、陆九渊为代表的心性之学(一般情况下,叶适不太细分他们的观点,而笼统称之为心性之学,因为对叶适来说,他们的实质是一样的),以形而上学的形式确立了人生的普遍价值,其理论根据是以性为天所命、心所具有的先验倾向的人性论,或者以心为性、为天的心性之学。叶适同样非常关心人性问题,因为

① 《论语·先进》。

他认为要回归到具体的现实中去,不要再空谈心性。他反对心、性、天合而为一的先验理论,而是主张回到孔子的"性相近,习相远"的学说,强调人的学习的重要性,使儒家的人性学说还原为现实之学。叶适认为,在人道的形成之初,就非常关心人的德性。他谈道:

> 尧舜之前,非无圣人,神灵而不常者,非人道之始故也。"安安"者,言人伦之常也,"允恭克让"所以下之也,此所以为人道之始也。

> 禹益为言治道之首,其言至后臣克艰而止,不可以有进矣。曰"勤俭",曰"不满假",曰"不矜伐",皆艰类也。世稍降而德衰,艰逸之论始参,至孔子乃复正,曰"为君难,为臣不易。"

> 规矩准绳必先立而以身奉之,故法度不可失也。[①]

叶适用"安安"来描述人伦道德,用"允恭克让"来描述为人处事,标志着人道开始。人道开始以后,要顺利发展,必须靠人来治理,即治道,治道行为本身就是德行,体现着德性,如勤俭、不满假、不矜伐。维持这些品德是不容易的,是属于艰难的事情,要付出劳动,要提高个人修养。如果不这样的话,随着时间的推移即世稍降而德衰,艰逸之论始参。孔子看到人的德性有滑坡迹象,便努力纠正、恢复之,体会到为君难、为臣不易。在伦理道德方面,可以用礼来调整和约束,一旦道德极坏,就用法度来管制。不过,孔子开创的儒家还是以德化和教化为主要方式和方法。所以,对于《论语》开卷的头三句——"学而时习之"等,叶适给予高度的重视,认为"成圣之功"全在于此。不同于理学家,在他们看来,这些话虽然很重要,但必须以先验倾向的性善论为前提,如朱熹、陆九渊所认为的要明善而复其初、要恢复本心等。叶适论述:

> "学而时习之,不亦说乎!有朋自远方来,不亦乐乎!人不知而不愠,不亦君子乎!"前乎孔子,圣贤之所以自修者无所登载,故莫知其止泊处:若孔子成圣之功,在此三语而已,盖终其身

---

① [南宋]叶适:《习学记言序目》卷第五《尚书·虞书》,中华书局 1977 年版,第 52 页。

而不息也。常疑后人只作初学领会,既无说、乐之实,又迷不愠
之趣,正使能好学无倦,死生以之,皆气血所为也。①

叶适引用孔子的话,来阐明自己的人生态度。他认为,人的存在主要
以学习的方式存在着,一生当中孜孜不倦地学习,在学习中领会人生的价
值,在学习中获得人的德性。学习对人来说是很自然的事情,皆气血所为
也。天地之间万事万物、人情世事都要靠学习获得,人的品德是在同周围
世界的接触中形成的。对待他人、朋友,都要以自然的欢迎的心态。别人
不了解自己,也不要怨恨别人,只是自己或他人学习得不够而已,要终其
身而不息也。学习是人的存在方式,关于学习的特性,可以引用海德格尔
的阐述做进一步的分析,海德格尔说:

只是当我们喜爱那本身即是应思虑的东西,我们才能够思。
为了达到这种思,从我们这一方面来说,我们必须学习这种思。
什么叫学习?当人们着手他所从事的每一事情,以便使自己与
从本质上向他吐露的东西相一致时,那么人们是在学习。只要
我们留心所要思虑的东西,我们就是在学习这种思。

我们的语言把亲密无间称为一个朋友的本质,称为源于朋
友身上的东西。同样,我们现在把那本身即是应思虑的东西称
为激发思的东西。任何激发思的东西赋予我们去思的东西。然
而,只有当激发思的东西已经内在地成为应思虑者时,激发思的
东西才给出这份礼物。②

在天人关系中,在人与事物本身的关系中,人与事物共在,其共在要
通过人的学习而体现。事物本身有运动、展开的倾向,人本身也有此倾
向,不过人是通过有求知欲而一步步进行和展开的。求知事物本身的道
理就是学习的过程,通过此过程,事物本身不断地向人吐露其真理(有待
思的即道),即人们所喜爱和应思的东西,并且人们效法之,与它们融为一
体,达到人事合一、天人合一,体现人的存在方式。人们的语言,人们的思

---

① 〔南宋〕叶适:《习学记言序目》卷第十三《论语·学而》,中华书局 1977 年版,第 175 页。
② 孙周兴选编:《海德格尔选集》,上海三联书店 1996 年版,第 1206 页。

的语言即诗的语言,含有辩证理性而不是知性的语言,能把所学习和思的东西没有隔阂、生硬而是非常熟悉、亲密无间地表达出来,像朋友一样。这样,人和事物本身也在语言中存在,体现语言是存在的家。

在海德格尔后期的思想中,无蔽、澄明、本有、大道具有同等位置,都是指示思的事情的基本词语。在此处学习,就是学习这种思,使自己与思的事情一致,达到学与思一致,就是与无蔽、澄明、本有、大道一致。大道不断地给出、涌现和运作,在学习中与大道一致,同时大化、大用流行,生生不息。叶适说:

> "学而不思""思而不学",孔子之时,其言必有所指。由后世言之,其祖习训故,浅陋相承者,不思之类也;其穿穴性命,空虚自喜者,不学之类也;士不越此二涂也。[①]

叶适认为,孔子的学与思有深刻的含义,孔子谈到,学而不思则罔,思而不学则殆。在学习中,不达到思的事情,不能与道一致,就等于罔然无所得。如后世一些人只是祖习训故,浅陋相承者,不能悟到真正的道,就是不思之类也。一时思考达到道,但不恒常地去学、去与道保持一致,就不能体味道的变化性和丰富性。则思之为穿穴性命,空虚自喜者。不能恒,从而导致自己空虚、干枯,没有生生不息之活力,精神和生命就疲殆,乃不学之类也。

叶适说:

> 道者,自古以为微渺难见;学者,自古以为纤悉难统。今得其所谓一,贯通上下,应变逢原,故不必其人之可化,不必其治之有立,虽极乱大坏绝灭蠹朽之余,而道固常存,学固常明,不以身没而遂隐也。[②]

在这里,叶适描述了道和学的特征,道微渺难见,自行大化,自立运行。学在详尽细微之处用功,争取与道统一。无论任何情况,道一直那样存在,学一直那样(争取)与道一致,同时就是道的涌现和澄明。对叶适来

---

① ［南宋］叶适:《习学记言序目》卷第十三《论语·为政》,中华书局 1977 年版,第 176 页。
② ［南宋］叶适:《习学记言序目》卷第十三《论语·里仁》,中华书局 1977 年版,第 178 页。

说,道不是实体,而是自身不断地运行和呈现。叶适又论述道:

> 《周官》言道则兼艺,贵自国子弟,贱及民庶皆教之。其言"儒以道得民","至德以为道本",最为要切,而未尝言其所以为道者。虽《书》自尧舜时亦已言道,及孔子言道尤著明,然终不的言道是何物。岂古人所谓道者,上下皆通知之,但患所行不至耶?①

叶适引用《周官》的一些术语,说明道与民、与德关系极为密切。儒家的圣人和君子能遵循道,自强不息,身体力行,为人民谋福利,既勤劳又有美德,道德和功利一身兼备,得到人们的拥护和爱戴,如尧、舜、禹等圣贤。孔子所谈论的道具有上述意义,特别鲜明,但不认为道是具体的物,而是奋发有为的经历和过程。在此过程中,道德和功利彰显着,道上下流行,无所不至,无处(人)不知,在任何人世物情之中,特别是在人身上表现为君子以自强不息。叶适也分析了学习、修德、致道的有限性和无限性。他说:

> 耳顺、从心,孔子安得以最后之年自言之? 又其所为限节者,非所以为进德之序,疑非孔子之言也。②

> 古之为学者断绝不继,子张问"十世可知",自以为远矣。然则百世可知之学,自孔子而始也,后之人岂可忽哉!③

> 士在天地间,无他职业,一徇于道,一由于学而已。道有伸有屈,生死之也;学无仕无已,始终之也。集义而行,道之序也;致命而止,学之成也。后世地或千里无学,其君子以意行道,晚进阔远,不知所从。庆历后,名一功,著一善,往往复之于学矣。④

叶适认为,学习、修德、致道是有限性和无限性的统一。道既是无限

---

① ［南宋］叶适:《习学记言序目》卷第七《周礼·天官冢宰》,中华书局1977年版,第86页。
② ［南宋］叶适:《习学记言序目》卷第十三《论语·为政》,中华书局1977年版,第176页。
③ ［南宋］叶适:《习学记言序目》卷第十三《论语·为政》,中华书局1977年版,第177页。
④ ［南宋］叶适:《水心文集》卷之十一《记·台州州学三老先生祠堂记》,中华书局1961年版,第193页。

的，又是有限的：道大化、大用流行，生生不息，是无限的；但道的展开又通过具体事物来表现，具体事物是有限的。学习与修德也具有同样的特性。叶适以为，"耳顺、从心"仅表现为有限性，进德也应该是无限的，所以怀疑不是孔子自己所言。杨国荣教授对此也有分析，可以帮助做进一步理解。他分析"从心所欲不逾矩"这句话时说，"从心所欲"表明人的行为完全出于自己的意愿，其选择完全是自愿的，这里不存在勉强和外在的强制，表现为道德行为的"自愿"之维。"不逾矩"中的"矩"泛指社会的规范，"不逾矩"也就是不违反这种规范，它所体现的是一种行为的自觉性质，表现为道德行为的"自觉"之维。可以将道德行为区分为三个相互联系的方面：其一是"自觉"之维，道德主体应当具有理性的意识，他的行为也应当是自觉的，而不是盲目、自发的。其二是"自愿"之维，即行为不是在外在力量强迫下展开的，而是出于自己的自愿选择。其三是"自然"之维，前两种形态（"自觉"和"自愿"）在某种意义上还含有有意而为之的意思，表明行为还需要通过自己的努力，依赖于自己的自觉思考、意志决断等，"自然"的境界则包含了自觉与自愿，但同时在某种意义上已经超出了有意而为之的层面，达到一种从容中道的境界：个体在不同场合的言行举止，既无须任何勉强，也不表现为一种有意而为之的过程，而是不假思为，近乎自然，这是一种非常高的境界。①

　　在此，杨国荣教授从自觉、自愿和自然三个维度分析了进德之序，德性智慧就是以此三维度的有机统一为其内在特征。在其中，如果人的进德之序，从有为和无为的视角来分析，那么自觉和自愿之维就表现为人的有为，而自然之维就表现为人的无为。人的道德行为如果是有为而为之，并不一定是每次都有为去做之，从而表现为道德行为（次数）的有限性，而无为即自然状态下的道德行为是每次都一样，即习惯成自然，表现为道德行为次数的多次性，具有道德行为（次数）的无限性特征。不过，此无限性要在有限性的基础上才能表现出来，进而表现为人的进德之序。人的自

---

① 参见杨国荣：《思与所思》，北京师范大学出版社 2006 年版，第 256 页。

觉和自愿之维,孙熙国先生从人道和天道范围分析:

> 《五行》说:"君子之为善,有与始,有与终也。君子之为德
> 也,有与始,无与终也。"从人道的范围来看,君子知"道"之后去
> 行"道",这一过程既有始也有终;从天道的范围来看,君子对天
> 德的追求和践履是一个永无止境的过程,是一个不断超越自我
> 和有限而渐近于无限和天德的过程,虽然有始但无终。①

人可以"百世可知之学",表现为无限性。不过,个人人生有限,"道有
伸有屈,生死之也",人的学习和修德又表现为有限性。人生虽有限,但能
致于道,做到立功、立德、立言三不朽,在人类历史上又表现为无限性。叶
适对学习、修德、致道有深刻而形象的描述:

> 今夫邑之翘材颖质,将进于道,必约以性,通以心,肝脾胃肾
> 无姿其情,念虑思索无挠其灵,则偏气不胜而中和全矣;将深于
> 学,必测之古,证之今,上该千世,旁括百家,异流殊方,如出一
> 贯,则枝叶为轻而本根重矣。学与道会,人与德合,登高丘可以
> 奄鲁,俯长流可以观逝,则山川虽富,同游于覆载之内,义理至
> 乐,独行于物欲之外矣,岂非令长修学之本意哉! 罨画之溪,犹
> 浴沂也;善拳之窦,亦舞雩也;非骚人墨士专而有也。②

关于仁与道,叶适讲:

> 古人言仁,不离巧言令色。然则学者之求仁,与仁道之既
> 成,其浅深多寡不同耶?

> "君子食无求饱,居无求安,敏于事而慎于言,就有道而正
> 焉",此功用亦不易致,孔子不以许未成之材也。③

古人谈到仁德,一般与语言相关来说,如果仅仅花言巧语、面貌伪善,
仁德是不会多的。学者要培养仁德,必须学习和思索是否与道相一致,用

---

① 孙熙国:《知"道",成"道"与行"道"——对〈郭店楚墓竹简〉儒家"德"论的一种解说》,《哲学研究》,2007 年第 12 期。

② [南宋]叶适:《水心文集》卷之十一《记·宜兴县修学记》,中华书局 1961 年版,第 195 页。

③ [南宋]叶适:《习学记言序目》卷第十三《论语·学而》,中华书局 1977 年版,第 176 页。

功的不同,与道一致的程度也不一样,修得的果实,其纯正度也不同。例如,君子,吃食不要求太饱,居住不要求太舒适,对工作勤劳敏捷,说话谨慎,人口头上少说话,行动上多做实事,让行动和事实说话,有这种道说才是名正言顺的、才是正确的,从而才可能合乎正道。不过,要做到合乎正道是不容易的,孔子比较赞扬成道之材,以鼓励人们合乎正道。叶适又有更深刻的论述:

> 观子贡子夏所以言《诗》,孔子所以许之,其大指可见矣。然虽意在言外,终须理与事协,故惟孔孟之称者得之。如左氏记礼,虽子思所称,犹未能畅其义也。[①]

> 然余常疑孔子既以一贯语曾子,直唯而止,无所问质,若素知之者;以其告孟敬子者考之,乃有粗细之异,贵贱之别,未知于一贯之指果合否?曾子又自转为忠恕。忠以尽己,恕以及人,虽曰内外合一,而自古圣人经纬天地之妙用不止于是,疑此语未经孔子是正,恐亦不可便以为准也。子贡虽分截文章、性命,自绝于其大者而不敢近,孔子丁宁告晓,使决知此道虽未尝离学,而不在于学,其所以识之者,一以贯之而已;是曾子之易听,反不若子贡之难晓。至于近世之学,但夸大曾子一以贯之说,而子贡所闻者殆置而不言,此又余所不能测也。[②]

以上叶适对孔子、子贡、曾子的思想有深刻的理解和发挥。总的来说,叶适肯定孔子对子贡的赞许胜于曾子。叶适认为,子贡言诗表达孔子的本义,非常到家,含义丰富(稍后下文具体分析),虽然不能用语言表达,但理与事协,是与道一致的,是道在言说。关于事物本身的言说,叶适说:

> 孔子搜补遗文坠典,《诗》《书》《礼》《乐》《春秋》有述无作,惟《易》著《彖》《象》。[③]

---

　① [南宋]叶适:《习学记言序目》卷第十三《论语·学而》,中华书局1977年版,第176页。
　② [南宋]叶适:《习学记言序目》卷第十三《论语·里仁》,中华书局1977年版,第178页。
　③ [南宋]叶适:《习学记言序目》卷第四十九《皇朝文鉴三·序》,中华书局1977年版,第737—738页。

在此处,叶适讲孔子的"有述无作,惟《易》著《彖》《象》"是有深刻含义的。一方面,孔子的有述无作,不仅仅指孔子本人谦虚,更重要的是,孔子让道本身、事物本身、历史本身、文本本身说话,而不是孔子本人(外在)说话,这样才有说服力。另一方面,孔子"惟《易》著《彖》《象》",说明道本身,事物本身在不断地展开、言说,从《易》展开到《彖》《象》,由于孔子不断地修养,如"学而时习之,不亦说乎? 有朋自远方来,不亦乐乎?"等,从而达到天人合一状态,能融入事物本身,与事物同时展开。当然,孔子著之,是指孔子有能力、智慧把展开过程描述之(如果能这样说的话,也是内在的描述)。也可以引用黑格尔的一些说法加以说明,黑格尔说:

> 由于宾词本身被表述为一个主体、表述为存在、表述为穷尽主体的本性的本质,思维就发现主体直接也就在宾词里;现在,思维不但没有在宾词中返回于自身,取得形式推理的那种自由态度,它反而更深地沉浸于内容,或者至少可以说,它被要求深入内容之中。[①]

黑格尔在此通过命题形式表达了,主词消融于宾词之中,主体融于宾词即内容之中,达到天人合一、人事合一的状态。从而说明,要去主体化(主观性),让事物本身说话和展开,要在内容之中存在,让内容本身说话和展开,让历史本身说话和展开。这些思想可以与"有述无作,惟《易》著《彖》《象》"相契合。

再者,加达默尔的下面一段话,也有助于我们理解:

> 理解不属于主体的行为方式,而是此在本身的存在方式。本书中的"诠释学"概念正是在这个意义上使用的。它标志着此在的根本运动性,这种运动性构成此在的有限性和历史性,因而也包括此在的全部世界经验。既不是随心所欲,也不是片面夸大,而是事情的本性使得理解运动成为无所不包和无所不在。[②]

"事情的本性使得理解运动成为无所不包和无所不在",孔子著《彖》

---

① ［德］黑格尔:《精神现象学》,贺麟、王玖兴译,商务印书馆1979年版,第43页。
② ［德］加达默尔:《真理与方法》,洪汉鼎译,上海译文出版社2004年版,第4页。

《象》,其内容也相当丰富,是事物本身的展开。这就容易让人想到牟宗三指责叶适所说的"孔子之业—史官之档案家足以优为之"①,就有些不合理了。

又问,孔子著《彖》《象》,毕竟以语言文字、命题的形式表达出来,又怎么是事物本身言说呢? 黑格尔说:

> 关于这一点,可以加以提醒的是:辩证的运动也同样以命题为其组成部分或原素;因此,上面所揭示出来的那种困难似乎是要永远不断地重新出现的,似乎是一种属于事物本身的困难……哲学的陈述,为了忠实于它对思辨的东西的本性的认识,必须保存辩证的形式,并且避免夹杂一切没有被概念地理解的和不是概念的东西。②

黑格尔的概念在这里应该理解为:整体地、有机地进行把握事物本身,并且切入事物本身,对事物本身的差异性、复杂性进行主动的、一起的理解、领会和把握,同时也是聚拢、聚集(存在者)和放松展开的过程(存在)。实际上,概念就是事物本身的展开过程。哲学地陈述、描述就是事物本身。事物本身(包括人本身)的存在和运行即言说,内化于人,然后人尽可能如其所是地陈述和描述之,如果与事物本身一致,此陈述和描述就是事物本身的展开。只有这样,哲学才是辩证运动的。如不能如其所是地陈述和描述,就出现言不尽意,此时要体会之、思之,做到罕言,只有功夫到家时,再说,因为功夫即本体。

海德格尔也有与之相契合的阐述:

> 我曾经把语言命名为"存在之家"。语言乃是在场之庇护(Hut des Anwesens),因为在场之显露已然委诸道说之成道着或居有着的显示了。语言是存在之家,因为作为道说的语言乃是大道之方式。为了追思语言本质,为了跟随语言本质而道说,

---

① 牟宗三:《牟宗三先生全集·心体与性体》第一册,中国台湾联经出版事业公司 2003 年版,第 257 页。
② [德]黑格尔:《精神现象学》,贺麟、王玖兴译,商务印书馆 1979 年版,第 44—45 页。

便需要有一种语言转换(Wandel der Sprache)。我们既不能强行也不能发明这种语言转换。这种转换并不是由创造新型的词语和词序来实现的。转换触及我们与语言的关系。此种关系取决于命运,即我们是否以及如何被作为大道之原始消息(Ur-Kunde)的语言本质扣留到大道中。因为大道,即居有着——保持着——抑制着的大道,乃是一切关系的关系。因此之故,我们的道说作为回答始终在具有关系性质的东西中。在这里,关系(Ver-haltnis)一概是从大道方面被思考的,而且不再单纯联系(Bezie-hung)的形式中被表象。我们与语言的关系取决于,我们作为被使用者如何归属于大道。也许我们能够对我们与语言的关联之转换作些许准备。或许能唤起这样一种经验:一切凝神之思都是诗,而一切诗都是思。两者从那种道说而来相互归属,这种道说已经把自身允诺给被道说者,因为道说乃是作为谢恩的思想。①

海德格尔在此提出了"不可说—可说"即"道说—人言"的生成转换的观点。思与诗就在转换界面上,作为人的道说的方式,两者应和于大道之道说,是一种谢恩。人的思和诗一样都是来源于道(大化流行),人被道所召唤,道是有待思的,思与诗是互相不同而又互相关联、互相需要的邻居。思与诗具有不同的活动方式,但是思中有诗、诗中有思,所有伟大创作的优秀诗篇总是在一种思中回荡。思与诗在根本上属于一个领域。它们以相互分开而在的方式相互接近。就此而言,思、诗合一。此处的"不可说",就相当于叶适的"意在言外",其内容是"理与事协",是道说,是人的内在的语言在说,也就是思。孔子、子贡通过诗的语言来表达。可以说,是人在(口头)表达,而不是道本身言说,即一切事物的生成、发展、变化、消灭的展示都是说。道本身显示着一切关系的关系,道显示着大化、大用流行,生生不息,创造着生命。

---

① [德]海德格尔:《在通向语言的途中》,孙周兴译,商务印书馆2005年版,第269—270页。

关于思与道的关系，可以引用庞朴先生的分析来帮助理解，他说：

"不仁，思不能精；不智，思不能长。……不圣，思不能轻。"一处说思精则仁，一处说仁则思精；智圣亦然。这种循环论证的做法，不仅是逻辑上的悖论，也使人陷入神秘的氛围。只是这个悖论，唯有从思辨理性看来才是存在的；对于以实践理性为特色、习惯于天人合一和知行合一的古代中国学者来说，这种互为因果、不可穷诘的关系，正如天在人心、人为天心一样，是本来如此，十分自然的。思精则仁，是从人之得到方面说的；仁则思精，是从道之成德方面说的；这是同一的两个过程。既然同一，自然是互为前提的。于是，这个似乎神秘的倒成了真正辩证的，这是我们不应忽视之处。①

庞朴先生的分析能进一步帮助人们理解怎样由思到道，按上面的分析，同样也可以说，思长则智和智则思长，思轻则圣和圣则思轻。这里的精、长、轻应该是道本身的言说，人的思，在人的用功之后，所谓功夫到家了，能够体验到道的言说——精、长、轻，也就是达到道了，即悟道了。不过，在思到道的过程中，要付出艰辛的功夫。人一旦悟道，其思与道为一，也表现出思的精、长、轻特性，即思精、思长、思轻。一个人如果能思精、思长、思轻，则就是悟道了；同样，一个人悟道了，则就是思精、思长、思轻，二者互为前提，并且都是从存在论意义上来说的。思精，可能表现为人的思考非常精细、精微、周全，无微不至，无处不在，具有道的特征；当然并不只是这些，还需要用功体会。思长，可能表现为人的思考非常具有长远性、深谋远虑，可持续存在和可持续发展，具有道的特征；当然并不只是这些，还需要用功体会。思轻，可能表现为人的思考非常轻松自如（特别是在悟道时），如如呈现，如其所是地呈现，大化流行，具有道的特征；当然并不只是这些，还需要用功体会。

在考虑客体与主体、物体与精神之间的关系时，最好保留哲学自然主

---

① 庞朴：《帛书五行篇研究》，齐鲁书社 1980 年版，第 102 页。

义的生机性质。虽然有些人允许在主体和客体、物体和精神之间有一分辨，中国传统哲学却认为其中的关系是一种自然的相应，互为依藉和补充，在互为依藉和补充以及自然的相应中，成就和保存了生命与理解。事实上可以认为，各种事物之间的关系是一种总体性持续不断的关系，因为精神与物体以及主体与客体之间并没有一种实际上的分裂。物体与精神都是终极实在的道之实现，因此也就是全体实在动性历程的两部分或一体性中的阶段性特征。在中国哲学的生机自然主义中，另一具体证明是人与社会和国家之间的生机关系。儒家认为理论，也认为人是与世界一切事物相关的，但为了要成就完善，人就必须参与道的活动，好与一切事物发生关系。人不仅与道同一，在人与人和人与事物之间的生机关系中，事事和谐与达到和谐的过程占据中国哲学主流。但是，中国哲学的此种和谐与达到和谐的意义，是深深地建立于善的价值基础之上的。善的价值是一种基本的力量，是达到和谐的结果与历程。叶适描述：

> 夫形于天地之间者，物也；皆一而有不同者，物之情也；因其不同而听之，不失其所以一者，物之理也；坚凝纷错，逃遁谲伏，无不释然而解，油然而遇者，由其理之不可乱也。是故古之圣贤，养天下以中，发人心以和，使各由其正以自通于物。絪缊茫昧，将行将生，阴阳晦明，风雨霜露，或始或卒，山川草木，形著懋长，高飞之翼，蛰居之虫，若夫四时之递至，生气之感触华实荣耀，消落枯槁，动于思虑，接于耳目，无不言也；旁取广喻，有正有反，比次抑扬，反覆申绎，大关于政化，下极于鄙俚，其言无不到也。当其抽词涵意，欲语而未出，发舒情性，言止而不穷，盖其精之至也。言语不通，嗜欲不齐，风俗不同，而世之先后亦大异矣；听其言也，不能违焉，此足以见其心之无不合也。然后均以律吕，陈之官师，金石震荡，节奏繁兴，羽旄干戚，弦匏箫管，被服衮黼，拜起揖逊，以祭以宴，而相与乐乎其中。于是神祇祖考相其幽，室家子孙协其明，福禄盛满，横畅旁浃，充塞宇宙，薰然粹然，

不知其所以然。①

叶适对世界万物的普遍联系、千变万化、万紫千红、物华天宝、人杰地灵、和谐发展的描写,无不令人想起海德格尔对大千世界的描述,真是天机不可泄漏! 海德格尔表述说:

> 物之为物何时以及如何到来? 物之为物并非通过人的作为而来。不过,若没有终有一死的人的留神关注,物之为物也不会到来。达到这种关注的第一步,乃是一个返回步伐(Schritt zuruck),即从一味表象性的,亦即说明性的思想返回来,回到思念之思(das andenkende Denken)。……物是从世界之映射游戏的环化中生成、发生的。惟当——也许是突兀地——世界作为世界而世界化(Welt als Welt weltet),圆环才闪烁生辉;而天、地、神、人的环化从这个圆环中脱颖而出(entringt),进入其纯一性的柔和之中。依此环化,物化本身是轻柔的(gering),而且每个当下逗留之物也是柔和的,毫不显眼地顺从于其本质。柔和的是这样的物:壶和凳、桥和梨。但树木和池塘、小溪和山丘也是物,也以各自的方式是物。苍蝇和狍子、马和牛,也是物,每每以自己的方式物化着。每每以自己的方式物化之际,镜子和别针、书和画、王冠和十字架也是物。……惟有作为终有一死者的人,才在栖居之际通达作为世界的世界。惟从世界中结合自身者,终成一物。②

海德格尔以为物居留四重整体。物物化世界,每一物都居留四重整体,在居有四重整体之际,物化聚集着四重整体的逗留,使之入于一个当下栖留的东西,即入于此一物、入于彼一物。整个世界和谐相处,普遍联系,协同发展。

宇宙,在中文里原指空间和时间,上下四方的三度空间叫做宇,古往

---

① [南宋]叶适:《水心别集》卷之五《进卷·诗》,中华书局1961年版,第699—700页。
② [德]海德格尔:《演讲与论文集》,孙周兴译,生活·读书·新知三联书店2005年版,第191页。

今来的一系变化叫做宙,宇和宙一起讲,就表示时空系统的原始统会。宇、宙两字中间如果没有连接号,就代表一个整合的系统,就像爱因斯坦所说的统一场,宇宙正是所有存在的统一场。宇宙是一个包罗万象的广大生机,是一个普通弥漫的生命力,无一刻不在发育创造,无一处不在流动贯通。其中,物质条件与精神现象融会贯通,浑然一体,毫无隔绝,一切尽善尽美的价值理想,尽可以随生命流行而充分实现。道和德乃是宇宙内在的真性实相,宇宙一切万物尊道而生,贵德而成,外在的天志与天意是没有的,一切价值内在于万有生命之中。

叶适讲道,"子贡虽分截文章、性命,自绝于其大者而不敢近,孔子丁宁告晓,使决知此道虽未尝离学,而不在于学,其所以识之者,一以贯之而已",是指:

> 子贡说:"夫子之文章,可得而闻也;夫子之言性与天道,不
> 可得而闻也。"①

叶适认为,孔子的谈话方式是从"文章"开始的,"文章"是可以见闻到的,即"虽未尝离学"。"文章"是表现于外的文饰、花纹,即人们生活于其中的礼乐文化。"文章"体现了人类的创造,是人化之所在。但是,在"文章"中,却隐含着更重要的东西,这就是"性与天道"的内容。但是,"性与天道"又是不能直接言说的,即不可得而闻也,即不在于学,而在于"所以识之",也就是默而识之,即思,思出、给出下学而上达,达到"一以贯之而已"。孔子提出"下学而上达",不是别的,正是通过"文章"而上达于"性与天道"。孔子提出"吾道一以贯之",不只是以"忠恕"贯通人与己,而是贯通天人。即"忠以尽己,恕以及人,虽曰内外合一,而自古圣人经纬天地之妙用不止于是,疑此语未经孔子是正,恐亦不可便以为准也"。

孔子两次谈到"一以贯之":一次是对曾子说的,另一次是对子贡说的。对曾子所说,只是一句话:"参乎! 吾道一以贯之。"②曾子理解为:"忠恕而已。"对子贡所说,则明确提出:"赐也,女以予为多学而识之者

---

① 《论语·公冶长》。
② 《论语·里仁》。

与?"对曰:"然,非与。"曰:"非也,予一以贯之。"①在当时,子贡对孔子的判断没有回应;而在另一个场合,子贡提出"夫子之言性与天道,不可得而闻"的问题。这说明孔子虽以好学而闻名,但决不以多学而识(知性)为真正目的,即仅仅成为一个有知识的人。博学多识是文章之事,当然很重要,但是一定要贯通,即上达于天道,这才是终极目的。这也是学与思的关系,二者缺一不可,上达、一贯是思出的、道显现的。这种思并不是(形式)逻辑思维,而是关乎宇宙人生意义的呈现之思。通过文章而上达于天道,但文章与天道并不是绝然不同的两个世界,文章之中便有天道,但又不是文章本身。天道在文章之中而又超乎文章,即"虽未尝离学,而不在于学",天道的澄明和运行是通过文章表现出来,文章的不断更新和丰富体现着道的超越性,天道是既内在而又超越的。同时,天道不是别人言说的,当言说到不能言说的时候,就要靠思去领悟、去体会,从而实现上达。这就是一以贯之,即贯通天人。从道德实践上说,说"一贯"为忠恕亦可通,但从终极关怀上说,"一贯"的真正含义是贯通天人。子贡所讲话的目的,是告诉人们,要在孔子的"文章"中体会"性与天道"的道理,而不要停留在"文章"的表面。

关于"性与天道"是指什么? 我们可以联想到叶适的"降衷"说和孔子的"天生德"说。叶适的"若降衷则人固独得之矣"之说与孔子的"天生德于予"之说相近,可能叶适的"(天)降衷"的含义比孔子的"天生德"的含义更丰富些。叶适是继承了孔子的"天"的内容的。关于天,孔子曰:

　　天何言哉! 四时行焉,百物生焉,天何言哉!②

这里孔子谈到的"天"既不是人格神,也不是意志之天,而是自然之天,即自然界,是以"行"与"生"为言说的自然界。天是自然界,天道或道是何义? 道不仅有规律性,更主要是以"行"和"生"为道,即大化流行,生生不息。"生"是指生命和生命创造。一些人所认为的自然,受到了西方

---

① 《论语·卫灵公》。
② 《论语·阳货》。

思想文化的影响,是指没有生命的、机械论的、还原论的、因果论的、受盲目必然性支配的自然,是人之外并与人相对而存在的那个自然。而孔子所说的天即自然,是有生命的并且不断创造生命的自然,而人的生命存在则是与之息息相关的,不是二元对立的。"万物生焉"之"生"就是生命创造,自然界在其运行中不断创造生命,这就是"天道"。这里所说的"生",不仅指生出人的身体生命,而且指生出人的德性和衷性,这就是孔子的"天生德"和叶适的"降衷"。

生命创造是一个过程,这个过程是无限的,"行"和"生"是自然界的根本功能,以其功能显其存在,这是天的根本特征。天或天道不是实体,而是功能、是过程,即大化、大用流行,生生不息。天或天道的实在性是由其功能与过程说明的。这就是自然界的"言说"。这一生命创造的过程,有其形而上的意义,甚至可以说有某种神性,因为它是生命之源和价值之源,已超出了认识的范围。从这个意义上说,它是全能的。由于天是自然界而不是神,所以不言。但是,由于天以"行"与"生"而创造万物,因此"行"与"生"就是它的"言说",自然界是以其无私的生命创造向人们"言说"的。人类不仅应当倾听自然界的言说,而且应当实践其言说,这就是天人合一。道是现实的超越,是命运之所在。那种想拽着自己头发飞离大地的空想永远只能是不可实现的幻想,道不是铺在环绕着神秘光环的天国,而是深藏于平实辽阔的大地,惟有那默默耕耘者才能得道。道就在你的脚下,关键在于去走,且永不止步。孟子也有类似的说法,天之命于人,不是"谆谆然命之",而是"以行与事示之"。既然"以行与事示之",就隐含着人格神的某种自我否定。天不能像人一样言说,天的"文章"和"言说"就是生命创造。这就是叶适所说的"然虽意在言外,终须理与事协,故惟孔孟之称者得之"。大化、大用流行,生生不息的创造性,是具有根本性意义的。关于这一点,海德格尔也不例外:一生反对遵循什么绝对性标准的海德格尔最终还是提出了一个真正绝对的标准,即"首创性"的标准,这个标准可以称为反对一切绝对的绝对标准。一切的"真"、一切的"美",都并不在于遵循已有的什么,而在于重新创造。创造是冲突、是痛苦,但惟有在创造中,才能让真理敞亮,与存在对话;惟有创造,才能带来一个又一个全新的世界,才能真正地进入历史。①

进一步分析,人与自然之间的对立是有的,但决不是二元的,其对立在有机的生命统一体中得到调节。自然界在生出人的形体生命的同时,即赋予人以德性或衷性(的可能性),但这是一个无限的过程,靠人的创造性活动而实现(诠释)。这正是"人文"之所在,也是人的主体性之所在。就自然界的存在而言,是事实问题,但其中有价值意味;就人的存在而言,则是意义与价值的追求,但仍以事实存在为基础。就生命创造而言,天是主体;就生命价值的实现而言,人是主体。在生命整体的大化流行过程中,人与自然共同构成主体。这就是所谓事实与价值何以能够统一的基础。自然界的生命创造是向着完善的方向进行的,而所生之人就是其目的的实现,这就是人的德性。天生德于人,而天以"生"为德。天道是指向人的,是由人的德性来实现的,至于如何完成德性,则是人自身的事,天并不能保证人人成为道德君子。"性与天道"之说建立了天人合一的基本模式,确立了人与自然之间的价值关系,但就现实人生而言,决定因素还在于个人的人性修养。"性与天道"之说,应当是由道而"生"之德性,亦即仁性。但在个体之中,它只有存在的潜能,并不是人性的全部。因此,只能说"性相近",而不能说人人相同。"习相远"正说明后天学习和环境影响之重要。先天所受之性,并不是"抽象一般",是具体的、千差万别的,其德性需要在学习实践中培养和完成。从这个意义上说,人性是可以塑造的,习于善则为善,习于恶则为恶。内在仁质只有在外部学习中才能培养起来。

至于如何进德,叶适又进行了深入的论述。叶适说:

> "述而不作,信而好古",孔子之道所以载于后世者在此。盖自尧舜至于周公,有作矣,而未有述也。天下之事变虽无穷,天下之义理固有止,故后世患于不能述而无所为作也。信而好古,

---

① 参见王庆节:《解释学、海德格尔与儒道今释》,中国人民大学出版社 2004 年版,第 85 页。

所以能述也。虽然学者不述乎孔子而述其所述，不信乎孔子而
信其所信，则尧舜周孔之道终以不明，慎之哉！①

叶适首先分析了述和作的关系。他认为在人类文明历史的发展过程
中，对前人有所述，才能有所作。中国的历史文明即人道从尧舜开始，到
周公比较显赫，作为较大。但是，"天下之事变虽无穷，天下之义理固有
止"，"文章"变化无穷，然止于义理即（人）道，是（人）道本身的显现和言
说。叶适批评当今学者不述孔子之道、不信孔子之道，而述和信自己的一
套，导致舜周孔之道终以不明。接着叶适说：

"默而识之，学而不厌，诲人不倦"，孔子自陈尽力处以告后
人，如火燎暗冥，舟济不通，可谓至切至近，无微妙不可知之秘。
学者但苦听受剽略尔。

"德之不修，学之不讲，闻义不能徙，不善不能改"，以上三章
相属联，似若有意次第者。盖初言功用，中言所以用功，末言功
之所以不得成而废；虽未必一时之言，而其言正相发明，学者不
待他求也。徙义犹迁怒也，义则必徙以就之，怒则不迁以就之，
其机一也。儒者不考于德而徇于学，则以其学为道之病。后世
于不迁怒有异指，疑其伦类未通也。②

叶适认为，孔子终生精力在于"默而识之"，即自思、自学不止，同时教
育别人。抓住学与思并实践之，这样就能一直澄明、亲在，一切能真相大
白。有些学者用心听了孔子的教诲，但没有领会透、实行之，结果收效不
大。学习是在用功，用功到功用，即功发挥作用与道一致，达到即功夫即
本体，就能培养出德性即仁性。否则"闻义不能徙，不善不能改"，这样"功
之所以不得成而废"。德是在学与道之间通过用功而形成。在这里，叶适
提出了尊德性与道问学的问题。尊德性与道问学在朱熹和陆九渊那里一
直是争论不休的问题。关于此问题，牟宗三谈道：

---

① ［南宋］叶适：《习学记言序目》卷第十三《论语·述而》，中华书局1977年版，第182－
183页。

② ［南宋］叶适：《习学记言序目》卷第十三《论语·述而》，中华书局1977年版，第183页。

是以在此,尊德性与道问学并非同一事,而其关系亦是综和关系,并非分析关系。在此吾人只能说:不知尊德性,则道问学亦无真切助益于道德之践履,但不能说:不知尊德性,即无道问学。吾人亦可说:不知尊德性,则一切道问学皆无真实而积极之价值,但不能说:无尊德性即无道问学。反之,既知尊德性,则道问学,于个人身上,随缘随分皆可为,不惟无碍于道德之践履,且可以助成与充实吾人道德之践履。"宇宙内事,乃己分内事",则一切道问学皆有真实而积极之价值。是以象山云:"岂可言由其著书而反有所蔽? 当言其心有蔽,故其言亦蔽,则可也"(《全集》卷十二,与赵咏道书)。著书有何妨碍? 如能为、愿为,尽可尽力而为之。单看学至于道与否耳,是否知尊德性为之主耳。是以凡言象山反对读书著书、脱略文字、轻视道问学者,皆诬妄耳。[①]

牟宗三对尊德性与道问学的关系的分析是比较合理的,即叶适提出的"儒者不考于德而徇于学,则以其学为道之病"。要处理好尊德性与道问学的关系,必须把学、德、道看成一个有机的整体和过程,其中也含有人的思、人的具体行动、道本身的言说。学习的用功、思出与道一致,体现在人身上,内化为德性即仁性,并在日常生活中通过行动表现出来。这样,人本身的言说即德性就会与道的言说保持一致,即"天行健,君子以自强不息"。所以,如牟宗三所讲,"单看学至于道与否耳,是否知尊德性为之主耳"。

关于德与道的关系,孙熙国先生在分析"五行"的内容时认为,《五行》篇把作为物质世界形上之理的天道称作"行"("行,道也"),把转化为人的内在之性的天道称作"德之行"。

五行具体是指:仁型(形)于内谓之德之形,不型(形)于内谓之行;义型(形)于内谓之德之形,不型(形)于内谓之行;礼型(形)于内谓之德之形,不型(形)于内谓之行;智型(形)于内谓之德之形,不型(形)于内谓之

---

① 牟宗三:《从陆象山到刘蕺善》,上海古籍出版社 2001 年版,第 65—66 页。

行；圣型（形）于内谓之德之形，不型（形）于内谓之行。

仁义礼智圣五者，如果"型（形）于内"，就称作"德之行"；如果"不型（形）于内"，则只能称作"行"。[①] 他根据郭店楚简的文献认为，仁、义、礼、智、圣，前四者之和是人道，五者之和则是天道。天道可以外在于人，独立于人之外，以自在的方式存在；也可以存在于人心之中，化为人的内在之性。"行"就是天德或天道，是物质世界运行变化的原理和规律。德行，则是天德和天道内化于人心之后形成的人的内在之性。天道落实到人道，要靠"教，所以生德于中者也"。

关于尊德性与道问学的关系，可以引用黑格尔的论述来作进一步的理解：

> 这种人不那么把不同的哲学体系理解为真理的前进发展，而毋宁在不同的体系中只看见了矛盾。当花朵开放的时候，花蕾消逝，人们会说花蕾是被花朵否定了的；同样地，当结果的时候，花朵又被解释为植物的一种虚假的存在形式，而果实是作为植物的真实形式出现而代替花朵的。这些形式不但彼此不同，并且互相排斥互不相容。但是，它们的流动性却使它们同时成为有机统一体的环节，它们在有机统一体中不但不互相抵触，而且彼此都同样是必要的；而正是这种同样的必要性，才构成整体的生命。但对一个哲学体系的矛盾，人们并不习惯于以这样的方式去理解，同时那把握这种矛盾的意识通常也不知道把这种矛盾从其片面性中解放出来或保持其无片面性，并且不知道在看起来冲突矛盾着的形态里去认识其中相辅相成的环节。[②]

黑格尔谈的真理是广义的真理，包括整个宇宙世界，如平常讲的真理、道德、经济、政治等无所不包。他把不同的哲学体系的出现理解为真理的前进与发展，不同的哲学体系只是真理发展中的一个个环节而已，毋

[①]　孙熙国：《知"道"，成"道"与行"道"——对〈郭店楚墓竹简〉儒家"德"论的一种解说》，《哲学研究》，2007 年第 12 期。

[②]　［德］黑格尔：《精神现象学》上卷，贺麟、王玖兴译，商务印书馆 1979 年版，第 2 页。

宁在不同的哲学体系中只看见了它们的冲突,而没有看见它们的联系和内在逻辑。在此处,叶适像黑格尔分析别人一样分析了朱熹和陆九渊。朱熹、陆九渊各自强调自己哲学的观点,犯了片面性和静止性的错误。有些人认为,如果从尊德性出发,由于道德对知识、诚对明的主导性与超越性,因而很有可能导致疏于知识甚至流于束书不观的结果;如果从道问学出发,由于以知识为主,因而又往往会导致架空道德践履甚至沦亡口耳之学的地步。这样的分析,必然是:无论是从尊德性还是从道问学出发,都面临着一个二者无法统一的悖论。他们之所以这样分析,是犯了黑格尔所指出的错误,也是叶适所批评的。其中,朱熹和陆九渊在这方面的争论也有类似的毛病。

关于道问学和尊德性的关系,高瑞泉教授(在一书序中)认为,道展开为历史,所以只有对对象作历史的考察,才能把握道。在"道问学"的土壤中如何滋养"尊德性"的精神?如何向尊德性倾斜?对于人们说的章学诚"发现有我"和"发见自我",山口教授以为,这就是"主观性的自觉"。与西方传统哲学知识中的主体性概念——纯粹理性的认识主体——不同,这里的"自我""主观"应该在解释学的框架中展开。它不再只是干燥的理性之光,而指向完整的人,因而是一个比较复杂的具体概念,不仅包含认识活动中的"前见",而且有所谓的"性情",进而达到"人格"……即便是考证学这样貌似客观的学术活动,其真正的动力,也只来源于天生的资质和真诚的感动。而它们最终指向着"性灵"。如果在康德认识论中,"我"作为统觉,是知识经验的首要条件的话,"性灵"就是文史之学中的"我",它使知识经验统合化;这种知识活动本身又反过来培养着人的性灵。换言之,章学诚的认识活动从"我"出发,又指向"我"……以追求圣人之意为中心的考据学,有一个毋庸置疑的前提,就是经学的文本可以表达神圣的知识;而将"性灵"置于知识活动中心的章学诚却更倾向于"言不尽意"的传统,"其真知者,以谓中有神妙,可以意会而不可以言传者也"①。

---

① 　[日]山口久和:《章学诚的知识论——以考证学批判为中心》,王标译,上海古籍出版社2006年版,第5—6页。

加达默尔诠释学的一个重要特征是具有理解本体论倾向,人在已有的前见基础上,通过自己的理解,不断生成对对象理解的新内容,此新内容是丰富的、具体的。其中,人的学习活动和理解活动也能培养人的性灵和德性,人的这种不断生成活动,与道本身生生不息也是一致的,人也是道的一部分,也是具体的特殊。不过,人的活动是人的言说,是人可说的一部分(还有口头说);而道本身的言说,人是不能全言说的,即"言不尽意"。(人是道的一部分,两种言说中重合的部分,人可言说,尽管人的能力不断提高,能言说的越来越多,但与大道相比,还是渺小的。)人暂时不能言说的,可以通过思(默识)和行动,可能将来会言说,即"其真知者,以谓中有神妙,可以意会而不可以言传者也"。

叶适继续分析:

> "志于道,据于德,依于仁,游于艺",孔子之言固已甚明;而后世未能行者,以其莫知孰为道、孰为德、孰为仁故也,士始各以其私于己者讲之。人莫不有志也,特其志之非耳;诚知其非,则所志者道矣。据也,依也,亦莫不然。志者,人之主也,如射之的也;据者,其地也;依者,因地而立也。嗟夫!人孰肯自以为泛然旅于斯世者?曷不即其所志与其所据依者明辨而详择之哉!使其果能,则《中庸》所谓人十之己千之者,不足进矣。[1]

如果从德性之知和见闻之知的视角来进一步分析,在这里叶适注重德性之知。德性之知是对于道、天道的体证,对于道、天道的认识。在一定意义上,它是天德良知。叶适认为,道是人之主(导),是人的奋斗目标和终极目的。道好比天,德好比地,仁好比矗立于天地之间,即"志者,人之主也,如射之的也;据者,其地也;依者,因地而立也"。人首先明白此义理及其意义,才能做到事半功倍。如牟宗三认为,儒家所谓德性之知就是智知,在这个层次上无知识的意义,但一定要承认人有这一种知,如王阳明言良知,良知之知即智知,良知之知不能成就科学是很清楚的。要了解

---

① [南宋]叶适:《习学记言序目》卷第十三《论语·述而》,中华书局1977年版,第183页。

见闻之知,我们现在以西方科学作标准就可以了解。假如要了解德性之知,就要看中国的书。德性之知、佛教的智知都是很难了解的,因为它在识以上。而成佛一定要转识成智,若只停在识,就不能成佛,阿罗汉也成不了,就是凡夫,永远在生死海里头出头没,非得转识成智才能解脱,才能成佛、成菩萨。① 牟宗三是很重视德性之知的,但字里行间里还透露出有点割离德性之知和见闻之知的关系。下面看叶适的分析:

> 孔子曰:"圣人,吾不得而见之矣,得见君子者斯可矣。"按尧舜禹汤,虽古今所共尊,而仁圣文武之德,犹皆通称杂举。文武周召之后,圣贤不作,孔子考论其故,于是始各有品目,而圣人之名不复滥与,是盖为修德进道者之验也。《洪范》言九畴天所锡,而作圣实本于思,其他哲、谋、肃、乂,随时类而应,则思之所通,诚一身之主宰,非他德可并而云也。然傅说谓"惟学逊志","道积于厥躬";孔子称"学而不思则罔,思而不学则殆";是思学兼进者为圣。又称"初筮告,再三渎,渎则不告,渎蒙也,蒙以养正,圣功也";是则学者圣之所出,未学者圣之所存,而孔子教人以求圣者,其门固在是矣。②

叶适认为,在孔子以前的尧舜禹汤、文武周召等通称为仁圣(孔子也在内);孔子以后,人在各方面,各有所为,种类和名目不同,标准不一。但要成为圣人,必须是修德进道者。而作圣实本于思,即"思之所通,诚一身之主宰",同时学思兼进,学时要思入道,并且身体躬行,思使德与道一致。行,在日常生活中表现出来,即日用即道。特别是在启蒙阶段,第一次问筮而能客观地告之以吉凶,这需要筮人有刚健中正之德。反复问筮便是亵渎,亵渎便不再有所告,这是说在蒙昧之时过于轻渎。在蒙昧之时应蓄养纯正之德,这样才能最终成就圣人功业。叶适认为,只有通过学习,圣人才能出现,否则圣人被遮蔽,孔子教育人成才,成圣,就是通过学习。在

---

① 牟宗三:《中西哲学会通十四讲》,上海古籍出版社1997年版,第94页。
② [南宋]叶适:《习学记言序目》卷第十三《论语·述而》,中华书局1977年版,第185—186页。

学通过思与道一致的过程中(这一过程是大化、大用流行,生生不息的),人们致力道德实践活动,则是人们的道德存在,从而培养和产生人的道德理性。人的存在与道的一致有多方面的维度:人们致力于经济活动,则是人们的经济存在,从而培养和产生人的经济理性;人们致力于政治活动,则是人们的政治存在,从而培养和产生人的政治理性。其实,人本身的学与思是人们的理论活动(感性活动和理性活动),则是人们的理论存在,从而培养和产生理论理性。这几方面维度的表述,只是为了分析的方便,实际上,它们是一体性和过程性的。这几方面的维度同时展开与发展,从而显示了人们的存在的丰富性和多样性,进而有利于人的全面发展。只是在不同时期与场合下,人们强调和实践的侧重点不同,同时反映在历史上各家各派所重点论述和阐明的问题也有区别,不过这些都是整个过程中的不同环节和媒介而已,即"哲、谋、肃、乂,随时类而应,则思之所通"。正如黑格尔所讲:

> 因为中介不是别的,只是运动者的自身同一,换句话说,它是自身反映,自为存在着的自我的环节,纯粹的否定性,或就其纯粹的抽象而言,它是单纯的形成过程。这个中介、自我、一般的形成,由于具有简单性,就恰恰既是正在形成中的直接性,又是直接的东西自身。因此,如果中介或反映不被理解为绝对的积极环节而被排除于绝对真理之外,那就是对理性的一种误解。①

首先,黑格尔的"绝对真理",要理解为现实当中的真理。黑格尔的哲学通过后人的不断诠释,而其本身不断地释放出自身的意义并明亮哲学大道。在黑格尔的哲学中,没有理性的无人身性,也就没有黑格尔对主观唯心主义、经验主义的超越;没有逻辑本体化,也就没有黑格尔对形式逻辑的超载;没有理性的绝对化、理性大全,黑格尔也就无法超出康德不可知论的怀疑、二元论的对立。这一切都是事物本身的要求,要面向事物本

---

① ［德］黑格尔:《精神现象学》上卷,贺麟、王玖兴译,商务印书馆 1979 年版,第 12—13 页。

身,让事物本身如其所是地展开,其展开体现了大道的运行——大化流行,生生不息。真理是全体的、综合的、过程的,是与人类的实践活动一致的。人们从事学习活动要有恒心、有持续性,要靠积累,见闻之知不可缺少。牟宗三也提道:

> 中国儒家重视德性之知。见闻之知当然也很重要。儒家要过现实生活并不离世,内圣外王是要过现实生活的,哪能离开见闻之知呢? 但究竟对于见闻之知的本性,如何构成、如何完成,他们(指张横渠、程朱、陆王)均对之无积极的说明。他们视之为事实而没有说明。一切科学都离不开经验,经验的开始就是见闻,就是西方所谓的感性(sensibility)。①

如果从事实与价值的关系来看,牟宗三好像也有点隔离事实与价值的关系,只是把见闻当作科学经验而已,没有作进一步分析。叶适指出:

> 子曰:"盖有不知而作之者,我无是也。多闻,择其善者而从之,多见而识之,知之次也。"六经之外,孔子之前,作者于今尚在,其知与不知皆可验也。世方相竞于作,则不知而妄为固亦无怪。自孔子回作为述以开天下,然后尧、舜、三代之事不至泯绝,性命道德有所统纪。如使作而未已,舍旧求新,无复存者,则人道废坏,散为鬼蜮,又如羲黄之时矣。百圣之归,非心之同者不能会;众言之长,非知之至者不能识。故孔子教人以多闻多见而得之,又著于大蓄之《象》曰:"多识前言往行,以蓄其德。"②

在这里先插叙一点内容,说明一下"知之次之"的问题。需要引用孔子的一些原话:

> 孔子曰:"生而知之者上也,学而知之者次也;困而学之,又其次也;困而不学,民斯为下矣。"③

---

① 牟宗三:《中西哲学会通十四讲》,上海古籍出版社 1997 年版,第 92 页。
② [南宋]叶适:《习学记言序目》卷第十三《论语·述而》,中华书局 1977 年版,第 186—187 页。
③ 《论语·季氏》。

子曰："我非生而知之者,好古,敏以求之者也。"①

子曰："盖有不知而作之者,我无是也。多闻,择其善者而从之,多见而识之,知之次也。"②

子曰："三人行,必有我师焉:择其善者而从之,其不善者而改之。"

子曰："学而时习之,不亦说乎?"③

孔子曰："见善如不及,见不善如探汤。吾见其人矣,吾闻其语矣。隐居以求其志,行义以达其道。吾闻其语矣,未见其人也。"④

子曰："圣人,吾不得而见之矣;得见君子者,斯可矣。"⑤

从上述内容可以看出,孔子虽说"生而知之者上也",自己却说"我非生而知之者,好古,敏以求之者也",似乎孔子并不真正承认有"生而知之者上也"。还有:"三人行,必有我师焉:择其善者而从之,其不善者而改之。""学而时习之,不亦说乎?"但是,又说"多闻,择其善者而从之,多见而识之,知之次也",显示出一方面承认生而知之,另一方面又不承认生而知之;一方面强调学习和见闻择善的重要性,另一方面又认为是知之次也。这不是自相矛盾吗? 这是怎么回事? 下面笔者试着分析一下:

生而知之的生,在这里是生生不息,不断地大化、大用流行,即道本身在显现,生而知之就是按道本身的显现和言说来把握、领悟道,即道说,这种"知"具有优越和优先性,能面向事情本身。学而知之,是人用功学习,争取达到与道一致,即致于道,毕竟不是道本身,与道可能差一点,即知之次也。人正是通过见闻择善的学习来达于道,其中人的思起着重要的作用,广义的学,应该包括思,有时是一体的,也难以区分,只是为了分析叙

① 《论语·述而》。
② 《论语·述而》。
③ 《论语·学而》。
④ 《论语·季氏》。
⑤ 《论语·述而》

述的方便,讲到感性的见闻和理性的思考。当然,人的学习在于致于道,是一件快乐的事。所以孔子说"见善如不及,见不善如探汤。吾见其人矣,吾闻其语矣",意思是在人方面,人能见闻择善,是人自己的事情,人自己显现并为之,即人本身言说。同时孔子又说"隐居以求其志,行义以达其道。吾闻其语矣,未见其人也",意思是在道方面,道本身是以公正的志向和姿态来表现自己,即道本身在言说即道说,只是道,未见人。如果人达到道的程度,能与道完全一致,人就要成为圣人了,但是,人毕竟是人,不可能做到与道完全一样(不过,人可以通过思和行动体会、效法和贯通道本身),所以,孔子说圣人吾不得而见之矣。① 不过,人能遵循道去做事情,就可以说是君子了,如"天行健,君子以自强不息"。所以孔子说,得见君子者,斯可矣;吾见其人矣,吾闻其语矣。这样一分说,可能会化解上面提出的矛盾,不过人致于道的过程,其本身就是矛盾,只有在矛盾中辩证地生活才能获得快乐,不是这样吗? 黑格尔说过:"这个自在的东西必须将自己加以外化,必须变成自为的,这个自在的东西必须使自我意识与它自己合而为一。"② 人与道融为一体,即志于道、据于德、依于仁、游于艺,其乐融融,所以孔子开章说,"学而时习之,不亦说乎?"

叶适继承孔子的观点,认为尧、舜、三代,性命道德有所统纪,人们对道有所遵循,并呈现为文章即圣贤功业,道也在其中。人们对圣贤的文章要"多闻,择其善者而从之,多见而识之"。这一步的见闻之知虽然好像比对道的领悟有所不同,但只有通过这一步的学习和用功,才能与道一致,形成人们的德性,才能蓄德。人们应该广为记取前辈的言论事迹,以蓄养自己的美德。德性成于学,学成于耳目见闻,以及由前言往行而得的历史典范之知,叶适以为这是儒家成德之学的真正的统纪即道统,这个道统是前后一贯的,不应有断绝。虽距离尧舜有千百年,但能接尧舜禹汤之道统,联系当今的现实生活,在现实生活中,在现实的社会环境中,与周围世

---

① 陈卫平:《现代哲学的默会知识论与传统儒家的理想人格论》,《探索与争鸣》,2005 年第 11 期。

② [德]黑格尔:《精神现象学》上卷,贺麟、王玖兴译,商务印书馆 1979 年版,第 17 页。

界打交道,踏踏实实地培养自己的德性。这样把外在的事实,包括各种各样的事实,如道德、经济、政治、文化等,内化成人的身心的一部分,也就是自己生命的一部分,然后在这样的生命状态下,同自己周围的世界打交道和共在。在这里,可以联想一下海德格尔的共在思想来做进一步思考。作为人类生存根本条件的共在,并非由一个个无牵无挂、独立无缘的个体组合而成。人生在世,无论你是否察觉、是否愿意,从一开始,就已经是与他人、与世界万物的共在了。这种共在和我们与生俱来,既不需要,大概也不可能有什么逻辑上的严格证明。相反,它在存在论上倒是我们每个社会个体的自主性、生存意义,是尊严和价值得以发生的大地。作为此在或亲在,这一大地上的生发物,我们所能做的,只是驻足其上,呵护它、爱护它,永续存在和发展,以防有朝一日被连根拔起。其中,自主并不表明一种预先设定的主体,它表明作为共在在世的此在亲临到场的一个过程。既然是一种过程,它就不是先天设定、孤立静止、抽象普遍的,而是后天形成、关联运动、具体历史的。由于这种自主性过程的具体特征与历史关联性性质,它在自身的展开过程中,就在存在论关系的层次上,同时隐含有对他人自主性的尊重与宽容。

在上述意义上,叶适指出《中庸》的问题:

"故君子戒慎乎其所不睹,恐惧乎其所不闻,莫见乎隐,莫显乎微,故君子慎其独也。"按"子张问行",孔子曰:"立则见其参于前也,在车则见其倚于衡也,夫然后行。"夫以为我之所必见,则参前倚衡,微孰甚焉!以为人之所不见,则不睹不闻,著孰甚焉!其义互相发明。《礼记》中与圣人不抵牾如此类者甚少,虽《中庸》《大学》亦不过三四尔。但系于天命一章之后,功用牵缀,不能弘通。学者若专一致力于此,以慎独为入德之方,则虽未至于道,而忠信笃敬,所立坚定矣。①

又曰:

———————————

① ［南宋］叶适:《习学记言序目》卷第八《礼记·中庸》,中华书局1977年版,第108页。

自舜禹孔颜相授最切,其后惟此言能继之;《中庸》之书,过是不外求矣。然患学者涵玩未熟,操持未审,自私其说,以近为远,而天下之人不得共由之,非其言之过,而不知言者之过也。此道常在,无阶级之异,无圣狂、贤不肖之殊,皆具于此章,但不加察尔。①

叶适认为,《中庸》中的用功方式和方法,不能弘通。特别是慎独之功,虽然显示出"忠信笃敬,所立坚定"的形象,但不能至于道,是因为"过是不外求矣",不能做到内外合一,从而不能与道一致。关于慎独,李亚彬先生认为,从中不难看出子思的思路:慎独的实质在于独处时不能因为没有人监督自己而做有违道德的事。这时,发生作用的不再是外在的道德规范,而完全是内心的道德意识。② 李亚彬先生认为,子思的慎独只有内而没有外的特点,即没有过程性的特征。再者,一些学者自私其说,慎独用功,以为自独得道;其实不然,道是常在,"无阶级之异,无圣狂、贤不肖之殊",只要努力学习、勤于思考,并在社会中刻苦实行之,就能与道一致,永行不止。从子思到孟子更趋向于内而忽视外。关于此点,杨泽波教授有深刻的分析:

从渊源上看,孟子性善论来自孔子的仁学,但是孔子除了仁学外,还有礼学。也就是说,依照孔子,成就道德既离不开内在的仁,也离不开外在的礼;只有内求于仁,外学于礼,双美相合,互不分离,才是完全的。孟子深得孔子仁学真谛,将其弘扬光大,提出了良心本心的概念,创立了性善论,"其功不在禹下"。但与此同时,他也把礼收归于心,主张仁义礼智我固有之,不自觉地舍弃了孔子外学于礼的一面。换言之,孔子心性之学有欲性、仁性、智性三个层面,而孟子心性之学只有欲性、仁性两个层面,缺了智性一层。所以,孟子只是孔子之一翼,孔孟心性之学

---

① ［南宋］叶适:《习学记言序目》卷第八《礼记·中庸》,中华书局1977年版,第109页。
② 李亚彬:《子思为孔孟之间的过渡环节》,《哲学研究》,2007年第4期。

存在着重大分歧。①

杨泽波教授运用"三分法"分析了孔孟分歧,同时指出了孟子的片面性。其"三分法"对儒学研究有重要意义,同样也有助于研究叶适的思想。可以说,叶适的思想里也有相应的契合点。(这一点,杨泽波教授在《"古之圣贤无独指心者"——从叶适看孔孟心性之学的分歧》一文中有阐述。)

叶适接着说:

> 子曰:"仁远乎哉,我欲仁,斯仁至矣。"孔子自见此仁,如耳目鼻口百骸四体之在其身,叩之即应,运之即从,其言捷疾,无所疑贰,自颜渊以下皆未明也。学者能以孔子之告诸子者识仁之体状,拟议深熟,然后以孔子之自言者知仁之指归,造诣径直;则颠沛造次可以弗违,不但日月之至而已。

> "若圣与仁,则吾岂敢,抑为之不厌,诲人不倦,则可谓云尔已矣。"按孟子言,孔子自谓"圣则吾不能,我学不厌而教不倦也"。此两言正相似,则所谓"为之"者,学而已。自学不厌,又以此诲人不倦,岂固以圣仁之名为在己哉?然而即夫世之所名者,则圣仁不外是矣。②

叶适分析人的仁或仁德,就好像"耳目鼻口百骸四体之在其身",是人身上具有的,其表现为"叩之即应,运之即从,其言捷疾,无所疑贰";也就是说,仁必须而且只能在后天的社会实践中得以实现。当仁被实现时,就已经在社会交往中了。怎样实现? 就是学习、教育、修养等实践,即"自学不厌,又以此诲人不倦"。不仅自己学而不止,而且教别人也学而不止,这样都自强不息,就达到仁了,也就达到道了(可以说日用即道,包括人道、天道)。仁就其根源而言,是人的本己的存在本质;仁就其存在而言,是最真实的情感;仁就其本质而言,则是情感所具有的价值内容。但这些价值内容并不是完全主观、自我生成的,而是来源于道,即自然界的大化、大用

---

①　杨泽波:《孟子性善论研究·前言》,中国社会科学出版社 1995 年版,第 12 页。

②　[南宋]叶适:《习学记言序目》卷第十三《论语·述而》,中华书局 1977 年版,第 187 页。

流行,生生不息。这里就有天人、内外的关系问题。如果突出一个"生"来讲的话,从而换一下分析的视角,通过"生"把天人和内外统一起来。生在天、自然界为道,当然人最终也是自然界所生,是道运行的表现。生在人为仁,即生命不息、自强不止,这样就天人合一、内外合一。如果人能达到这一境界,即"夫世之所名者,则圣仁不外是矣"。

二、德之显:仁与礼

同时,叶适对礼也非常重视:

> "克己复礼为仁",举全体以告颜渊也。孔子固未尝以全体示人,非吝之也,未有能受之者也。颜子曷为能受之? 得全体而能问其目故也。全体因目而后明,凡孔子之言仁,凡弟子之问仁,未有的切明白广大周遍如此者。[①]

礼作为仁之外在形式,是人文创造,但有其内在根源,反过来又能培养人的感情,巩固其仁德。克己复礼为仁,就是克服个人的一己私心,视、听、言、动都符合礼仪,这样就能实现仁德。颜渊领会孔子大旨,并获得行动的纲领,懂得怎样处理仁与礼,所以孔子很欣赏颜渊。仁与礼也可以说是质与文的关系,仁是质朴的内在情感,礼是人文的外部表现,二者结合起来就是仁人君子,即文质彬彬。仁是一种生命意识,以情感的形式表现出来,但它又包含着普遍的自然理性或生命原则、生命关怀,这些原则进入社会角色的实践活动,就成为不同情境下的伦理规范,这时便以礼的形式表现出来。仁是内在的,但为仁即实行仁德却是由内向外的过程。这就是从自己开始,由己及人,由己推人,由内到外,及于他人。我与人不是"自我"与"他者"的关系,而是我与同我一样的人的关系。其根本意义是,对他人的尊重,对他人的人格尊严的尊重。仁者爱人,对人的尊重和同情、关心是仁的根本内容。关心他人的目的也就是让他人正常地生活、生存和发展,即仁。仁与道是一致的,呈现为生命不息、自强不止。遵循道,

---

① ［南宋］叶适:《习学记言序目》卷第十三《论语·颜渊》,中华书局 1977 年版,第 192 页。

也就是守仁,仁就是生命,生命是一样的,生命是平等的,珍爱自己的生命,也应该珍惜他人的生命,否则最终也不能做到真正地珍爱自己的生命,是因为没有面向事情本身,而面向事情本身就是道、就是仁、就是礼、就是爱。可以说,这就是叶适所讲的"全体因目而后明,凡孔子之言仁,凡弟子之问仁,未有的切明白广大周遍如此者"这句话的深刻含义。叶适继续分析:

> "恭而无礼则劳,慎而无礼则葸,勇而无礼则乱,直而无礼则绞。"按舜命夔教胄子,皋陶以九德观人,必因天质之自然,而能补其所不足,其间节文亦不尽同。今孔子独一之于礼,似与古人稍异者。盖礼教至周而大备,道盛仁熟之士,固已揖让周旋于中;初德偏善,亦皆有所依据,外不失人,内不失己;故孔子深惜礼之废而欲其复行也。如恭慎勇直,得于天者非不美,然有礼则以其质成,无礼则以其质坏矣。人非下愚,未有无可成之质,使皆一于礼,则病尽而材全,官人之哲,虽过尧舜可也。①

叶适认为,礼在周已经比较齐备了,当时天下有道,仁义盛行,所以"道盛仁熟之士,固已揖让周旋于中;初德偏善,亦皆有所依据,外不失人,内不失己"。但到孔子时代,孔子看到礼的作用在退废,提倡克己复礼为仁。例如,恭慎勇直本来是美德,但在现实中会形成"有礼则以其质成,无礼则以其质坏"。礼之中包含各种行为规范,正是这些规范约束人们的行为,调节人与人之间的关系,同时也协调人与自然的关系,形成人与人、人与自然之间的整体和谐,同时也陶冶了人的性情,使人生活得更加快乐、更有意义。礼具有一定的约束和调节作用。这种约束和调节作用是否限制人的自由呢? 实际上,世界上没有绝对的自由,自由并不是为所欲为,更不能侵犯别人的自由。任何人都不是孤立的存在者,人不仅生活在一定的社会群体之中,更生活在一定的文化之中,人是社会关系的总和。礼就是中国社会文化的体现和标志。礼能使人得到有限的自由,但也是合

---

① ［南宋］叶适:《习学记言序目》卷第十三《论语·泰伯》,中华书局1977年版,第187—188页。

理的自由,在礼的调节之下,使个性得到发展;否则就会"恭而无礼则劳,慎而无礼则葸,勇而无礼则乱,直而无礼则绞"。其意思是,注重容貌态度的端庄,却不知礼,就未免劳倦;只知谨慎,却不知礼,就流于畏葸懦弱;专凭敢作敢为的胆量,却不知礼,就会盲动闯祸;心直口快,却不知礼,就会尖刻刺人。这显示出礼作为人与人之间的行为规范,在任何具体场合下都是有分寸、有原则的,它并不限制人的个性,但是能使人的个性得到合理的表现,这样才能互相尊重。恭、慎、勇、直都是一些好的品质,但是,如果不节之以礼,任其发展,就会影响到与别人的关系。如果使这些品质在礼的规范之下表现出来,就会受到别人的尊重。事实上,世界上的各个民族和国家,都有各自的礼,成为维持人们之间相互关系的纽带,即"其间节文亦不尽同"。同时,礼也是表达人的情感的重要形式,叶适分析:

> "兴于诗,立于礼,成于乐",三者周之所以教,其盛时成材多矣。孔子当其衰缺,虽有咏歌俯仰于其中者,备故事、饰文为而已,故其言如此,惜三者可以成天下之材而当时未能也。按《皋陶典》称"天叙",礼称"天秩",《大雅》"民之秉彝,好是懿德",孟子言"礼之实节文斯二者,乐之实乐斯二者",而序《诗》者又以为"诗者志之所之",皆与此论异。然则三者皆自中出而不由外入。学而不知其统,则随语为说而不足以明道,尚何望其能行! 此学之大患也。

> "民可使由之,不可使知之",疑与上语若相次第。然由者上之所教令,民不敢不能也;知者其自知,不待教令而能也。如《诗》《礼》《乐》,上所以教,民虽由之而不知;知者孔子而已。后世赖孔子之知,故亦有能知其仿佛者;然则不在乎由,而在乎知也。[①]

叶适认为,人的作诗、行礼、作乐都是人的情感的表达,即"三者皆自中出而不由外入"。礼就其实质而言,是表达人的情感的重要的方式,也

---

① [南宋]叶适:《习学记言序目》卷第十三《论语·泰伯》,中华书局 1977 年版,第 189 页。

是满足情感需要的基本保证。君子则是实践礼的社会典范，具有很强的示范作用。如果君子能够自觉地实践礼，为人师表，那么人们就会跟着做。即"知者孔子而已。后世赖孔子之知，故亦有能知其仿佛者"。在对待亲人和已故前辈时，都有各种礼节，这些礼节蕴含着丰富的感情。这正表明礼是表达情感的，礼之所以形成，就是出于人的情感需要。人人都有亲族和同事、朋友，这种亲情和同事、朋友之间的礼，是人们生活中不可缺少的。即使同陌生人，也要一视同仁、以礼相待。例如，孔子在路上看见穿孝服的人，他一定改变态度，表示同情；看见行丧之人经过，他会很恭敬地扶着车子的衡木，表示哀悼；在死者亲属旁边吃饭，他不曾吃饱过。所有这些都表示对他人遭遇的同情和关心。这正是礼的作用所在。如果人们都能很自然地去做，就能体现出人们之间本真、和谐的关系，而不是外在强加的，即"然则不在乎由，而在乎知也"。

关于礼，牟宗三也有阐述：

> 如儒家言"立于礼"，礼是一些形式（form），也就是相当于法则性的概念。依儒家的想法，一个人要能站起来，是要在礼中才能站起来。如不在礼中，也就是一个人不在方性的规制中，则一个个体就东倒西歪、摇摇摆摆，没有一定的地位。故《论语》有云："兴于诗，立于礼，成于乐。"只是兴于诗是主观的，兴发是主观的，但只是兴发起来到处横冲乱撞、东倒西歪也不行，故要立于礼，在礼中才能站得住，故礼是法则性的概念，就是形式，而礼是由内出。依荀子，礼是由圣王所制成，而圣王为什么能制成，也是由于其心。礼依孟子就是出乎"本心"。恻隐、是非、礼让、羞耻四端皆是发自本心，故立于礼这种思想不是不合理的，这是从道德的立场而言的。[①]

这里法则性的概念，是指康德的知性范畴，是心灵主观想象出来的。然后加之于表象材料，使之客观化。牟宗三用类似的推理，认为礼由心

---

① 牟宗三：《中西哲学之会通十四讲》，上海古籍出版社 1997 年版，第 110—111 页。

出,相当于法则性的概念,实际上否定了礼的真正的客观基础。叶适认为,礼不仅有主观情感的一面,而且也有其客观基础的一面,礼的客观基础是客观存在的(中)道。即叶适所讲的:按《皋陶典》称"天叙",礼称"天秩",《大雅》称"民之秉彝,好是懿德",孟子言"礼之实节文斯二者,乐之实乐斯二者",而序《诗》者又以为"诗者志之所之",皆与此论异。在这里,叶适还是强调内外合一的观点,其过程是外—内—外流行过程。外在的天序、天秩或天道,内化到人身上,成为具体的理。(这是相对于道来说的,以及人是以个体的形式存在的,个体还有有限性的一面。)具体的理表现在人的行为上,就形成礼即按理行事。其中,在内化的过程中,也蕴含着人对事实的尊重和对人世的仁爱,这样,此礼同时也具有了情感,即仁中有礼、礼中有仁,仁的内在性通过礼的外在性表现出来,同时礼的外在性中又存在着仁的内在性,实际上二者是一体性的。礼然后推及外面,体现在人与人、人与自然的关系中,从而再现人与人、人与自然的本真关系和天人合一关系,即面向事情本身。

在道德教育和道德修养方面,叶适是很重视的。他强调人们要有道德自觉:

> 所谓觉者,道德、仁义、天命、人事之理是已。夫是理岂不素具而常存乎? 其与人也,岂不均赋而无偏乎? 然而无色无形,无对无待,其与是人也,必颖然独悟,必眇然特见,其耳目之聪明,心志之思虑,必有出于见闻觉知之外者焉;不如是者,不足以得之。[①]

这里所说的觉、知,有认识方面的见闻觉知,但主要是伦理方面的"颖然独悟"的道德自觉,更重要的是二者内外结合:

> 然后推其所以自养者亦养人廉,推其所以自教者亦教人恕,此忠信礼义之俗所由起,而学之道所由明也。[②]

---

① [南宋]叶适:《水心文集》卷之九《记·觉斋记》,中华书局1961年版,第141—142页。
② [南宋]叶适:《水心文集》卷之十《记·瑞安县重修县学记》,中华书局1961年版,第169页。

又曰:

仁、义、礼、乐,三才之理也,非一人之所能自为;三才未尝绝于天下,则仁、义、礼、乐何尝一日不行于天下,古之圣人由之而知,后之君由之而不知。知之者以其所知与天下共由之,而不知之者亦以其所不知与天下共由之,是则有差矣,然而仁、义、礼、乐未尝亡也。儒者之述道,至秦、汉以下则阙焉,其意以为唐、虞、三代之圣人能自为之欤? 善哉乎王通氏,其知天下之志乎! 其有能为天下之心乎! 何以知之? 以其能续经而知之。①

叶适认为,人的修养除了自教和自养,还有礼乐来担保。天下是不能没有礼乐制度的,只不过礼乐制度的实际内容是"则有差",而叶适所要维护的是"知天下之志""为天下之心""与天下共由之"的仁、义、礼、乐。所以,他很赞成孔子的"克己复礼为仁",又有论述:

以余所闻,学有本始,如物始生,无不懋长焉,不可强立也。孔子教颜子"克己复礼为仁。"请问其目,曰:"非礼勿视,非礼勿听,非礼勿言,非礼勿动。"颜子曰:"回虽不敏,请事斯语矣。"是则复礼者,学之始也。教曾子曰:"安上治民莫善于礼。礼者,敬而已矣。故敬其父则子悦,敬其兄则弟悦,敬其君则臣悦,敬一人而千万人悦。"是则敬者,德之成也。学必始于复礼,故治其非礼者而后能复。礼复而后能敬,所敬者寡而悦者众矣,则谓之无事焉可也。未能复礼而遽责以敬,内则不悦于己,外则不悦於人,诚行之则近愚,明行之则近伪;愚与伪杂,则礼散而事益繁,安得谓无! 此教之失,非孔氏本旨也。然则何为? 曰:礼之未复,是身固非礼之聚尔,耳目百体瞿瞿然择其合乎礼者斯就之,故其视听言动必以礼。当孔子时,礼尚全完,勤苦用力,皆有条目可见也。后世虽礼阙不具,然是身之非礼者固常在尔。出于己,加于人,小则纷错溃乱,大则烂漫充斥,盖若百黑一二之不可

① 〔南宋〕叶适:《水心别集》卷之八《进卷·王通》,中华书局1961年版,第742页。

掩,其敢忽乎! 故非礼则不以视听言动,尔耳目百体瞿瞿然择其不合乎礼者期去之。昼去之,夜去之,旦忘之,夕忘之,诚使非礼之毫发皆尽,则所存虽丘山焉,殆无往而不中礼也,是之谓礼复。礼复而敬立矣,非强之也。①

叶适认为,人的修养是一个过程,由礼而学,即"礼尚全完,勤苦用力",学然后敬,即"礼复而敬立",敬然后德,德然后仁,仁行在礼。这样,仁的修养境界不断提高。

叶适非常看重礼的作用,以《周礼》为礼乐兼防,中和兼得、有本有末的道艺、道术兼尽之书。从道而言,他认为,《周官》言道则兼艺,贵自国子弟,贱及民庶皆教之。……今且当以"儒以道得民""至德以为道本"二言为证,庶学者无畔援之患而不失古人之统也。② 从术而言,叶适认为:

> 盖《周礼》六卿之书,言周公之为周,其于建国、设官、井田、兵法、兴利、防患、器械、工巧之术咸在,凡成、康之盛,所以能补上世之未备而后世之为不可复者,其先后可见,其本末可言也。③

周礼内容丰富,表现了人们的具体存在和具体生活。在其中,一以贯之的是以道得民,至德以道为本,每做一件事情,都要有德性体现,体现了以老百姓利益为根本的思想。同时,也要做到统筹兼顾,发挥礼的作用:

> 《司徒》"以五礼防万民之伪而教之中,以六乐防万民之情而教之和";而《宗伯》"以天产作阴德,以中礼防之;以地产作阳德,以和乐防之"……礼乐兼防而中和兼得,则性正而身安,此古人之微言笃论也。若后世之师者,教人抑情以徇伪,礼不能中,乐不能和,则性枉而身病矣。④

《礼记·乐记》说:"乐者,天地之和也;礼者,天地之序也。和故百物

---

① [南宋]叶适:《水心文集》卷之十《记·敬亭后记》,中华书局1961年版,第163—164页。
② [南宋]叶适:《习学记言序目》卷第七《周礼·天官冢宰》,中华书局1977年版,第86页。
③ [南宋]叶适:《水心别集》卷之五《进卷·周礼》,中华书局1961年版,第703页。
④ [南宋]叶适:《习学记言序目》卷第七《周礼·春官宗伯》,中华书局1977年版,第87—88页。

皆化,序故群物皆别。""大乐与天地同和,大礼与天地同节。"乐蕴含着
"和"的精神,而礼蕴含着"序"的精神。所谓"和",意味着和合、和谐;所谓
"序",意味着等级、秩序。和谐与秩序是对立的统一。在中国古代社会,
一方面要靠"礼",主要是政治制度与道德规范维护其等级秩序;另一方面
则用"乐",主要是诗歌、音乐、舞蹈等情感满足方式维系其和谐一致。当
然,二者也有相通的地方,如礼也有情感的因素,乐也有旋律、序的因素。
叶适对此有深刻的认识,他肯定人们用礼乐来调节生活,能做到恰到好
处,达到善的效果,达到"礼乐兼防而中和兼得,则性正而身安",而不至于
"性枉而身病矣"。叶适进一步分析:

> 礼乐不明,则政事不立;政事不立,则财用竭而天下匮矣。
> 陛下慨念天下之大,将奋然有所自为,而不先定其本,则仁心仁
> 闻何由而著,王功帝德何由而隆! 且夫祖宗之盛,盖常有意于礼
> 乐矣;屡举而不遂,欲行而辄止者,陛下知之乎? 汉、唐苟简之说
> 杂乎其中,旧臣元老未能深识礼乐之意以有所论建也。故臣愿
> 陛下将兴礼乐以为出治之本,而无求乎汉、唐之陋,则天下之士
> 必有出而赞陛下者矣。[1]

叶适由礼乐联系到政事,由政事到财用,由财用到仁心仁闻、王功帝
德,礼乐寓于其中,"欲行而辄止者",说明了礼乐的调节作用。叶适强调:

> 礼乐刑政其极一也,所以同民心而出治道也。按孔子言"安
> 上治民莫善于礼,移风易俗莫善于乐",初不及政刑。然言"道之
> 以政,齐之以刑,民免而无耻",则前于孔子,固已纯任政刑矣。
> 今以礼乐刑政融会并称,而谓其不二,则论治之浅,莫甚于此。
> 其终礼乐不用而以刑政为极功,儒者之过也。[2]

叶适仍突出礼乐的作用,以为"终礼乐不用而以刑政为极功,儒者之
过也"。叶适用历史上的具体人物和事例继续说明:

> 大小行人、司仪所以亲待诸侯邦国之礼,学者徒谓其揖让周

---

①　[南宋]叶适:《水心别集》卷之九《廷对》,中华书局1961年版,第749页。
②　[南宋]叶适:《习学记言序目》卷第八《礼记·乐记》,中华书局1977年版,第103页。

旋之美都,不知周召经纪天下,精神会聚于此,参之以《诗》《书》所记,则唐、虞、三代之为国家,岂有毫发不尽于人心者哉?盖其得之未尝以智力,其守之未尝不以礼义。此意至周衰惟管仲知之,故其言曰:"招携以礼,怀远以德,德礼不易,无人不怀。"齐侯修礼于诸侯,诸侯官受方物。后世之学,专以《春秋》达王道,《诗》《书》《周官》取具而已,实自孟子始。又孔子谓管仲"身不有礼,则礼不能行于天下",故谓之小器;而孟子考之不详,因亦并废管仲。然则《周礼》与《诗》《书》并立,管仲识《周礼》尚存,此恐孟子未知也。学者承误,不思其中所闭塞多矣。①

叶适认为,古贤圣人治理国家,《周礼》和《诗》《书》并立,德礼并用,无人不怀。然而,"管仲识《周礼》尚存,此恐孟子未知也",叶适以为孟子有忽视礼的作用的倾向,可能与以下情况有关:

《仪礼》所记有司之事,以其所存逮其所不存,当时举一礼必有仪,仪不胜记,则何止于此!文多而义少,事浅而防深,虽周召立制,与后世共由之,而儒者为学,固宜有烦要博约之异,故孔子谓子夏"无为小人儒",子贡"不幸言而中",曾子亦言"君子所贵乎道者三"而已。学者之患,在于不明统纪,玩此忘彼,守粗遗实,或荒陋不知,忽略不讲,既已失之;其细碎太甚者,又以为先王一微一小皆有精义,错陈午割,必中法程。然则官司所传,历世所行,圣人亦何由尽以为一己所纷更乎?②

又曰:

又据《礼运》称仲尼言偃所论,与孔子在时言礼全不合。孔子之言甚简,直下不立冒子,治乱只在目前,何尝有道行、道隐之别,大同、小康之辨!盖后学不能以身行礼,浮辞泛说而已。犁弥谓"孔丘知礼而无勇,请以兵劫之",末俗之病礼者皆如此;又

---

① [南宋]叶适:《习学记言序目》卷第七《周礼·秋官司寇》,中华书局1977年版,第90—91页。

② [南宋]叶适:《习学记言序目》卷第七《仪礼》,中华书局1977年版,第91页。

曰"鲁人之皋,数年不觉,使我高蹈,唯其儒书以为二国忧",后世之病儒者皆如此。要是礼一日不行即一日坏,惟义数之在书册者尚可传,义理之在人心者犹不泯,故颜曾欲之于心,子贡游夏之徒欲求之于书,孔子皆指其偏失处,至明至切。然终以分散而不可复合者,礼已坏而不行,行之又无所因故也。[①]

叶适指出,在分析和解决问题的时候,要具有全面性,既不能顾此失彼,也不能抓住一点而不及其余,即"不明统纪,玩此忘彼,守粗遗实,或荒陋不知,忽略不讲,既已失之;其细碎太甚者,又以为先王一微一小皆有精义,错陈午割,必中法程"。同样,人要做到内外合一,做到心礼一致、心书贯通,否则,"终以分散而不可复合者,礼已坏而不行,行之又无所因故也"。叶适的观点不但具有全面性,而且他用发展的眼光,过程性地分析问题。他说:

《王制》一篇,当时盖欲施用,而博士诸生考论之所成,异于各以见闻记录者,故比诸篇颇为斟酌,亦有次第。然孔子时,周衰而未亡,圣人之力尚能合一以接唐虞夏殷之统,故其所述皆四代之旧。至孟子时,六国并雄,则周已亡,但未灭耳,其所欲行于当世,与孔子已稍异。不惟孟子,虽孔子复出,亦不得同矣。秦灭汉兴,郦食其请立六国后,而张良以为非。及文帝初,贾谊所言者,正朔、官名、色上黄、数用五而已。中年谊已死,新垣平得用,始有作王制、封禅、巡狩之说。夫尧、舜、三代以礼让守天下,而类禋、巡狩皆为实治。汉以兵取,以力守,而儒生学士欲以虚文追还帝王之道耶?然则治后世之天下,而求无失于古人之意,盖必有说,非区区陈迹所能干也。[②]

叶适根据历史事实,分析了尧、舜、三代和秦汉的不同发展特点,提醒人们要因时因地制宜,结合南宋的当下看待问题。他反问:"汉以兵取,以

---

① 〔南宋〕叶适:《习学记言序目》卷第八《礼记·礼运》,中华书局 1977 年版,第 102 页。

② 〔南宋〕叶适:《习学记言序目》卷第八《礼记·王制》,中华书局 1977 年版,第 100－101 页。

力守,而儒生学士欲以虚文追还帝王之道耶?"叶适始终认为,人要与道一致:

> 古人之于道,一二言而止。至《礼运》《礼器》《乐记》《祭法》
> 《祭义》《仲尼燕居》《孔子闲居》《坊记》诸篇,铺叙始末,多逾数百
> 千言,然使言而无间,则读者易知,知者易行,行者不倍矣;如其
> 有间而强牵合之,黑白易位,以无为有,则所误大矣。①

叶适认为,人的言和行要无间,人所说的一定是所行的,知行合一,如道本身一样,道说即是道发用流行,人说就是人的具体行动,即人的社会实践活动,包括人的道德实践、政治实践、经济实践等。在具体的实践活动(君子以自强不息,即仁)中,礼要求人们合理地做事,要遵循道,不要偏离道,以免导致不必要的异化现象,从而带来不利的后果和影响。

第四节　利的分析

一、德、利之间在于行动

叶适不但继承和发挥了孔子的德性思想,而且也继承和发挥了孔子的有关利的思想即功利、事功思想。叶适分析:

> 人心,众人之同心也,所以就利远害,能成养生送死之事也。
> 是心也,可以成而不可以安;能使之安者,道心也,利害生死不胶
> 于中者也。②

"道心人心"较早出现于《尚书·大禹谟》:"人心惟危,道心惟微,惟精惟一,允执厥中。"意思是,道义之心微而难明,众人之心危而难安,只有精一而不杂,才能保持中而不偏。叶适发挥这一思想,在叶适看来,人心就是平常之心,平常之心就是众人之心,人们的这种心就是生死利害之心,

---

① 〔南宋〕叶适:《习学记言序目》卷第八《礼记·孔子闲居》,中华书局1977年版,第107页。

② 〔南宋〕叶适:《习学记言序目》卷第五《尚书·虞书》,中华书局1977年版,第52页。

实质上就是人们的本然的情欲和需要之心。所谓"道心"，只是"心安"之谓，使利害生死之心（人心）能"安"者就是道心。这里的"安"就是道德情感和道德良心，即道义之心，如孔子所说"女安则为之"之"安"，而与先验道德本体无关系。叶适又说："人心至可见，执中至易知，至易行，不言性命。"①人心只有一个，即经验之心，故易见。执中是经验通过理性（道心）综合中的正确选择，故易知，且易行。所谓"不言性命"，是不言"天命之谓性"那一类的性命，并不是完全取消性命。其实叶适是谈性命的，只是不谈先验主义的性命之学和空谈性命。如果单独分析道心，则是没有情欲，即利害生死不胶于中者也。实际上，如果道心能使人心安的话，必须与人心结合，道心与人心合一。此二者本来就是一体的，只是某些人把它们人为地割裂之。叶适说："性命道德，未有超然遗物而独立者也。"②叶适认为，超然遗物而独立者就是超越者，根本没有这样的超越者，而只是理学家（朱熹、陆九渊）把性命道德认为具有先验超越者的倾向。叶适否定"天命之性"，也就是否定心性论的超越根据。理学心性论以为，天道性命具有绝对超越者的特性，且为人心所具有，他们之所以建立这套理论，是为了从终极的意义上解决人生的"安身立命"的问题，理学的人文宗教精神主要体现在这里。叶适是具有强烈的现实关怀，他关心的是人们的现实存在，重心落在人们现实生活世界。在现实生活中，人们对道德、义理和利害、欲望的处理，经常是在一起的，难以截然分开。叶适讲道：

> 冉有子路谓夫子当为卫君，子贡不能决也，是时颜子已亡矣。义理之是非在目前者常又不能守，而每以利害为去就，盖自古而然；而又有庸人执以为义理之所在非圣人不能择者，亦自古而然；二端，学者不可不谨察也。③

在叶适看来，仁义和欲望好像是人存在的两个方面或二端，关键是怎

---

① 《习学记言序目》卷第四十九《皇朝文鉴三·序》，第736页。
② ［南宋］叶适：《水心别集》卷之七《大学》，中华书局1961年版，第730页。
③ ［南宋］叶适：《习学记言序目》卷第十三《论语·述而》，中华书局1977年版，第184—185页。

样把握好二者之间的张力,并在现实中处理好二者之间的张力。在某种意义上,二者能融合得适宜,就能有活力地和谐存在。看是否讲仁义,往往就以功利为基础;但注重功利是否合理,往往就以仁义为标准。"义理之是非在目前者常又不能守,而每以利害为去就,盖自古而然;而又有庸人执以为义理之所在非圣人不能择者,亦自古而然。"这句话透露出,庸人割裂利害与义理的内在联系是不对的,学者要慎重对待之。

关于"二端"的思想,在西方也早有类似的说法。柏拉图在《理想国》中说道:

> 我们很有理由假定,他们是两个,并且彼此不同。一个是人们用以思考推理的,可以称之为灵魂的理性部分;另一个是人们用以感受爱、饿、渴等物欲之骚动的,可以称之为心灵的无理性部分或欲望部分,亦即种种满足和快乐的伙伴。[①]

举例说:

> 如果一个人在渴的时候,他心灵上有一个东西把他拉开不让他饮,那么这个东西必定是一个另外的东西,一个不同于那个感到渴并牵引着他像牵引着牲畜一样去饮的东西,不是吗? 因为我们说过,同一事物以自己的同一部分在同一事情上不能同时有相反的行动。[②]

也就是说,一个人的灵魂(心)是由理性的和无理性的两个部分所组成,其中,理性的部分如果能够强大到足以控制和制约无理性的部分时,这个人就是节制的、和善的。在渴的时候,人若能控制住一时不喝水,也就显示了理性压倒欲望。不过,还是要有合理的度,才能把类似的情况处理好。亚里士多德说:

> 德性与固有功用相联,在灵魂中有三者主宰着行为和真理,这就是感觉、理智和欲望。在这里感觉决不是行为的开始点,显然野兽虽然有感觉,但与行为无缘。

---

① 〔古希腊〕柏拉图:《理想国》,郭斌和、张竹明译,商务印书馆1986年版,第165页。
② 〔古希腊〕柏拉图:《理想国》,郭斌和、张竹明译,商务印书馆1986年版,第164页。

在欲望中有追求和回避,正如在思考中有肯定和否定。伦理德性既然是一种选择性的品质,而选择是一种经过策划的欲望,这样看来,如果选择是一种真诚的选择,那么理性和欲望都应该是正确的。它既是一种肯定,也是一种追求。这样的思考和真理是实践的,至于思辨的思考则不是实践和创制的,真与假就是善与恶(这就是一切思考的功用),而实践和思考的真理要和正确欲望相一致……良好的行为就是目的,它是欲望之所求。所以,选择或者就是有欲望的理智,或者就是能思考的欲望,而人就是这种始点或本原。①

亚里士多德的分析极为深刻,把人看成感觉、理智、欲望、选择和行为的统一体以及它们有机地、合理地结合与融通。伦理德性与欲望是相容的,并且表现为一个过程,对个人来说,就是人一生的存在方式。对人类来说,就是人类的生活史,即人类历史。所以叶适说,"义理之是非在目前者常又不能守,而每以利害为去就,盖自古而然;而又有庸人执以为义理之所在非圣人不能择者,亦自古而然",启示人们要像亚里士多德一样正确地处理利害与义理的关系。叶适对"二端"也有具体的分析:

"如有博施于民而能济众,何如? 可谓仁乎?"人之所以为仁者,心也,非利之也。宰我不能明其心,固无其功;子贡亦未明其心也,而遽欲有其功;是交病仁也。以孔子语考之,子贡之心未离乎众人也,岂其欲之者固将以同其利于人乎?②

"富而可求也,虽执鞭之士,吾亦为之。"世亦有可以富而无至于执鞭者矣,而孔子以为不可为。然则"崇高莫大乎富贵"者,乱德之言也。③

子曰:"饭疏食,饮水,曲肱而枕之,乐亦在其中矣。不义而

---

① [古希腊]亚里士多德:《亚里士多德选集·伦理学卷》,苗力田编,中国人民大学出版社1999年版,第130—131页。
② [南宋]叶适:《习学记言序目》卷第十三《论语·雍也》,中华书局1977年版,第182页。
③ [南宋]叶适:《习学记言序目》卷第十三《论语·述而》,中华书局1977年版,第184页。

富且贵,于我如浮云。"孔子发明此义,《诗》《书》所未有,盖是时道德在上而不在下也。若在下而无以自乐,终日戚戚,何异于《柏舟》!①

叶适以反问的语气,实际上肯定道德和功利是一致的。他和孔子的观点一样,是肯定子贡的。子贡根据自己的欲望,做出理性的选择,得出有益于人们的行为,达到仁义的目的。对德性与欲望,如果只做一方的和静止的分析,可能就会产生不可融通的矛盾,从而割裂矛盾,以至于越来越矛盾。叶适通过孔子的名义,表达了自己的观点,认为从事商业可以致富,即"富而可求也,虽执鞭之士,吾亦为之"。(叶适讲的执鞭者,其行为具有小人行为的倾向;而执鞭之士,其行为具有君子行为的倾向。)然而,从事商业活动,并不一定败坏人的道德,商业活动本来就是人们存在的一种方式,即以经济理性和经济活动而存在着,当然是人们在现实生活中的理性和欲望交融在一起的正确选择,并在此种选择下进行活动,才能真正理解和化解由于片面分析所带来的提法和问题。如"崇高莫大乎富贵"者,乱德之言也。一旦人的选择不正确或者说违背了人的始点或本原,就会出现"不义而富且贵"的现象。相反,如果在条件较差的情况下,在自己自觉的行为中仍能够存在于人的始点或本原中,那么从事情本身来说,面向事情即人本身,就如学习一样,要达到道本身,即悟道,其乐无穷。即"饭疏食,饮水,曲肱而枕之,乐亦在其中矣"。若不能这样,则会"若在下而无以自乐,终日戚戚,何异于《柏舟》"!

叶适强调人的实践活动在道德和功利之间的重要作用,可以说人的具体行动把仁义和事功统一起来,并实现之。下面来看叶适对孟子和子产的分析。关于孟子,叶适说:

"人皆有不忍人之心;先王有不忍人之心,斯有不忍人之政矣。"孟子以战国之人失其本心,无能不忍人者,故著此论。然先王之政,则不止为不忍人而发。盖以圣人之道言之,既为之君,

---

① 　[南宋]叶适:《习学记言序目》卷第十三《论语·述而》,中华书局1977年版,第185页。

则有君职,舜禹未尝不勤心苦力以奉其民,非为民赐也,惧失职耳。孟子虽欲陈善闭邪,为可晓之语,然后此亦未有能以不忍人而为政者;就其有之,固不能推也。若夫平居讲明,临事背戾,自谓为不忍人之学而不免于行忍人之政者,吾不知其所底止矣。

以孟子答景丑语详味之,本仁义而同民乐,齐王盖已有动窬之益,故为言受教不召之礼;若又加尊信,则君臣之遇自此始矣。然齐王待之以宾,位之以卿,其礼异于他儒生,欲无废议论而已,故孟子终不仕齐。王犹欲授馆赋禄以矜式其国人,孟子以为不行其道而徒赖其廪,是利之也,故终不留。按鲁定公受女乐,三日不朝,孔子释大夫出奔;齐景公曰:"吾老矣,不能用也",孔子行;卫灵公忽问陈,仰视飞鸿,孔子遂行,有在陈之厄。孔子之速者,去国常礼也。齐王非不用孟子,孟子以其非所用,自决去之尔,故其行迟,而尹士淳于髡皆有讥病也。[①]

叶适认为,孟子大讲仁政,但"临事背戾",没有实际行动,是不会带来仁政的。根据历史记载,孟子第一次到齐国,是在齐威王在位时期。齐威王是战国时期较有作为的君主,使齐国很快成为东方实力最强的国家。齐威王很重视人才,但他所看重的人才是能冲锋陷阵、克敌制胜的猛将,或是能以法治国、使政治清明的贤者,而对像孟子这样以仁义为指导思想、主张实行仁政的人并不十分感兴趣。齐威王一心想称霸中原,用武力征服天下。孟子坚决反对诸侯的兼并战争,主张用仁义的力量感化而使人归服,二者的政见几乎针锋相对。因此,孟子在齐国逗留期间,一直没有得到齐威王的重用,他似乎没有发表什么重要的言论。在离开齐国的时候,孟子连齐威王馈赠的"兼金百镒"都没有接受,他认为"不行其道而徒赖其廪,是利之也,故终不留"。如果做具体分析,孟子是一直坚持仁义的,只是仁义没有同实际的行动或劳动相结合,没有实际的效果和成果。孟子讲仁义,没有在齐威王时的齐国起作用,没有见成效,所以,除了政见

---

①　[南宋]叶适:《习学记言序目》卷第十四《孟子·公孙丑》,中华书局1977年版,第199—200页。

不合外,可能孟子认为不能接受齐威王的重金,否则就不是仁义,或者会心里不安。叶适以为,主要的原因还是没有"勤心苦力以奉其民"。

在齐宣王时,孟子又到了齐国。在伐燕之初,孟子认为,燕国争夺王位的内战,给燕国人民带来了灾难。此时如果讨伐燕国,平定叛乱,一定会得到燕国人民的拥护。这正是实行仁政王道的好机会,不可失去。不过,孟子认为,只有"天吏"者可以伐燕国;也就是说,只有"仁者之师"才有资格讨伐燕国。按照他的意图,齐国平息燕乱之后,应该安抚燕国的百姓,为燕国选择一个贤明的君主,然后就撤兵。但是,齐宣王根本没有意识到这一点,不仅吞并了燕国,而且肆行暴虐,引起燕国人民的反抗。各个诸侯国对齐国的不断扩张也十分恐慌,便联合起来救燕,迫使齐国退了兵。至此,孟子对齐宣王的最后一线希望也彻底破灭了。于是,他辞退了卿位,打算离开齐国。齐宣王伐燕失败以后,感到很对不住孟子,就亲自来看望他;后又通过别人挽留孟子,打算在国都临淄给孟子一所房子和万钟之禄,让他聚徒讲学,养老送终。但孟子因与齐宣王政见不合,去意已决,终于离开了齐国。可以看出,孟子打算"仁战",有军队行动,平定了叛乱,至此,仁战成功,仍是行动的结果。下一步,孟子想继续仁政,安抚燕国人民,由于行动相反,结果没有仁义,还是由行动所决定,由于不仁义的行动本身给齐宣王带来了伐燕失败,此时齐宣王有点仁义,感到对不住孟子,就打算重赏孟子,但由于孟子的行动,齐宣王的仁义没有实现。总之,仁义的主张和事情要靠行动来实现,有了行动就产生实际的效果,从而带来实际的功利。仅仅口头上大讲仁义是徒劳的。此即叶适所讲的"若夫平居讲明,临事背戾,自谓为不忍人之学而不免于行忍人之政者,吾不知其所底止矣"。下面再来看叶适对子产的分析:

> "子产惠而不知为政。"按"道之以政",孔子不以为是,自管仲以下,为政以下,为政者多矣。惟子产在春秋时,政道独异于人,故孔子称其"养民惠,使民义",又时谓之"惠人",又谓其"古之遗爱",又言"人谓子产不仁,吾不信也"。然末世偏术,视子产之所为皆谓之王政,而不知其政固已多矣,盖犹存古人之遗而

已。"犹众人之母,能食不能教",此固俗儒之妄,而孟子何为亦有此言? 且"以乘车济人于溱洧",不知何所因?"十一月徒杠成,十二月车梁成,民未病涉",此为治桥梁常法言之。虽下于子产者亦知行辟人也。或雨暴至,桥梁骤失,仓猝而执政以己乘车济人,则当时能如子产者少矣,故为百姓所思,传诵不忘。而反欲举常法以病之,恐此理亦未精也。[①]

叶适认为,子产在关键时刻,以自己的实际行动,乘车帮助人们过河,是以道为政,得到了人们的好评,孔子也予以肯定。然而,孟子以为子产只是施以小恩小惠,不懂得政治。不过,孟子是否有点事后诸葛亮的味道,就难说了。叶适认为,平常以道为政,在最紧要的时候,更要以实际行动来表现道,道本身就是以运行的方式存在,道本身的言说,即道说,就是运行、行动,大化、大用流行。人的言说也应该是行动,而不仅仅是说话(况且人也是道的一部分)。只有说话与行动一致,是一回事,才是道。这样,对人来说,语言才是行动的家,才是道的家。语言同行动一致,才能表现为仁德,即君子以自强不息。叶适说:

"师尔过而商也不及。子产犹众人之母,能食之,不能教。"语全没交涉,但令子产受抑尔。又言"敢问将何以为此中",愈疏阔矣。

按《诗》称礼乐,未尝不兼玉帛、钟鼓。孔子言:"礼云礼云,玉帛云乎哉! 乐云乐云,钟鼓云乎哉!"未有后语,其意则叹当时之礼乐,具其文尔实不至尔。然礼非玉帛所云,而终不可以离玉帛;乐非钟鼓所云,而终不可以舍钟鼓也。《仲尼燕居》乃以几筵、升降、酌献、酬酢不必谓之礼,而以言而履之为礼,是则舍钟鼓而言乐矣。按孔子称"先行其言,而后从之",则言而履之,未知其果能行也。言与行,如形影不可相违也,离言以为礼,离行以为乐,言与行不相待,而寄之以礼乐之虚名,不惟礼乐无所据,

---

① 〔南宋〕叶适:《习学记言序目》卷第十四《孟子·离娄》,中华书局1977年版,第203—204页。

而言行先失其统。①

只讲仁义礼乐,没有行动,没有真实内容,就难以"天行健,君子以自强不息"。自强不息就会有具体的呈现,显示和给出效果,表现为成果和功利,即道之以政,养民惠,使民义。可以说,子产比较好地处理了内圣与外王的关系,即道德与功利的关系,关键在于人的行动。

关于内圣与外王的关系,也需要进一步说明。从孔子开始,以为"为政以德",突出人的德性与德治,不过是理想主义的,有些淡化社会的其他方面。这可以说是儒家内圣外王之学的最初形式。孔子的理想是圣者为王,以其德性治理国家。但是,德性与德治能否实现如同孔子所说的那种理想的状态,则是一个很大的问题。《庄子·天下》评论:

> 天下大乱,贤圣不明,道德不一,天下多得一察焉以自好。譬如耳目鼻口,皆有所明,不能相通。犹百家众技也,皆有所长,时有所用。虽然,不该不偏,一曲之士也。判天地之美,析万物之理,察古人之全,寡能备于天地之美,称神明之容。是故内圣外王之道,闇而不明,郁而不发,天下之人各为其所欲焉以自为方。悲夫,百家往而不反,必不合矣! 后世之学者,不幸不见天地之纯,古人之大体,道术将为天下裂。

在儒家之外看儒家,儒家论道可能失之偏,德性与德治固然重要,但不是道之全。关于此点,陈鼓应先生说:

> "天下之治方术者多矣",各家各派各以所好,而提出的意见,只是宇宙人生的局部分,亦即是片面之真。"神人""至人"是能体认道的根本原理的人,而"君子"、邹鲁之士、搢绅先生则只是得道之余绪。(宣颖说:"君子止是道之余绪。"蒋锡昌说:"君子谓儒家中有标准人格之人。")②

当然不能委曲求全,不过让道尽量展开。道之余绪可能是指人在道

---

① ［南宋］叶适:《习学记言序目》卷第八《礼记·仲尼燕居》,中华书局1977年版,第106页。

② 陈鼓应:《庄子今注今译》,中华书局1983年版,第852页。

中,人是道的一部分,并且人只能根据道的可能性产生自己的需要和欲望,又能形成精神观念来反映之(人还能反思道),通过人的实践活动(劳动)实现之,形成符合道或在道中的理想、标准人格之人,是继道成善的表现。人是由需要性、精神性和实践性所构成的三位一体(后文有具体分析)。再者,庄子也可能认为儒家没有说明白,道是怎样发挥作用,即人的三位一体是怎样互动发展而显现出儒家之道的。所以说:"是故内圣外王之道,闇而不明,郁而不发,天下之人各为其所欲焉以自为方。"

事实上,德性与政治、内圣与外王是表现在不同方面的问题,二者不一定有等价关系。可以说,德性并不是外王的充分必要条件,而只是一个必要条件。外王事业要做得好,是多方面努力的综合。德性是个人的修养问题,要靠个人的意志、信念和身体力行来培养。当然,每个人的道德在解决人们之间的相互关系的过程中具有重要作用,对政治也有很大影响。但是,它不能代替政治。外王之学是要解决客观的社会结构方面的问题,包括各种社会阶层、集团、阶级以及个人和国家之间的关系问题,特别是政治、法律、经济利益关系的问题,以及政治权力、经济利益分配的问题等。这就需要一套理性原则及其程序化、形式化的规则,只靠个人的德性是很难解决这些问题的。所谓社会的理性法则,是对客观存在的经济结构、社会关系和政治权力等的理性认识。在社会上,人们从事道德活动,培养道德理性,成为道德主体。人们从事政治活动,培养政治理性,成为政治主体。人们从事经济活动,培养经济理性,成为经济主体。当然,可以兼而有之。人人都可以成为道德主体,如孔子所说:"我欲仁,斯仁至矣。"但是,政治主体和经济主体就是另外一回事了。只有在民主政治的体制下,人民才能成为政治主体;只有在自由市场的条件下,人们才能成为经济主体。政治行为与道德行为是不同领域的问题,政治家应当具备良好的道德品质,德性是政治行为的重要前提。但是,只有个人的优良品质,并不能保证政治活动的成功,还需要一套政治理论和设施。同样,经济行为和道德行为是不同领域的问题,但在商品经济中,只有利他才能更好地利己(实际上是双赢互惠、互利)。在政治领域和经济领域,人们都追求道义和公正、公平,这也是道德的要求,它们之间又表现为一致性和统一性。在道德领域,人们又希望有实实在在的道德内容和道德价值,需要政治和经济方面的利益来充实,以免空谈仁义道德,从而又表现出它们之间的一致性和统一性。叶适分析了他当时的社会状况,提出了行实德和修实政的观点。

二、立义行善与务实求事功

叶适不但重哲理,而且重事功。他的弟子赵汝谠说:

> 备众文名一家言者,在唐始著,前不多见也。先生之作,从壮至老,由今并古,日迈月超,神心穷天地,伟刻动海岳,翼然如登明堂,入清庙,黻冕崇丽,金奏而玉应,其光耀变化,如骊龙翔而庆云随也,盛矣哉其于文乎! 粹矣哉其于道乎!

> 盖周典、孔籍之奥不传,左册、马书之妙不续,诗迄韦、张,骚降景、宋,华与质始判,正与奇始分,道失其统绪久矣。世遂以文为可玩之物,争慕趋之,骋驰以其力,雕镂以其巧,彰施以其色,畅达以其才,无不自托于文,而道益离矣,岂能言易知言难欤?或者反之,则曰,"吾亦有道焉尔,文奚为哉?"夫子不云乎:"言之不文,行之不远。"《六艺》非万世之文乎? 以词为经,以藻为纬,文人之文也;以事为经,以法为纬,史氏之文也;以理为经,以言为纬,圣哲之文也;本之圣哲而参之史,先生之文也,乃所谓大成也。欲植杰木,必丰其根;欲潴巨泽,必浚其源。文,泽、木也;学,其根、源也;学与文相为无穷也,是果专在笔墨间乎?①

赵汝谠肯定叶适的文章,词文并茂,理事相容,哲史一体,历史事件是道的展开,在具体事件中,开显功业。这就如同有源而流长、根深而叶茂,学与文相为无穷也:

> 先生之学,浩乎沛然,盖无所不窥。而才气之卓越,又足以

---

① 《水心文集·水心文集序》,第1页。

发之。然先生之心，思行道于当时而见之功业，不但为文而已也。观其议论谋猷，本于民彝物则之常，欲以正人心，明天理。至于求贤、审官、训兵、理财，一切施诸政事之间，可以隆国体，济时艰。①

叶适终生"思行道于当时而见之功业"，立义行善与务实求事功的思想并存交融是他一生治学治世的内在动力。叶适的崇高理想是由当时社会现实的需要而产生的，有了人生目标，他在社会中不断地用实际行动去实现之。

关于个人在现实中的个性特征，海德格尔指出：

不仅沉沦从生存论上规定着在世，同时漩涡还公开出在此在的现身中可以落到此在本身头上的被抛境况的抛掷性质与动荡性质。被抛境况不仅不是一种"既成事实"，而且也不是一种已定论的实际情形。在这一实际情形的实际性中包含有：只要此在作为其所是的东西而存在，它就总处在抛掷状态中而且被卷入常人的非本真状态的漩涡中。实际性是在被抛境况中从现象上见出的，而被抛境况属于为存在本身而存在的此在。此在实际地生存着。②

在现实社会中，相对于共在而言，任何一种自我和他人均是一种存在论上不断涌现的个体。这些个体，一方面，共同构成了作为共在的整体的部分；另一方面，却又形形色色、个性十足、不可替代。在海德格尔看来，一种理想的共在应当是包容、培育与生发这些各个不同个性的个体的大地。在南宋，叶适本人的成长受到了当时社会现实的影响，但又有自己的个性。一方面，社会的大环境影响了他的言行，至于表达什么样的言行，又与他个人的生活圈有关，特别是他在思想和学术上受到了他的前辈薛季宣和陈傅良的熏陶。叶适在《温州新修学记》中，记录了温州太守留茂

---

① 《水心文集·黎刻水心文集序》，第3页。
② ［德］海德格尔：《存在与时间》，陈嘉映、王庆节译，生活·读书·新知三联书店2006年第3版，第207页。

潜在嘉定七年所说的两段话：

> 昔周恭叔首闻程、吕氏微言，始放新经，黜旧疏，挈其俦伦，退而自求，视千载之已绝，俨然如醉忽醒，梦方觉也。颇益衰歇，而郑景望出，明见天理，神畅气怡，笃信固守，言与行应，而后知今人之心可即于古人之心矣。故永嘉之学，必兢省以御物欲者，周作于前而郑承于后也。薛士隆愤发昭旷，独究体系，兴王远大之制，不随毁誉，叔末寡陋之术，必摭故实，如有用我，疗复之方安在！至陈君举尤号精密，民病某政，国厌某法，铢称镒数，各到根穴，而后知古人之治可措于今人之治矣。故永嘉之学，必弥纶以通世变者，薛经其始而陈纬其终也。①

可以看出，这虽然是留茂潜的话，但叶适写在自己的文章中来说明永嘉之学发展的历程，说明他本人是肯定这一学术发展进程的，只是新的思想不断出现。从薛季宣到陈傅良的永嘉之学，"弥纶以通世变"，即经世致用，已突破了由"永嘉九先生"（周行己、许景衡、刘安节、刘安上、戴述、赵霄、张辉、沈躬行、蒋元中）与"二郑"（郑伯熊、郑伯英）所承接和传播的二程洛学的传统，成为具有功利主义特色的独立学派，即永嘉事功学派。叶适在此基础上继续发展，从而成为永嘉学派的集大成者。下面来看叶适在哪些方面受益于前辈：

薛季宣（1134—1173），字士龙、士隆，学者称艮斋先生。从师承和学术渊源来说，薛季宣曾从学于程颐的弟子袁溉，袁溉后又从学于四川薛翁，于是"自六经百氏之下博弈、小数、方术、兵书无所不通。先生得其所传，无不可措之用也"②，由此成为程门之"别派"。后薛季宣尽得袁溉之传，"加以考订千载，凡夫礼乐兵农，莫不该通委曲，真可施之实用"③。"薛士隆愤发昭旷，独究体系，兴王远大之制，不随毁誉，叔末寡陋之术，必摭故实，如有用我，疗复之方安在！"这表明，薛季宣虽曾为程颐再传，然对

---

① ［南宋］叶适：《水心文集》卷之十《记·温州新修学记》，中华书局1961年版，第178页。
② ［明末清初］黄宗羲：《宋元学案》卷五十二《艮斋学案》，中华书局1986年版，第1691页。
③ ［明末清初］黄宗羲：《宋元学案》卷五十二《艮斋学案》，中华书局1986年版，第1691页。

其说有所取舍。全祖望说,薛季宣"其学主礼乐制度""以求见之事功""自成一家"①,在继承袁溉之学的基础上,创立了自己的学说。

陈傅良(1137－1203),字君举,学者称止斋先生。曾师事程门重躬行的周行己的弟子郑伯熊,又自言"余问学于薛士隆氏"②。陈傅良既得薛季宣之学后,"又解剥《周官》《左史》,变通当世之治具条画,本末粲如也"③。全祖望说,永嘉诸子,"止斋最称醇恪,观其所得,似较艮斋更平实,占得地步也"④。这说明,陈傅良对薛季宣的事功之学有重大的阐发。

薛季宣、陈傅良认为,道存在于形器之中,道器不能分离。薛季宣说:

> 夫道之不可逃,未遽以体用论。见之时措,体用疑若可识。卒之何者为体? 何者为用? 即以徒善徒法为体用之别,体用固如是邪? 上形下形曰道曰器,道无形埒,舍器将安适哉! 且道非器可名,然不远物,则常存乎形器之内。昧者离器于道,以为非道遗之,非但不能知器,亦不知道矣。下学上达,惟天知之,知天而后可以得天之知,决非学异端、遗形器者之求之见。⑤

这是给陈亮的答书。陈亮给薛季宣的信,今不存于《陈亮集》中。陈亮在道器关系上,曾说"夫道非出形气之表,而常行于事物之间者也……天下固无道外之事也,不恃吾天资之高,而勉强于其所当行而已"⑥。这与薛季宣之论所表达的含义相同。陈傅良说:"器便是道,不是两样。须是识礼乐法度皆是道理。"⑦这个观点是他的弟子曹器远在答复朱熹询问时转述的。由此可以看出,薛季宣、陈傅良关于道器关系的观点是一致的。

---

① ［明末清初］黄宗羲:《宋元学案》卷五十二《艮斋学案》,中华书局 1986 年版,第 1690 页。

② ［南宋］陈傅良:《止斋集·胡少宾墓志铭》,《钦定四库全书荟要》,吉林出版集团有限责任公司 2005 年版,第 395 页。

③ ［明末清初］黄宗羲:《宋元学案》卷五十三《止斋学案》,中华书局 1986 年版,第 1710 页。

④ ［明末清初］黄宗羲:《宋元学案》卷五十三《止斋学案》,中华书局 1986 年版,第 1710 页。

⑤ ［南宋］薛季宣:《薛季宣集》卷二十三《书·答陈同父书》,上海社会科学院出版社 2003 年版,第 298－299 页。

⑥ ［南宋］陈亮:《陈亮集》卷之九《论·勉强行道大有功》,中华书局 1974 年版,第 97 页。

⑦ ［南宋］朱熹:《朱子语类》卷一百二十,岳麓书社 1997 年版,第 2612 页。

肯定道器不离,道器一体。陈傅良说道器不是两样,并非指道器为无区别的同一事物,而是从道不超越器而有,道器又不是两件互不相干的事物而言。他认为,对"道"要从礼乐法度来认识这一点可证明。薛季宣说,道是没有形体的,离开了器就没有存在的地方,这就肯定了道存在于器中,抽象道理存在于具体事物之中。他还说:"开物成务之功,宜无望于贤者,但令良心不泯,天理岂外于人邪……用之读书,用之正身,用之事物与人,皆是物也。"①他又说:"道,日用也。"②"道不远人,故虽匹夫匹妇可以与知之。至大至神,虽圣人不可以意知,不可以已能。所谓费而隐者,其中庸之至乎!天地之大,而人有所憾,不能成其大尔。夫子之言性与天道,不可得而闻也。言必有物,安得举而破之乎!"③陈傅良还说,物之所在,就是道之所在。说道不远物,包含着不超脱具体事物和人们的日常生活而存在的意义。它"常存乎形器之内"。此"常"意味着永恒,即道永存于形器之中。薛季宣、陈傅良的道器观,肯定了道与事物的密切联系,包含着重视躬行实践和日用名物制度在实际中的功用和效果,它是事功之学的哲学基础。关于这些道器关系的思想,叶适都有所继承和发展。

再者,薛季宣和陈傅良都反对轻视功利,反对空谈义理,遵循言行一致,注重在实际事物上的功用和效果。陈傅良在《薛季宣行状》中,曾这样阐述薛季宣事功之学具体内容:"自六经之外,历代史、天官、地理、兵制、农末,至于隐书小说,靡不搜研来获,不以百氏故废,尤邃于古封建井田乡遂司马之制,务通于今。"④吕祖谦赞许其学:"于世务二三条,如田赋、兵制、地形、水利,甚曾下功夫,眼前殊少其比","其所学确实有用。"⑤黄宗

---

① [南宋]薛季宣:《薛季宣集》卷二十三《书·答石应之书》,上海社会科学院出版社 2003 年版,第 299—300 页。

② [南宋]薛季宣:《薛季宣集》卷二十九《解·中庸解》,上海社会科学院出版社 2003 年版,第 385 页。

③ [南宋]薛季宣:《薛季宣集》卷二十九《解·中庸解》,上海社会科学院出版社 2003 年版,第 388 页

④ [南宋]陈傅良:《止斋集·薛季宣行状》,吉林出版集团有限责任公司 2005 年版,第 433 页。

⑤ 《东莱文集·与朱元晦书》。

羲、黄百家许其学"莫不该通委曲，真可施之实用"，"无不可措之用"。①
陈傅良在继承薛季宣学说的基础上，"又解剥《周官》《左史》，变通当世之
治具条画"②。叶适评陈傅良之学，"尤号精密，民病某政，国厌某法，铢称
镒数，各到根穴，而后知古人之治可措于今人之治矣"。陈傅良为变通当
世之世，孜孜于以经世实用为目的解剥《周官》等六经及《左传》《史记》古
籍。陈傅良说："六经之义，兢业为本。《诗》可以言，《礼》可以立，玩味服
行，自觉粗厉，此某近所窥见且以勉同志者。"③"《周礼》一书，理财居半之
说，售富强之术，凡开基立国之道。"④"《周礼》一经，尚多三代经理遗迹，
世无覃思之学，顾以说者谬……周到可得而考，则天下几于理矣。"⑤他又
论《春秋》《左传》和《史记》说："《春秋》同是圣人经世之用，要其论史见义，
以五霸为据案，而左氏合诸国之史，发明经所不书，以表见其书……《太史
公书》又以接《尚书》《春秋》之统绪，下逮秦汉，其用功略与左氏同。"⑥上
述都是六经和史籍要旨，概归之为"兢业"，"六艺之学，兢业为本"⑦。此
即视为实事实功之学问。薛季宣研探六经，在于"讲明时务，本末利害必
周知之"⑧。陈傅良则在于"兢业"，二者同为经世。因此，他们都强调"无

---

①　［明末清初］黄宗羲：《宋元学案》卷五十二《艮斋学案》，中华书局 1986 年版，第 1691 页。

②　［明末清初］黄宗羲：《宋元学案》卷五十三《止斋学案》，中华书局 1986 年版，第 1710 页。

③　［南宋］陈傅良：《止斋集·与吕子约二》，吉林出版集团有限责任公司 2005 年版，第 311 页。

④　［南宋］陈傅良：《止斋集·进周礼说序》，吉林出版集团有限责任公司 2005 年版，第 334 页。

⑤　［南宋］陈傅良：《止斋集·夏休井田普序》，吉林出版集团有限责任公司 2005 年版，第 336 页。

⑥　［南宋］陈傅良：《止斋集·答贾端老五》，吉林出版集团有限责任公司 2005 年版，第 302 页。

⑦　［南宋］陈傅良：《止斋集·答刘公度之二》，吉林出版集团有限责任公司 2005 年版，第 318 页。

⑧　［南宋］薛季宣：《薛季宣集》卷二十五《书·答象先侄书》，上海社会科学院出版社 2003 年版，第 329 页。

有空言，无庚于行"①。"不为空言去圣人远。"②不为空言，就是求实，无庚于行则注重实践。透过一个"实"字和一个"行"字，可以进一步看到薛季宣和陈傅良的务实和不息精神，叶适都有所继承和发展。

三、现实不利（未善）的洞察

叶适对他生活的栖息地——南宋社会——又有深刻的洞察，并想用自己的言行使之趋于合理化。叶适身为一名官员，了解上层人士的状况，他又是一名常在地方做官的人士，理解下层人民疾苦。叶适继承了薛季宣和陈傅良的事功思想，为了达到国富民强、统一祖国的目的，他考察了南宋社会的存在状况，概括为有"六事未善"。叶适首先分析了治国策略：

> 所谓当先明治国之意者何也？盖当微弱之时，则必思强大；当分裂之时，则必思混并；当仇耻之时，则必思报复；当弊坏之时，则必思振起；当中国全盛之时，则必思维持保守；当夷狄宾服之时，则必思兼爱休息；先视其时之所当尚而择其术之所当出，不可错施而杂用也……无乃当微弱、分裂、仇耻、弊坏之时，而但处之以中国全盛、夷狄宾服之势；用维持保守、兼爱休息之术，而欲庶几乎强大、混并、报复、振起之功欤？治道之象，微而难知。臣虽至愚，窃论今日之事，恐其由前之时而处以后之势，用后之术而欲求前之功，补泻杂医，不能起疾，禾莠参种，迄靡丰年，此所谓治国之意当先明者也。③

又曰：

> 为国以义，以名，以权。中国不治夷狄，义也；中国为中国，夷狄为夷狄，名也。二者为我用，故其来寇也斯与之战，其来服

---

①　［南宋］薛季宣：《薛季宣集》卷二十五《书·答象先侄书》，上海社会科学院出版社 2003 年版，第 329 页。

②　［南宋］陈傅良：《止斋集·夏休井田谱序》，上海社会科学院出版社 2003 年版，第 336 页。

③　［南宋］叶适：《水心别集》卷之十五《外稿·应诏条奏六事》，中华书局 1961 年版，第 837—838 页。

也斯与之接,视其所以来而治之者,权也。中国虽贵,夷狄虽贱,然而不得其义则不可以治,不得其名则不可以守,不得其权则不可以应。三者并亡,譬犹舍舟楫而济深渊,以勇怯为浮沉。幸而得济,不可为常;不幸溺没,死且及之矣:后世之事是也。①

叶适分析,治理国家要有居安思危的思想,注重中庸之道,主张执中行权。也就是说,当处于中国全盛、夷狄宾服时期,主要应用维持保守、兼爱休息之术来协调各种关系以维护社会稳定;若处于微弱、分裂、仇耻、弊坏时期,就必须运用斗争的方式来实现强大、混并、报复、振起的目标。叶适的中庸之道也是动态之道,是主张斗争与协调统一用得其当而已,保证事物的正常发展,大化流行,其目的正是为了让人们能正确掌握和运用事物的运动规律来为人类社会服务。只有在求真的基础上再求善,并通过人的劳动,善才能实现,才能改变不善的状况;否则,后果不堪设想。在明白这一道理后,叶适继续说:

诚先明其意,则国之所是可斟酌而定,议论趋向可审详而决,课功责效可岁月而待。臣昧死,顾论今日之未善者六事,皆治国之意未明之故。何谓未善者六事? 今日之国势未善也,今日之士未善也,今日之民未善也,今日之兵未善也,今日之财未善也,今日之纪纲法度未善也。②

在此,叶适明确提出"六事未善",包括要维护人民的利益、国家的利益,牵涉到经济、政治法律等。关于"六事未善",叶适有以下分析。

(一)何谓今日之国势未善

叶适说:

且夫微弱者必思强大,汤以七十里,文王以百里是也。分裂者必思混并,秦、晋、隋之力争、艺祖、太宗之无敌是也;仇耻者必思报复,夏少康、越勾践、汉武帝、唐太宗是也;弊坏者必思振起,

---

① [南宋]叶适:《水心别集》卷之四《进卷·外论一》,中华书局1961年版,第684页。
② [南宋]叶适:《水心别集》卷之十五《外稿·应诏条奏六事》,中华书局1961年版,第838页。

秦孝公、周世宗是也；岂昔之能斟酌国是如此，而今有不能乎？若曰："业已然矣，吾独奈何？"又曰："天不悔祸，吾其敢逆！"事之未立，则曰"乘其机也"，不知动者之有机而不动者之无机矣，纵其有机也，与无奚异！功之未成，则曰"待其时也"。不知为者之有时而不为者之无时矣，纵其有时也，与无奚别！然则用后之术而欲求前之功，治国之意终于未明，而今日之国势亦终于未善，而无所复论矣。①

叶适以史为鉴，列举了历史上的帝王，在与当今相同的历史条件下，怎样解决国势问题。以此来劝说和提醒在位皇帝和人士，教育人们，抓住时机，发愤图强。叶适早就认识到，今日的社会上层人士没有救国救民的远大理想。南宋时期面对北方金兵的压力，社会上层人士大多无抗击金兵、收复半壁河山的远大抱负，而主张以江南守江，偏安一隅，不以国家大业为重。叶适对此非常不满，他说：

且今天下之患，其深大宏远者，某不敢遽言也。言其所易知而最甚者，亦有三而已：朝廷之上，陋儒生之论，轻仁义之学，则相与摈贤者而不使自守以高世。庸人诋道以从时，举缝掖而仇视者盖半天下，而名实之辨乱矣。夫事有逆顺，命有祸福，为善未验，或蒙其尤，此时之常也。而天下之人，消沮悼栗，遂以为不复有所就。且上有复九庙安中国之心，帝王之盛节也。而群臣不能将顺圣意，左右推挽，庶几有成，而皆以为当一切无事而已，君子则拂之以求名，小人则悦之以求利。积此之患，其本不立，其末皆废矣。天作水旱，地为沟浍并非良农之疾也；蟊贼之不除，螟螣之蓄滋，则后稷亦畏之。故善医者，未论疾之虚实而先察其受病之处，傥在于此。②

叶适认为，应该像好的医生一样要先弄清楚病人的患病之处，对一个

---

① ［南宋］叶适：《水心别集》卷之十五《外稿·应诏条奏六事》，中华书局1961年版，第839页。

② ［南宋］叶适：《水心文集》卷之二十七《书·上西府书》，中华书局1961年版，第543页。

社会也是同样。朝廷的好多人轻仁义，不能进取以拯救国家，只是安于现状，只关心自己的名和利，这是最大的社会问题。他认为，应当"使民无嗜战之意，而亦无畏战之心，外可以立功而内不失为无事，鄙后世鞍马之劳而坐收三代揖逊服人之获"，只可惜在当今之世已难以做到了。更有甚者，是现在一方有警，天下震动，战事稍有平息，"兵寝事竟，则谋议之臣动色相贺，以为万全，不自知其耻也，畏战无勇之俗于是成矣"，结果形成"以江淮之弱而兼西北之强，鼓思退之卒而战自奋之兵"的态势，使天下"智士"为之"寒心"。① 不过叶适以为："治乱无常势，成败无定谋，独往独来，乃凝于神；事成功立，莫识其门。弱可强也，怯可勇也……用今之民，求今之治，则亦变今势矣。"②叶适又分析："外可以攻，内可以守，全国也。外不可以攻，内可以守，仅存之国也。可以攻而不为必攻之形，不足以守而为固守之势，折强大以就弱小，臣不知其说也。"③再者，"以臣计之，一战之可畏，犹未足畏也；然虽绝使罢赂，而臣以为犹未至于遽战者。盖求战在敌，使之不得战在我，若此之术，执事者所当思也。夫胜敌固有道，用兵固有法，所当施行者固有次第矣。执事者犹未敢开其始，而臣安敢详其终！且今之能言者众矣，不度本末，不量深浅，而历数天下之至计以自衒鬻，此其可用者安在？夫惟以复仇为正义，而明和亲之决不可为，自此以往，庶有可得而论者"④。可见，叶适爱国主义精神之强烈，令人敬仰。

（二）何谓今日之士未善

叶适说：

> 自古国家，曷尝不以任贤使能为急欤？然而以意行事，以人胜法者，乃今日之所讳也。故事之曲折，无不诿法；习而行之，吏胥所工，士大夫愧焉。幸时无事，将迎唯诺，自可称职，而贤能遂至于无用矣。其无用也，故今之休伤廉隅者反以行见异，研玩经

① ［南宋］叶适：《水心文集》卷之二十七《书·上西府书》，中华书局1961年版，第543页。
② ［南宋］叶适：《水心文集》卷之二十七《书·上西府书》，中华书局1961年版，第543页。
③ ［南宋］叶适：《水心别集》卷之四《进卷·外论四》，中华书局1961年版，第691页。
④ ［南宋］叶适：《水心别集》卷之四《进卷·外论三》，中华书局1961年版，第688页。

术者反以学见非,志尚卓荦者反以材见嫉,伦类通博者反以名见忌。是岂世之恶贤能欤? 贤能之无用,势有以激之也。锢于朋党,沉于卑贱,老于岩穴,何不可者! 然而臣窃怪其既无有于今世矣,而风流日以坠失,士俗日以颓败,官无素望,人无定品,诸路无平时之师,群僚无充事之员,举踌躇叹息而且以乏材为患者,何欤? 岂其既以为无用而可以迎遏,又以为有用而不可磨灭欤? 然则以为有用而不求其实而收之,以为无用而不思其弊而救之者,何欤? 此臣所以深疑治国之意未明,而使今日之士未善也,陛下盍先明之乎! 若治国之意终于未明,则今日之士亦终未善,而无所复论矣。①

叶适认为,贤人应该受到重用。但是,他看到当今“以意行事,以人胜法”,导致对贤人见异、见非、见嫉、见忌,造成贤人无用。对此,叶适有亲身经历,深受其害。叶适针对社会现实进行了深刻分析:

陛下聪明为小人蔽蒙甚有三:一曰道学,二曰朋党,三曰皇极。夫仁义礼乐,是为道;问辨讲习,是为学;人有不知,学有不问道,皆弃材也。古人同天下而为善,故得谓之道学,名之至美者也。小夫谮人,不能为善而恶其异己,于是反而攻之,而曰“此天下之恶名也”。陛下入其说,而抱材负学之士以道学弃之矣。恶名既立,争为畏避,迁就迎合,扫迹灭影,不胜众矣。小夫谮人犹不已,又取其不应和、少骂讥者,亦例嫌之曰,“我则彼毁,尔奚默焉! 是与道学相为党尔”。陛下又入其说,尔中立不倚之士以朋党不用矣。举国中之士,不陷于道学,则困于朋党矣。唯其不能可否而自为智,无所执守而自为贤,然后窃箕子所谓“有为、有猷、有守”,是有材、有道、有操执之人也;“汝则念之”,斯须不可忘也,“不协于极”而亦“受之”,谓其虽有偏而终有用,亦当收拾而成就之也。今所谓道学、朋党者,正皇极所用之人也,奈

①　[南宋]叶适:《水心别集》卷之十五《外汇·应诏条奏六事》,中华书局 1961 年版,第 840页。

何弃天下之有材、有道、有操执者,取其庸人外若无过、中实奸罔者而用之,而谓之"建皇极"哉? 其故无他,阘冗适尊异,凡庸当奋兴,天下之大祸,始于道学而终于皇极矣。[①]

叶适看到当时社会,"天下之大祸,始于道学而终于皇极矣"。一些所谓的"贤士",搞朋党之争,真正的忠良贤臣却得不到重用,最终酿成大祸。叶适欣赏像王通这样的贤士,他说:

> 故独治唐、虞、三代之遗文以折当世,举当世之不合也固矣。举当世之不合,又将以遗后世? 然则后世其何为也? 将遂有尽复之于数千载之上,使无一不如唐、虞、三代者乎? 抑亦顺三才之理,因当世之宜,举而措之而已矣! 此王通氏之所以独得于孔子之意也。
>
> 夫通既退不用矣,于是续《书》以存汉、晋之实,续《诗》以辨六代之俗,修《元经》以断南北之疑,赞《易》道,正《礼》《乐》。其能以圣人之心处后世之变者乎! 其见仁、义、礼、乐之未尝不行于天下者乎! 其言曰:"续《诗》可以讽,可以达,可以荡,可以独处,出则孝,入则悌,多识治乱之情。"渊乎哉其明于道者之言乎! 以道观世,则世无适而非道。后世之自绝于唐、虞、三代也,是未能以道观之者也。《诗》有四名、五志,《书》有天子之四范,大臣之七业,其所去取者不可得而见矣。推是以观后世,庸有不可为者乎? 达制命者,得变化之心,达志事者,得仁义之几,上下之言通而天下治矣。善哉! 圣人复起,必从之矣。举三代而不遗两汉,道上古不而忽方来,仁、义、礼、乐绳绳乎其在天下也,兼三王以施四事,是无不可矣。虽然,以续经而病王氏者,举后世皆然也,夫孰知其道之在焉![②]

叶适以为王通懂得经典,并能续接经典,在经典中体现道,做到经世

---

① [南宋]叶适:《水心文集》卷之二十《墓志铭·文林郎前秘书省正字周君南仲墓志铭》,中华书局1961年版,第381—382页。

② [南宋]叶适:《水心别集》卷之八《进卷·王通》,中华书局1961年版,第743页。

致用。即"顺三才之理,因当世之宜,举而措之而已矣"。仁义礼乐是道的体现,道之所在,就是仁义礼乐之所行,"仁、义、礼、乐绳绳乎其在天下也,兼三王以施四事,是无不可矣"。像王通这样遵循道来做事或治理国家无不成功,能做到道德与事功、仁义与功利并举,使二者融为一体,叶适对此非常赞赏。

(三)何谓今日之民未善

　　三代之养民,臣犹未敢言也。若夫汉当文、景之际,则公私有余,武帝则萧然耗矣;江左、元嘉之政,其盛衰亦然。盖民之贫富,专系其用兵之多少矣。自绍兴之中年及乾道、淳熙,将五十年,中间用兵一二年尔,亦可谓少矣。民之富,州县之宽,宜与文、景比,而今日独奈何民力最穷,州县最困欤?试即士大夫而问今天下之县曰:"某可为欤?某不可为欤?"其不可为者十居八九矣。又试即士大夫而问今天下之州曰:"某可为欤?某不可为欤?"其不可为者十居六七矣。又问其"不可为者为何欤"? 曰:"月椿、板帐钱尔,经总制、上供尔,归正人、官兵俸料尔。"又问"民力之所以穷者何说欤"? 曰:"役法尔,和买尔,折帛尔,和买而又折帛尔。"然则国家有休兵之实过于文、景,而天下被用兵之害甚于武帝,何欤? 此臣所以深疑治国之意未明,而使今日之民未善也,陛下盍先明之乎! 若治国之意终于未明,则今日之民亦终未善,而无所复论矣。[①]

叶适看到,民力最穷、州县最困。他这样描述当时农民的生活状况:

　　以臣计之,有民必使之辟地,辟地则增税,故其居则可以为役,出则可以为兵。而今也不然,使之穷苦憔悴,无地以自业。其驽钝不才者,且为浮客,为佣力;其怀利强力者,则为商贾,为窃盗,苟得旦暮之食,而不能为家。丰年乐岁,市无贵粜,而民常

---

　　① ［南宋］叶适:《水心别集》卷之十五《外稿·应诏条奏六事》,中华书局 1961 年版,第 840—841 页。

患夫斗升之求无所从给。大抵得以税与役自通于官者不能三之一，有田者不自肯而能肯者非其田，此其所以虽蕃炽昌衍而其上不得而用之者也。①

今天下州县，直以见入职贡者言之，除已募而为兵者数十百万人，其去而为浮屠老子及为役而未受度者又数十万人。若此皆不论也。而户口昌炽，生齿繁衍，几及全盛之世，其众强富大之形宜无敌于天下。然而偏聚而不均，势属而不亲，是故无垦田之利，无增税之人，役不众，兵不强，反有贫弱之实见于外，民虽多而不知所以用之，直听其自生自死而已。②

叶适说，当今社会，由于农民大量破产，使社会急速向两极分化，造成"偏聚而不均，势属而不亲"的状况，并由此造成"无垦田之利，无增税之人，役不众，兵不强，反有贫弱之实见于外，民虽多而不知所以用之，直听其自生自死而已"的后果。政府不知用民之道，农民破产而被迫成为浮客、成为佣力、成为商贾，乃至成为盗贼者越来越多。照此下去，长此以往，社会中从事创造性劳动的人就越来越少。叶适提出了使人民各就实业、以劳获食的思想，他说：

夫天下所以听命于上而上所以能制其命者，以利之所在，非我则无以得焉耳。是故其途可通而不可塞，塞则沮天下之望；可广而不可狭，狭则来天下之争。望失争生而上之权益微。盖富人之所以善役使贫弱者，操其衣食之柄也。使其尽衣食之欤？则力弗称而无名；使其拒而弗之衣食欤？则柄失而势衰。是故使之以事而效其食，或汲或负，或筑或锄，则其力之弗任者，虽饥且死，不敢食矣。噫！使彼而皆任欤？吾虽尽食之何伤；不然，则彼不以无功为羞而吾以吝食为愧矣。③

叶适希望国家和当官者能为人们着想，给人民谋生的机会，使之自食

---

① ［南宋］叶适：《水心别集》卷之二《进卷·民事中》，中华书局1961年版，第654页。
② ［南宋］叶适：《水心别集》卷之二《进卷·民事中》，中华书局1961年版，第653页。
③ ［南宋］叶适：《水心别集》卷之三《进卷·官法下》，中华书局1961年版，第671—672页。

其力,而且这种机会"可通而不可塞""可广而不可狭"。他认为,如果所有提供劳力的人都能胜任其事,则国家全部予以安置亦无不可。相反,如果一个人不能胜任所有工作,"虽饥且死,不敢食矣"。也就是说,这种不能自食其力、对社会毫无用处的人,虽被饿死也不会有怨言(这里叶适的观点可能有些极端)。能力强、贡献大者可以衣食充足,而且他们即使不去帮助那些无自食其力之人,也不会感到惭愧。可见叶适已具有了由社会为每个人提供自食其力的生存机会并进行"按劳分配"的想法和适者生存、优胜劣汰的思想。这在当时社会恐怕难以实现,不过他坚持以"事"以"劳(力)"而受食的思想,充分反映了"功利"的特点。

(四)何谓今日之兵未善

古人之兵,以宿师为拙,以聚屯为病,不敢别异于民而特养之,虽特养之,不多数也。一朝有事,菽椹其食,料简其民,虽少而未尝不胜者,厉而使之也。今之特养者,将兵、禁兵、厢兵,世世坐食,总其成数,斯不少矣。古人之兵患未得此数尔,固足横行于天下。又有特养之大者,御前之军,屯驻四处,驻兵买马,截拨纲运,赀力竭矣,然而上下徊徨,皆曰"兵不可不养也"。屈意仇雠,坚守盟誓,行人岁遣,琛货空矣;然而内外怵惕,又皆曰"兵不可用也"。不知兵既不可不养,而何以反不可用欤?统副非人,朘刻廪赐,卒伍穷饿,怨嗟流闻。议者又以为"就使用之,终不可以致其死命也"。不知既不可用而徒养之,又何以徒养之者为累欤?然则昔人之能厉其兵虽少而必胜,今日之以兵自累虽多而愈弱者,何欤?臣所以深疑治国之意未明,而使今日之兵未善也,陛下盍先明之乎!若治国之意终于未明,则今日之兵亦终未善,而无所复论矣。[1]

宋代冗兵、冗费、冗官三大问题,其中占财政费用最大的是冗兵。叶

---

　　[1]　[南宋]叶适:《水心别集》卷之十五《外稿·应诏条奏六事》,中华书局 1961 年版,第 841页。

适认为,古之兵"虽少而未尝不胜者",反而"今日之以兵自累虽多而愈弱"。对此,他提出要对军队优化组合。他说:

姑试言兵之常制以合今日之事者有四:有边兵,有宿卫兵,有大将屯兵,有州君守兵。边兵者,因其地,练其民,不待内地之兵食而固徼塞也。宿卫兵者,因都邑所近之民,教成而番上,与募士杂,国廪其半而不全养也。大将屯兵者,悉用募士而教其精锐,全养之而已。州郡守兵者,以州郡之人守之而不以州郡之力养之也。故兵制各行而兵力不聚,然后有百万之兵而不困于财矣。故进则能战,退则能守,而不受侮于夷狄。今也一之。边兵,募也;宿卫,募也;大将屯兵,昔有旧人而今募以补之使成军也;州郡守兵,昔之禁兵消尽,而今募其人名之曰禁兵也。四者皆募,而竭国力以养之,是徒知募而供其衣食耳,此所以竭国力而不足以养百万之兵也。力则已困,用则不可,故进不可战、退不可守,百人跳梁则一方震动,而夷狄之侵侮无时而可禁也。臣愿陛下审虑定计,以分四者之兵而变今之法。①

当时实行的是募兵制,即"四者皆募,而竭国力以养之",一律由国家供应给养。叶适认为有弊病:力则已困,用则不可,故进不可战,退不可守。他建议实行"分兵"法,只有屯驻兵和宿卫兵之一半是由募兵来集兵并由国家供应给养,其他都由民兵来代替,这就可以大大减轻国家的财政负担。除了采用"分兵"法以改供应制度外,叶适还有"精兵"的主张,要求把各种兵的人数都精简下来,做到"兵以少而后强"。他说:"不减宿卫、屯驻之兵,则国力不宽;不减厢禁弓手土兵,则州郡之力不宽。"②他认为,要做到兵少而后强,主要是减少"特养"之兵。"古人之兵,以宿师为拙,以聚屯为病,不敢别异于民而特养之,虽特养之,不多数也。"最后,叶适指出:

使兵制定而减州县之供馈,以苏息穷民,种植基本。于是厉

---

① ［南宋］叶适:《水心别集》卷之十一《外稿·兵总论一》,中华书局1961年版,第780页。

② ［南宋］叶适:《水心别集》卷之十二《外稿·厢禁军弓手土兵》,中华书局1961年版,第786页。

其兵使必斗,厉其将使不惧,一再当虏而胜负决矣。兵以少而后强。[①]

只有如上所述,定兵制,并实行之,拯救国家、恢复大业才有成功的可能。

(五)何谓今日之财未善

> 财之善者,不曰"米粟布帛取于民力之所有"欤?及王制浸废,运鱼,监榷酒茗以佐用度,然终不尽利,而亦不尽以金钱责其下之所无,虽少而不得不足者,盖亦之输,曾未能当今三务场之数。其又有浩大者,经总制钱,强立窠名,从而分隶;和买、白著,折帛、折变,再倍而取;累其所入,开辟以来未之有也。入既若是,出亦如之。盖尝仓猝不继,相视无策,遂印两界会子而权之者,有年数矣。不知取钱之多若是,而何以卒岁扰扰,反忧不足欤?今天下幸欲暂安于无事,而从以是钱为患也;设更有事,其一切不顾而取之者,又将覆出欤?夫昔者不敢尽取虽少而犹足,今日不顾而取之虽多而犹匮者,何欤?臣所以深疑治国之意未明,而使今日之财未善也,陛下盍先明之乎!若治国之意终于未明,则今日之财亦终未善,而无所复论矣。[②]

南宋的财政收入可以说超过前代,但南宋王朝是一个贫弱腐败的王朝,即"夫昔者不敢尽取虽少而犹足,今日不顾而取之虽多而犹匮者"。这到底是怎么回事?叶适说:

> 夫计治道之兴废而不计财用之多少,此善于为国者也。古者财愈少而愈治,今者财愈多而愈不治;古者财愈少而有余,今者财愈多而不足。然则善为国者,将从其少而治且有余乎?多而不治且不足乎?而况于多者劳而少者逸,岂恶逸喜劳而至是

---

① [南宋]叶适:《水心别集》卷之十二《外稿·四屯驻大兵》,中华书局 1961 年版,第 784 页。

② [南宋]叶适:《水心别集》卷之十五《外稿·应诏条奏六事》,中华书局 1961 年版,第 842 页。

哉？故臣请陈今日财之四患：一曰经总制钱之患，二曰折帛之患，三曰和买之患，四曰茶监之患。四患去则财少，财少则有余，有余则逸。有余而逸，以之求治，朝令而夕改矣。[①]

叶适反对南宋王朝有太多的苛捐杂税和肆意征敛，如上述四患。他主张："故财之多少有无，非古人为国之所患，所患者，谋虑取舍，定计数，必治功之间耳。"[②]关键在于人们上缴的税与人们手中"财"要有恰到好处的比例，上缴太多会打击人们的生产积极性，甚至影响人们的生存。治国的策略要正确，能取得实在的功效，而不应斤斤计较财政收入的多少。他批评当时当政者对"财"的态度："以一财之不足而百虑尽废，奉头竭足以较锱铢，譬若惰夫浅人，劫劫焉徒知事其口腹而已者也。"[③]如果官府不斤斤计较于赋敛，而是把苛捐杂税除去，反而有益于治。"财少则有余，有余则逸。"意思是，除去苛捐杂税，官府赋敛得少了，百姓就"有余"了，从而也就"逸"了。这样，"有余而逸，以之求治"。由此可以看出，叶适谈的功利是计深远的功利，是国家的治国之道，而不是急功近利。不过，叶适在论述此问题时，如果含有"财愈少而愈治""财愈多而愈不治"这一思想的话，那就未免有不合理的倾向。

（六）何谓今日之纪纲法度未善

昔之立国者，知威柄之不能独专也，故必有所分；控持之不可尽用也，故必有所纵。三代以上，星分棋布，悉为诸侯，其自居者千里而已。此非后世之所能，然犹竖植其四隅，倚之捍御；封崇其险隘，示以形势；至于对立鼎峙，雌雄所争，则必隆其委任，多其分画。岂无外重生奸跋扈致寇之患哉？历代相承，莫之或变，盖非不欲其密，而亦不能使之疏也。然则尽收威柄，一总事权，视天下之大如一家之细，孰有如本朝之密者欤？呜呼！靖康

---

① ［南宋］叶适：《水心别集》卷之十一《外稿·财总论二》，中华书局1961年版，第773—774页。

② ［南宋］叶适：《水心别集》卷之十一《外稿·财总论一》，中华书局1961年版，第771页。

③ ［南宋］叶适：《水心别集》卷之十一《外稿·财总论一》，中华书局1961年版，第771页。

之祸,何为远夷作难而中国拱手欤? 小民伏死而州郡迎降欤? 边关莫御而汴都摧破欤? 今犹弗之悟也,岂私其臣之无一事不禀承我者为国利,而忘其雠之无一事不禁切我者为国害欤? 岂其能专而不能分,能密而不能疏,知控持而不知纵舍欤? 此臣所以深疑治国之意未明而使今日之纪纲法度未善也,陛下盍先明之乎! 若治国之意终于未明,则今日之纪纲法度亦终未善,而无所复论矣。[①]

叶适对君主的极端专制进行了分析和批评,认为南宋王朝没有处理好纪纲法度方面的分与专、密与疏、控持与纵舍之间的关系,没有掌握好中道。君主权力高度集中,导致地方没有灵活性和主动性。他认为,国家因唐、五季之极弊,收敛藩镇,权归于上,一兵之籍,一财之源,一地之守,皆人主自为之也。欲专大利而无受其大害,遂废人而用法,废官而用吏,禁防织悉,特与古异,而威柄最为不分。[②]宋初之君,专务矫正唐末五代藩镇割据的局面,实行加强中央集权的措施,有其历史的必然性,也是顺乎民心的。然而,做事情要有个度,矫枉过正,以免去一弊而又产生一弊,从一个极端跳到另一个极端。“本朝之所以立国定制、维持人心,期于永存而不可动者,皆以惩创五季而矫唐末之失策为言,细者愈细,密者愈密,摇手举足,辄有法禁。”[③]再者,“今内外上下,一事之小,一罪之微,皆先有法以待之;极一世之人志虑之所周浃,忽得一智,自以为甚奇,而法固已备之矣,是法之密也。虽然,人之才不获尽,人之志不获伸,昏然俛首一听于法度,而事功日隳,风俗日坏、贫民愈无告,奸人愈得志。此上下之所同患,而臣不敢巫也。故法度以密为累而治道不举”[④]。这是法度密而不疏。关于纪纲,叶适说:

---

① [南宋]叶适:《水心别集》卷之十五《外稿·应诏条奏六事》,中华书局 1961 年版,第 842 页。

② [南宋]叶适:《水心别集》卷之十《外稿·始议二》,中华书局 1961 年版,第 759 页。

③ [南宋]叶适:《水心别集》卷之十二《外稿·法度总论二》,中华书局 1961 年版,第 789 页。

④ [南宋]叶适:《水心别集》卷之十《外稿·实谋》,中华书局 1961 年版,第 767—768 页。

今自边徼犬牙万里之远，皆上所自制命。一郡之内，兵一官也，财一官也，彼监此临，互有统属，各有司存，推之一路犹是也。故万里之远，嚬呻动息，上皆知之，是纪纲之专也。虽然，无所分画则无所寄任，天下泛泛焉而已。百年之忧，一朝之患，皆上所独当，而其害如之何！此夷狄所以凭陵而莫御，仇耻所以最甚而莫报也。故纲纪以专为患而至于国威不立。①

叶适把南宋王朝的软弱，特别是靖康之祸以及南宋不能报仇雪恨的原因，归之于高度集权的极端君主专制的体制，是不无道理的。为天下之纪纲，则固有常道。譬如一家，藩篱垣堵，所以为固也；堂奥寝处，所以为安也。固外者宜坚，安内者宜柔；使外亦如内之柔，不可为也。唐失其道，化内地为藩镇，内外皆坚，而人至不能自安；本朝反其弊，使内外皆柔，虽能自安，而有大不可安者。②叶适认为，作为一个国家，固外宜坚、安内宜柔，是天下纪纲之常道。唐之失在内外皆坚，宋之失在内外皆柔，都不合常道，因而唐终于不能自安，而宋虽能自安而有大不可安。宋代这种内外皆柔之势，是同如上分析的高度的君主专制有一定关系的。对此，叶适提出分权疏法主张：

法度以密为累，则莫若疏之；故兵、财、民政分任而不一者，不可以不更也。纪纲以专为累，则莫若分之；故四边无所付，外无郭郭则内无堂室，故处不可以守，出不可以取者，不可以不更也。更之则慰民心，苏民力，解缠起痼，兴滞补弊，则二三年之间，可以抗首北出，而取燕之利在掌握矣。然非先尽其害，则不能得其利，害尽去则利见矣。③

分权，就是朝廷、君主把一定的权力，包括兵、民、财、赋之权，分给将帅和地方守臣，使之得以自用、得以专任，即有其自主权。叶适指出：

分两淮、江南、荆湖、四川为四镇，以今四驻扎之兵，各以委

① ［南宋］叶适：《水心别集》卷之十《外稿·实谋》，中华书局 1961 年版，第 767—768 页。
② ［南宋］叶适：《水心别集》卷之十四《外稿·纪纲二》，中华书局 1961 年版，第 813 页。
③ ［南宋］叶适：《水心别集》卷之十《外稿·实谋》，中华书局 1961 年版，第 768 页。

之。所谓四镇者，非尽举此百余郡之地以植立之地。于中各割属数州，使兵、民、财赋皆得自用，而朝廷不加问焉，余则名属之而已。而又专择其人以各自治其一州，所谓兵、民、财赋，皆得自用，则朝廷平日所以置四总领馈其军粮者，二年之后，皆可无复与彼，以数州之财足以养之矣。如此，则彼之任专，而吾之费轻矣。虽然，以兵与人，以地与人，此今日异常之大事也。然其为之也，不惊世，不动众，陛下一日命之则成矣。成则久，久则安之以为常然。若此者，内以暮月之内，尽去民之所患苦；外以二年之外，兵勇士厉可用之于死，而大功可举矣。陛下不惜财，不吝权，念吾之所大欲者，解胶固，伸挛缩，易于举动，果于责成，以立大功而已。①

叶适认为，中央政府对地方政府，君主、朝廷对地方臣子和将帅要保持有所为而又有所不为，这样既给予自主权，又保留君主、朝廷应有的控制权。这就是把专与分、密与疏、控持与纵舍结合起来的天下纪纲之常道。实行这个常道，既可纠正有宋一代纪纲法度"能专而不能分，能密而不能疏，知控持而不知纵舍"的弊端，又可防止出现唐末五代那种藩镇割据、内战频繁的祸乱，从而形成外坚内柔之态势，变国家的积弱之势为强势，实现报仇雪耻、恢复故土的目标，以立大功而已。

叶适对南宋王朝不利和积弊（害）方面深刻的探析，是同他的崇高的道德情操、高度的历史责任感和敏锐的哲学智慧分不开的。在哲学智慧中，凸显他的社会洞察力，把握到社会的弊端、害处和不利。如上所述，南宋王朝在经济、政治、人事等方面存在种种不利的因素，特别是在人的思想领域，存在"存天理，灭人欲"极端化观点和主张，并且占据主导地位，严重阻碍人们积极性的发挥。只有去掉这些不利因素，才能让有利因素彰显出来。当然，有利因素的到来，要依靠人们的具体行动。不过，在行动之前，如果没有人认识到为什么行动和怎样行动，行动起来是比较困难和

---

① ［南宋］叶适：《水心别集》卷之十五《外稿·终论一》，中华书局 1961 年版，第 819 页。

盲目的,可能会事与愿违,导致不利(当然不否认人的智慧最终是在行动中产生的)。在此,从某种意义上,体现着人的(明)智与利的内在关联。正因如此,叶适才大胆地提出了一些重要的利民利国的见解和主张。

第五节　德与利统一的思想和方案

一、仁之爱与生:顺民

叶适分析了社会上比较突出的"六事未善"的问题后,又考虑到当时社会矛盾的复杂性和全面性,提出了整体治理社会的思想。他说:

> 治道有二:内理也,外事也。事著而有方,故任之欲难,难则行,行则勤,勤则业广,积日累月而无事不举,非致易乎? 理微而无形,故察之欲逆,逆则止,止则思,思则理明,心融意浃而群疑冰释,非致顺乎? 外业广,内理明,治天下不能加毫末矣。[①]

叶适认为,在治理国家、社会时,既要重视理,又要重视事,做到理事合一,在理的指导下做事,在事中体现理,按事物本身的义理来展现自己。这样既符合人们的当前利益,也符合人们的长远利益,即外业广、内理明,治天下不能加毫末矣。关于此治道,叶适有详细的论述。

叶适对立国之本有自己的主张:

> 国本者,民欤? 重民力欤? 厚民生欤? 惜民财欤? 本于民而后为国欤? 昔之言国本者,盖若是矣。臣之所谓本,则有异焉。臣之所谓本者,本其所以为国之意而未及于民。臣非以民为不足恃也,以为古之人君非不知爱民,而不能爱民者,意有所失于内则政有所害于外也。夫国于天地,必有与立,亦必有与亡。孟子曰:"三代之得天下也以仁,其失天下也以不仁。国之所以废兴存亡者亦然。"且其昔何为而仁? 今何为而不仁? 使其

---

① [南宋]叶适:《水心文集》卷之二十九《杂著·进故事》,中华书局1961年版,第593页。

后世之所以守天下者皆如其始之所以得天下,则何为而失之?
呜呼! 是岂不可以深思而极论乎! 夫植木于地者,其华叶充荣
者,末也;其根据盘互者,本也;此众人之所知耳。夫根据盘互,
不徒本也。自其封殖培养之始,必得其所以生之意,而后天地之
气能生之。一日失其意,则夫根据盘互者,拜然颠蹶,焦然枯槁
而已矣。地安能受之哉!①

叶适提出,立国之本在于仁,他引用孟子的思想并发挥之。他肯定以
仁可以得天下,不仁则会失天下;同样,国家的兴亡与仁、不仁有关。其仁
当然含有爱民的意思;更重要的是,仁要充满生意。他以树木的生长为
喻,"自其封殖培养之始,必得其所以生之意,而后天地之气能生之"。强
调要顺应事物的本性,继道成善,来爱护之,来发展之,让其如其所是地生
长、生存下去,只要能苗壮成长,本和末、树根和树梢(叶)都会旺盛。"夫
根据盘互,不徒本也",这才是真正的爱、真正的仁。否则,"一日失其意,
则夫根据盘互者,拜然颠蹶,焦然枯槁而已矣。地安能受之哉"! 由此可
以看出,叶适通过树木之所以能好好生长,来表达人(们)要好好生活,必
须抓住人(们)本性即生存,来好好爱护和培育,并合理地实惠之,有利于
其本性的成长。叶适也认为,爱心即人心,并充满活力,他说:

当是之时,仲尼退与其徒求所以为仁之方,发其所厚,消其
所薄,根于心术,见于事变。虽其质之所受者有异,性之所习者
有偏,而仁之为道未尝远也。或曰爱人,或曰刚毅,或曰克己复
礼,与其他不一之论,广大充满,上下周流,而仁在是矣,以为虽
未能以救当时之患,而犹可以启后人之心也。②

叶适以为,孔子就是以仁为本,表现为爱人、坚强不屈,遵循自然和社
会的秩序去生存和行动,并积极探索人之存在的根据。可以说仁之方,距
离道不远,进一步说就是道。人的存在本身就应该像道一样,大化流行,
自强不息,广大充满,上下周流。孔子为人师表,终生为人民大众奔走不

---

① ［南宋］叶适:《水心别集》卷之二《进卷·国本上》,中华书局1961年版,第644页。
② ［南宋］叶适:《水心别集》卷之九《廷对》,中华书局1961年版,第747—748页。

息,是道的体现。叶适肯定人的存在方式就应该是仁,要有生命力,要有激情,要有顽强的奋斗精神和行为,这样才能顺(道)则昌、逆(道)则亡。从历史发展的长河来看,人民群众就是道的化身,人民群众不断实践着、不断创造着人类社会,人类社会不断发展着。进而可以说,顺应民心者则昌,逆潮流者亡。叶适又以具体事例来说明:

> 若夫汉之高祖,唐之太宗,起于细微单人,挺剑特起,臂指天下;而四海之雄无不来手受事,相与于草创之中,拜伏俛仰而为之臣,建置宗庙而立其典法,以垂后世。此虽不足以望周人积累之盛,然而要其所以得之者,必有合天之心,顺民之心,而非偶然而自得之也。故其后世,若武帝、明皇失其意则乱,光武、宪宗复得其意则兴,而元、成、穆、敬沉溺宴安,莫知其祖宗之所以至此者,何也? 徒凭藉而有之,则其业遂以衰败而亡。故臣以谓继世而有天下,其中才者固能守祖宗之意,其贤圣者则增益祖宗之意,其好谋而寡德者徒以变乱祖宗之意,而昏童不肖者则又不知祖宗之意。故其为兴、亡、治、乱,皆可考而无疑。[1]

叶适以为,祖宗之意就是仁,就是"合天之心,顺民之心",说明仁存在于合乎大自然发展的必然性(合天之心)和顺应于社会发展的必然性(顺民之心)之中。能继承和发扬祖宗之意的是才者和贤圣者,而搞乱和不知祖宗之意的是好谋而寡德者和昏童不肖者。怎样才能实行仁呢? 要合天之心,要顺民之心,重民力,厚民生,惜民财。叶适还提出礼臣和恤刑:

> 周、文、武,最能得天下之贤材而用之,遇以信厚而折旋之以礼乐。[2]

> 夫进人以礼,退人以义,而不以刑法御其臣者,无过于祖宗之世;而不使奸臣妄杀一士者,亦无过于祖宗之世。[3]

> 以恤刑之仁行制刑之仁,轻于汉、唐而庶几于三代,深者无

---

① [南宋]叶适:《水心别集》卷之二《进卷·国本上》,中华书局1961年版,第645页。
② [南宋]叶适:《水心别集》卷之二《进卷·国本中》,中华书局1961年版,第647页。
③ [南宋]叶适:《水心别集》卷之二《进卷·国本中》,中华书局1961年版,第648页。

公名,平者无后患,重失入之坐,厚雪冤之赏。是故无智力之治,无兵甲之强,无险要之固,德泽虽未大利于天下,而民不携贰,天下安宁,室家相保,未尝有匹夫横行之变,下人谋上之奸者,能隆礼以御其臣而恤刑以爱其民也。故此二者,国家之大本,无穷之祚,不可变之俗也。①

叶适强调用仁、义、礼、乐来对待人民,就能得到民众的支持和拥护,即做到"能隆礼以御其臣而恤刑以爱其民也",是国家之大本,可以无穷之祚,不仅行正义之道,而且也直接关系到人们的福祉。此二者是叶适最为关心的事,也是他一生为之奋斗的目标。康德也有类似的主张:

按我的理论,则既不是人类道德本身,也不仅仅是幸福本身,而是世界上最可能的至善——它就在于这两者的结合与一致——才是创造主的唯一目的。②

叶适认为,人们要过道德的生活、过善的生活、过幸福的生活,其生活是充满爱心和生机的。康德主张,人们要过道德感、正义感和幸福感相结合的至善生活。叶适和康德对人生和人类都有共同的关怀。

二、天下之势在己:利民利国

叶适认为,治理国家、社会必须根据天下之势:

古之人君,若尧、舜、禹、汤、文、武,汉之高祖、光武,唐之太宗,此其人皆能以一身为天下之势;虽其功德有厚薄,治效有浅深,而要以为天下之势在己而不在物。夫在己而不在物,则天下之事惟其所为而莫或制其后。导水土,通山泽,作舟车,剡兵刃,立天地之道,而列仁义、礼乐、刑罚、庆赏以纪纲天下之民;至于宾饯日月,秩序寒暑,而鸟兽草木之类不能逃于运化之外,此皆上世之所未有,而圣人自为之者也。③

---

① 〔南宋〕叶适:《水心别集》卷之二《进卷·国本中》,中华书局1961年版,第650页。
② 〔德〕康德:《历史理性批判文集》,何兆武译,商务印书馆1990年版,第169页。
③ 〔南宋〕叶适:《水心别集》卷之一《进卷·治势上》,中华书局1961年版,第637页。

叶适以为,天下之势在己而不在物。人要发挥其能动性,按照事物的本性提前做好准备,即"天下之事惟其所为而莫或制其后"。如对大自然,做到"导水土,通山泽,作舟车,剡兵刃",存在于天地之道之中,遵循天地之道,遵循大自然本身的必然性。对社会和人民大众,遵循社会运行的必然性,实行"仁义、礼乐、刑罚、庆赏以纪纲天下之民",才能真正有利于老百姓。反之,叶适说:

> 及其后世,天下之势在物而不在己。故其势之至也,汤汤然而莫能遏,反举人君威福之柄以佐其锋;至其去也,坐视而不能止,而国家随之以亡。夫不能以一身为天下之势,而用区区之刑赏以就天下之势而求安其身者,臣未见其可也……此无他,能以其身为天下之势,则天下之势亦环向而从己,其必然而无疑者矣。[1]

> 故夫势者,天下之至神也,合则治,离则乱;张则盛,弛则衰;续则存,绝则亡。臣尝考之于载籍,自有天地以来,其合离、张弛、绝续之变,凡几见矣,知其势而以一身为之,此治天下之大原也。[2]

叶适从另一方面分析,如果天下之势在物而不在己,仅仅追求物,苟且偷生,来满足自己的物欲,而不能遵循大自然和社会发展的必然性,反而任其膨胀,则国家将随之以亡。能以其身为天下之势,则天下之势亦环向而从己,国家兴盛。所以叶适指出:"自有天地以来,其合离、张弛、绝续之变,凡几见矣,知其势而以一身为之,此治天下之大原也。"叶适又分析了导致国家兴亡的具体原因:首先,天下之乱与亡有五患,而人主之得罪于民不与焉:一曰女宠,二曰宦官,三曰外戚,四曰权臣,五曰奸臣。人主之失德于天下,然后乘之以水旱,动之以甲兵,则小者乱、大者亡。是故善治天下者,不惟闭是门也,又使其门陋而不足求;不惟塞是途也,又使其途微而不足行。其次,中国之所患者,辽人也,夏人也。所以致靖康之变者,

---

① ［南宋］叶适:《水心别集》卷之一《进卷·治势上》,中华书局1961年版,第637—638页。
② ［南宋］叶适:《水心别集》卷之一《进卷·治势上》,中华书局1961年版,第639页。

昔之五患有其四焉耳。由此言之,天下之势在内而不在外也。故其上莫若使势在己而不在物,其次莫若使势在内而不在外。忘内忧外以起内乱,其为计也末矣。叶适认为,一国的兴亡主要在于内部,如果国内有五患之类的问题,将会慢慢衰亡,一旦碰到天灾人祸,就会灭亡。外部有辽、夏之患。二者共同起作用,后果不堪设想。他指出:

> 臣之不肖,盖尝筹之,以为使今之天下自安而忘战则不可,使之自危而求战,尽变而能战,又决不可也。何也? 盖世有陈设珍器,调谐丝竹,而饮酒歌舞以为乐者,而其外且有焚溺之患、卒然之忧焉,则其主人何以待之欤? 将使其客尽废其歌舞饮酒而褰裳濡足以救之欤? 则其势不可以尽能而徒伤其乐。且其往救也,则其乐必不竟,而奴婢之无赖者顾从而窃之矣。然则亦付之其人而已,使其外不失为捍患而内无以伤吾乐,患去功成而饮酒歌舞者不知焉,斯天下以为贤且智矣。夫何以异此! 强其所未能,废其所已能,其要在于天下之皆能也,皆能而臣窃忧其患之有不可胜讳者矣![①]

叶适指出,人们要有忧患意识,不能沉醉于享乐、歌舞之中,自安而忘战则不可,但没有充分的准备,没有一定的实力和有利的势态,也不能急于求战。要认清自己当前的处境,提高警惕,救国图强。他认为,治理国家、社会要以史为鉴,吸取前人的经验教训:

> 臣窃尝悲当世之故,而其义不得以尽言,请泛论前世之帝王得失成败可考之迹,以见其意。其远而在唐、虞、三代者,臣未敢及焉。秦始皇、汉武帝,雄武之资,慑服宇内⋯⋯有以示天下之威,后世之君,虽外讳其失而中有羡慕之侈心焉。汉之宣帝,有明智之才,执赏罚之柄,足以独任天下⋯⋯若是者,有以示天下之权。唐之太宗,少而为将帅,长而为帝王,英锐明达,驾驭贤俊,利在仁义则行仁义,利在兵革则用兵革⋯⋯若是者,有以示

---

① ［南宋］叶适:《水心别集》卷之一《进卷·治势下》,中华书局1961年版,第643页。

天下之功，是以后世之君，推其求治之心，欲庶几焉而未之得也。
夫慨然有志者，不免于美慕始皇、武帝之侈，而精实求治者，又止
于庶几宣帝、太宗之事；然后以其智巧而行申、商、韩非之说，则
虽有天下之威也，天下之权也，天下之功也，抑犹未得其所以服
天下之道，而徒恃夫名位以临之者也。①

叶适说，秦皇、汉武是靠"威"，使人震恐而不敢为所欲为以治理国家、
社会的；汉宣帝之流是靠"权"，使天下之人拱手退听而不敢有所自为以治
理国家、社会的；唐太宗等人则是靠"功"，唯所利而行之，使人欣然毕力愿
为之用，至于精疲力竭，甚至死而不悔以治理国家、社会的。他们治理国
家、社会的方法不同，但都取得了成功。后世之效仿者，则虽有天下之威、
权、功，但"犹未得其所以服天下之道，而徒恃夫名位以临之者也"，只是仿
其表，而不明其里，其实这些人并不知治理国家、社会各有其道。叶适又
指出：

昔之人，思其所以为人君之道以授世主而使操之者，其说多
而详矣。或以为所宝者在令，令行而莫能逆，故有留令、亏令、不
从令之罚，皆至于死；或以为权者上之所独制，而不得与臣下共
之者也，故杀之足以为己威，生之足以为己惠，而天下之事自己
而出者谓之君；或以为人主之所恃者法也，故不任己而任法，以
法御天下，则虽其父兄亲戚而有所不顾。此三者，虽非先王之所
废也，然而不以是先天下。②

叶适以为，过去的人们论治理国家、社会之道时，有的说"所宝者在
令"，有的说"权者上之所独制"，也有的说"人主之所恃者法也"。然而，他
们不懂得"此三者，虽非先王之所废也，然而不以是先天下"，这三者并不
是先于社会而存在的，也不是可适用于任何时期的社会和国家的治理。
同时，叶适反对求近功浅利的国家、社会治理者以智巧行之，结果是"以智
巧行令，其令必壅；以智巧用权，其权必侵；以智巧守法，其法必坏"。关于

① ［南宋］叶适：《水心别集》卷之一《进卷·君德一》，中华书局1961年版，第634页。
② ［南宋］叶适：《水心别集》卷之一《进卷·君德一》，中华书局1961年版，第633页。

此点,康德说:

> 在人类的进步过程中,才能、技巧和趣味(及其后果,逸乐)的培育,自然而然地要跑在道德发展的前面;而这种状况对于道德以及同样对于物质福利,恰好是负担最大而又最危险的事,因为需要的增长要比可以满足他们的手段强烈得多。但是,人类的道德禀赋[就像贺拉士所说的"报复姗姗来迟"(poena pede claudo)]尽管常常是跛踏在这些东西的后面,却总有一天(正如我们在一个明智的世界统治者之下很可以希望的那样)会赶过这些在其急促的进程之中会自己绊住自己且往往会跌跤的东西。[①]

叶适和康德在此分析了人们的智慧与人们的利益(道德的善和物质福利等)的关系,即智与利的关系;强调人们要有明智,要居安思危,有忧患意识,做到以史为鉴,面向未来,要有深刻的洞察力,要用大智慧来指导人生。社会和国家的发展要考虑到人民和国家的长远利益,不能急功近利,不能靠耍一些雕虫小技的智巧来获得一时的愉悦和幸福;否则,将来会跌跤的。同时,叶适和康德都强调道德在社会发展中的作用,从某种意义上说,德性就是力量。人们对道的遵循和对道德的弘扬,其本身所具有的成效完全能胜过一时耍智巧、耍手段的人的目的,并且他们迟早要回到道德本身,否则可能最终自取灭亡。再者,就人的道德性来讲,虽然是外部事物的自然秩序内化于人所形成,但具有人的主观性,也是一种主观的观念产物;当只是一种观念的产物时,它本身就体现出某种具有普遍性质的随意性和专断性,只有把它纳入一种规范之中,它才能变成生活的道德、民众的道德。因此,思想只能是思想家的理想,只有把这种主观的道德纳入一种具有普遍规范性的法则和法律框架之中,它才能够成为真正意义上的道德,随意性和专断性才会获得应有的规范。因此,道德走向实践的道路,要借助一些实实在在的内容来充实,并用具体的方案、法则甚

---

① [德]康德:《历史理性批判文集》,何兆武译,商务印书馆1990年版,第85页。

至法律来保障。叶适注意到了这一点,提出实德和实政。

三、行实德,修实政:为民为国

叶适提出了具体执行的思想和方案,即实德和实政的内容:

> 臣闻甘弱而幸安者衰,改弱以就强者兴。今陛下申命大臣,先虑预算,思报积耻,规恢祖业,盖欲改弱以就强矣。臣宿有志愿,中夜感发,窃谓必先审今日强弱之势而定其论,论定而后修实政,行实德,如此则弱果可变而为强,非有难也。臣将博陈极论,而事阔语长,诚恐久留天听。[①]

在此,叶适根据国家的实际情况,向皇帝提出建议,建议皇帝行实德、修实政,以改弱就强。叶适对皇帝充满信心,只要本人发愤图强,并带领人们努力奋斗,国家的目前状况就会改变。叶适想让皇帝的威望和权威起作用,并顺天(道)而行,则国家强盛。叶适一直很重视皇帝(领袖)的作用,关于此点,康德也有论述:

> 作为臣民的平等,则其公式可以叙述如下:共同体的每一个成员都对其他每个人具有强制权利,其中只有共同体的领袖是例外(因为他并不是其中的一个成员,而是它的创造者和守护者),唯独他才有权强制别人而本身却不服从强制法。然而,凡是处于法律之下的人都是一个国家之内的臣民,因而就像共同体所有其他的同胞成员一样也要服从强制权利,唯一例外的(生物人或道德人)便是国家领袖,一切合权利的强制都唯有通过他才能加以运用。这是因为,如果他也要受到强制的话,那么他就不会是国家领袖了,于是这个隶属的等级其序列就要无限地伸展下去。可是假若他们竟有了两个(不受强制的人)的话,那么他们就谁都不服从强制法,一个也就不能对另一个做出任何不

---

① [南宋]叶适:《水心文集》卷之一《奏札·上宁宗皇帝札子》,中华书局 1961 年版,第 5 页。

义,而这却是不可能的事。①

康德认为,领袖高于臣民,是创造者,是守护者,是合法权力的代表者,臣民都要按领袖的意志行动,有极大的权威性。其领袖与叶适所认为的君主相似。另一方面,叶适又说:

> 且均是人也,而何以相使? 均是好恶利欲,而何以相治? 智者岂不能自谋? 勇者岂不能自卫? 一人刑而天下何必畏? 一人赏而天下何必慕? 而刑赏生杀,岂以吾能为之而足以制天下者? 虽然,鸟高飞于重云之上,鱼深游于潜渊之下,而皆不免有鼎俎之忧。天下之人所以奔走后先,维附联络而不敢自弃者,诚以势之所在也。②

叶适认为,君主毕竟还是人,而不是神。君主同其他人一样,"均是好恶利欲",其形象比喻为"鸟高飞于重云之上,鱼深游于潜渊之下,而皆不免有鼎俎之忧"。君主虽高高在上,如果不能是真正的领袖,不能是民意的代表者,不能把握天下之势,就可能会导致何以相使、何以相治的局面。关于领袖所具有的特性,康德说:

> 因此无论他可能想要如何着手,但总归是看不出他怎么才能够找到一位其自身乃是公正的、正直无私的首领来;不管他是求之于一个个别的人也好,还是求之于为此而选出来的由若干人所组成的集体也好。因为其中的每一个人,当其没有另一个领导者对他自身依法行使权力时,总是要滥用自己的自由。然而,最高首领却既须其本身就是正直的,而又得是一个人。所以,这就成为一切问题之中最为棘手的一个问题了。要完全解决这个问题,确实是不可能的事;像从造就人类的那么曲折的材料里,是凿不出来什么彻底笔直的东西的。大自然向我们所提出的,也就只是朝着这一观念接近而已。③

---

① ［德］康德:《历史理性批判文集》,何兆武译,商务印书馆 1990 年版,第 183—184 页。
② ［南宋］叶适:《水心别集》卷之一《进卷·治势上》,中华书局 1961 年版,第 638—639 页。
③ ［德］康德:《历史理性批判文集》,何兆武译,商务印书馆 1990 年版,第 10 页。

君主或领袖均有滥用自己的自由的可能性,如果君主或领袖按大自然和社会的必然性行事,就会顺则昌;如果君主或领袖的自由不建立在自然和社会的必然性基础上,滥用自由,就会逆则亡。叶适清醒地认识到这一点,所以他建议君主行实德、修实政:

> 臣所谓行实德者:臣窃观仁宗、英宗,号极盛之世,而不能得志于西北二虏,盖以增兵既多,经费困乏,宁自屈己,不敢病民也。……自是以来,羽檄增取之目,大者十数,而东南之赋,遂以八千万缗为额焉。多财本以富国,财既多而国愈贫;加赋本以就事,赋既加而事愈散。然则英主身济非常之业,岂以货财多少为拘。①

叶适从较近的历史讲起,对民众要名实不欺,用度有纪,式宽民力,永底阜康。在此主要是让民富裕,关心民众疾苦,不应只顾有国库的财产多少。这是君主行实德的重要内容之一。叶适又说:

> 其于天下之民也,真见其可佚而不可劳,可安而不可动,可予而不可夺也,非轻租、捐赋、宽逋负以为之赐也,而况于急征横敛而无极也!其于群臣百官也,真见其官各有守,才各有宜,畀之以事而不相易也,非贵其所贱、亲其所疏,而要之以报己也,而况于姑使之充位而自用也!其于听言受责也,真见其过言过行之出有以害天下而幸其臣之告己也,非内不乐闻而外为宽容之意以悦天下也;于其言也,可从则用之,真见其朝不能以及夕也,不徒听之而终置之也,而况于拒谏塞谤而以不受教为能也!其于君子小人也,真见君子之可敬而小人之当远也,诚以恶佞谀而好匡救也,不徒敬君子以为名乐小人之自便也,而况于疏君子而比小人也!其于声色、游畋、玩好、珠玉也,真见其简静而无欲,屏弃而不御也,不待于欲之而以理禁之也,而况于沉溺堕坏于其中而不知反也!积之以岁月,真见其悠久也;烦之以万机,

---

① ［南宋］叶适:《水心文集》卷之一《奏札·上宁宗皇帝札子》,中华书局1961年版,第8页。

真见其能无倦也。凡此者,皆实德也。[①]

叶适建议,君主对于民众,要"可佚而不可劳,可安而不可动,可予而不可夺也",不能轻租、捐赋收买人心,更不能急征横欲之行。对于官员,要使他们"官各有守,才各有宜,畀之以事而不相易也",不能拘泥于贵其所贱,亲其所疏,更不能使之充位而自用。对于批评意见,要警惕自己"过言过行之出有以害天下而幸其臣之告己也",而不是对逆耳良言不喜欢听,要有宽容的姿态。对于各种建议,要"可从则用之,真见其朝不能以及夕也,不徒听之而终置之也",不要自以为是,以不受教于人为能。对于君子与小人,要敬君子远小人,更不能近小人而远君子。对于玩乐、奢侈品,要简静、节欲,不能自己"欲之而以理禁之也",更不能沉溺于纵欲。

叶适认为,君主在行实德的基础上要修实政。关于实政的具体内容,叶适说道:

> 故臣欲经营濒淮沿汉诸郡,各做家计,牢实自守。虏虽拥众而至,阻于坚城,彼此策应,首尾相接,藩墙御扞,堂奥不动,然后进取之计可言矣。
>
> 此兵几三十万,未可便望一可当十,十可当百;但一人真有一人之用,淮、汉能守,此兵能战,数年之内,制虏有余。
>
> 若淮、汉千里果当固守,四处大军果当精练,四方之才,随其小大,宜付一职,使之观事揆策,以身尝试。习熟渐久,方能舍燕安而乐粗涩,易脆腐而为坚强,劲虏在前,行者思奋。[②]

叶适以上述三项内容为改弱就强的实政,叶适又提出:

> 方明主虚心以待执事者,宜无不听,则当古今之变,权利害之实,以先定国是于天下。然后收召废弃有名之士,斥去大言无验之臣,辟和同之论,息朋党之说;据岁入之常以制国用,罢太甚之求以纾民力;广武举之路,无限其任保;多制科之选,无必其记

---

① [南宋]叶适:《水心别集》卷之一《进卷·君德二》,中华书局 1961 年版,第 635—636 页。
② [南宋]叶适:《水心文集》卷之一《奏札·札子二》,中华书局 1961 年版,第 6—7 页。

问；责州郡以荐士，则士林之气增；委诸路以择材，则士卒之心
勇；四分上流之地以命羊、陆之帅，厚集荆、楚之郊以求宛、洛之
绩；仍旧兵之数以严搜练，耕囚屯之田以代军输；稍宽闽、浙之
患，无旷江南之野；重台谏而任刺史，崇馆阁以亲讲读；遴储佐之
材，分幕府之寄：凡今之急政要务，不待朝夕而行之者，其大略在
是矣。①

叶适认为，上述事情都是急政要务，要权衡利害，做到趋利避害，抓紧
实施，达到中兴目的。在实施过程中，叶适强调指出：

其所以行此者，则又有三焉：一曰诚，二曰赏，三曰罚。夫发
号出令，无有巨小，必思生民之大计而不徇乎一身之喜怒，是之
谓诚。爱人之功，求人之善，举之公卿之上而忘其疏贱之丑，是
之谓赏。惩人之过，明人之恶，加之窜殛之戮而遗其贵近之厚，
是之谓罚。执事居得致之位而值可为之时，萧曹、房、杜之流，非
有他也，为之而合，行之而至矣。②

叶适以为，不论是大事还是小事始终为民众着想，就是诚，要忠诚于
民众的福利。赏与罚要不避亲疏，一视同仁，这样才能行之有效，充分调
动人们的积极性，形成上进的气象和合力。叶适希望，"陛下修实政于上，
而又行实德于下，和气融浃，善颂流闻，此其所以能屡战而不屈，必胜而无
败者也"③。可以看出，关于行实德，叶适以为，仁义道德要落实到民利
（力）上，"本仁义而同民乐（力）"④。他说："仁者，人之所以为实也，不求
仁而失其所以为人，求仁而不得其所以仁，不可以止也。"⑤仁之实就是有
利于民，为民做点实实在在的事。所谓实德，就是以老百姓的利益为核

---

① ［南宋］叶适：《水心文集》卷之二十七《书·上西府书》，中华书局1961年版，第543—
544页。

② ［南宋］叶适：《水心文集》卷之二十七《书·上西府书》，中华书局1961年版，第544页。

③ ［南宋］叶适：《水心文集》卷之一《奏札·札子二》，中华书局1961年版，第8—9页。

④ ［南宋］叶适：《习学记言序目》卷第十四《孟子·公孙丑》，中华书局1977年版，第199
页。

⑤ ［南宋］叶适：《水心文集》卷之九《记·李氏中洲记》，中华书局1961年版，第145页。

心,在现实中,道德不应是空虚的,空谈道德对百姓是没有意义的,也是不会被信任的。道德要体现在行动上。叶适所谓实政,就是做有利于国计民生的事情。"使民有蒙自活之利,疲欲有宽息之实"①,使百姓享有自己生存的条件,能得到宽免赋税、休养生息的实惠,同时要严惩贪官暴吏,整治吏治、军队等。这些都需要人们的实际行动。叶适说:"道非人不行,不行而天地之理不彰,古今之大患也。"②人遵循道而行,使天地之理得以彰显,同时在人身上形成个人的德性,人的行动与天地的运行都在呈现,天地的运行表现为事物的多样性,人遵循道的行动及其所产生的效果表现为人们的功德和业绩。从而体现为道、德、利的统一。"道德行为作为一个过程,既有其特定的动机,又伴随着某种结果;无论是动机,抑或结果,都构成了道德评价的对象。道德评价不仅展开于主体之外的社会,而且常常取得主体自我反省的形式。"③在人类历史的长河中,人们与道合一,不断地、历史性地生成德和利的统一。虽然在历史的某些阶段,德和利有不一致甚至严重冲突的时候,但历史的发展要使之趋于一致和统一,因为人的自由全面发展必须建立在大自然发展的必然性和人类历史的发展的必然性基础之上。这样就展开为一个历史过程。叶适在这里是针对他当时的现实状况,他认为建实功、行实德、修实政,都要在行动中体现,同时在做具体的实惠之事中,培养人的实德,而在实德的范导下又能更好地修实政,二者是相互影响、相互促进的,体现着道德和功利的内在关系。在这种内在关系中,叶适更突出国家和民众的利益,实际上也是二者(道德和功利)的高度统一。所以,叶适对经济问题高度关注,下面来探析他如何在一些经济问题中处理二者关系。

---

① [南宋]叶适:《水心文集》卷之一《奏札·札子二》,中华书局 1961 年版,第 8 页。

② [南宋]叶适:《水心文集》卷之十《记·上蔡先生祠堂记》,中华书局 1961 年版,第 166 页。

③ 杨国荣:《伦理与存在》,上海人民出版社 2002 年版,第 159 页。

第六节　经济中德与利关系的凸显

一、批判"重本抑末"，主张"扶持商贾"

叶适"志意慷慨，雅以经济自负"①。叶适有雄心壮志，要经世济国，特别强调经济的重要性。他致力于经济的目的是争取调动社会人士各方面的积极性，让有关因素都运转起来，达到效率、收益的最大化。同时，各方面的积极性一旦调动起来，并参与经济活动，其受益者就可能扩大，这样也能达到公平、公正的目的。二者如能有机统一，就会民富、国富，民强、国强，才能拯救人民、拯救祖国。这些就是叶适一生为之奋斗的目标——立义行善、德性与利益（功利）统一——的表现和要求。当然，由于历史条件的局限性，总会有不尽如人意的地方。叶适的经济思想是根据事物本身特点，在批判一些不合理的传统观点中确立起来的。

叶适在经济思想领域具有强烈的反传统精神，充分体现在他对"重本抑末"的公开批判上。这里，"本"是指农业，"末"是指农业之外的行业，特别是商业。叶适认为，本、末都重要，要重本，但不能抑末。本和末应该协调发展，应该是一体性、过程性的发展，应该是互动、互利的良性发展，才能比较充分地利国、利民。

叶适很重视农业的发展：

> 系《七月》者但曰"陈王业"，而下文云"周公"，详味其诗，实周公也。君者众民之总，国者众家之总，是诗也，以家计通国服，以民力为君奉，自后世言之不过日用之粗事，非人纪之大伦也，而周公直以为王业，此论治道者所当深体也。《洪范》曰"惟天阴骘下民，相协厥居"，《无逸》曰"先知稼穑之艰难乃逸"，古人未有不先知稼穑而能君其民，能君其民未有不能协其居者。此诗乃

---

① 《水心文集·宋史本传》，第11页。

《无逸》之义疏,协居之条目,成王童儒,未有所知,故详以告之也。《顾命》曰:"昔君文王武王宣重光,奠丽陈教则肄,肄不违,用克达殷集大命",成王盖守此以命召毕相康王也。后世弃而不讲,其讲之者亦自笑其迂浅而无用,乃以势力威令为君道,而以刑政末作为治体。然则汉之文宣、唐之太宗,虽号贤君,其实去桀纣尚无几也,可不惧哉![①]

在自然经济中,农业起着基础性的作用。叶适非常重视农业,也深知农业的艰难。他引用诗篇《七月》来表达从事农业的艰辛和农业的生产经验。周公以农业为王业,以家计通国服,以民力为君奉,以此为治道。在《洪范》中描述,天保护安定百姓,使他们和睦相处,也强调农业的播种和收获。在《无逸》中讲述,先了解耕种收获的艰难,然后处在逸乐的境地,就会知道老百姓的痛苦。在《顾命》中讲到,过去,我们的先君文王、武王,放出日月般的光辉,制定措施,发布教令,臣民都努力奉行,不敢违背,因而能够讨伐殷商,成就我周国的大命。古人未有不先知稼穑而能君其民,能君其民未有不能协其居者。而后世如果把农业视为日用之粗事,弃而不讲,其讲之者亦自笑其迂浅而无用,乃以势力威令为君道,而以刑政末作为治体。然则汉之文宣、唐之太宗,虽号贤君,其实去桀纣尚无几也,可不惧哉! 不过,汉之文宣、唐之太宗,并非不重视农业。叶适实际上是想说明,即使像汉之文宣、唐之太宗这样历史上有功名的君主,如果不重视农业而只以势力威令为君道,以刑政末作为治体,那么也就与桀、纣差不多了。叶适以退一步的方式来说明他对农业的重视。

农业虽说在自然经济中起基础性作用,但每人或每家生产物品又不是万能的,为了生活的需要,必须互通有无,进行产品的交换。这样就需要从农业过渡到商业。但是,重本抑末论是封建正统经济思想的主要教条之一,它对经济和经济思想的发展起到极大的压制、束缚作用。在叶适之前,尽管有人曾对此思想进行修正,或正面强调作为末的工商业的重要

---

① [南宋]叶适:《习学记言序目》卷第六《毛诗·国风豳》,中华书局 1977 年版,第 71 页。

性,但是还没有人对此观点表示反对。叶适在重视农业的同时,公开批判抑末论:

> 按《书》"懋迁有无化居",周讥而不征,春秋通商惠工,皆以国家之力扶持商贾,流通货币,故子产拒韩宣子一环不与,今其词尚存也。汉高祖始行困辱商人之策,至武帝乃有算船告缗之令,盐铁榷酤之入,极于平准,取天下百货自居之。夫四民交致其用而后治化兴,抑末厚本,非正论也。使其果出于厚本而抑末,虽偏,尚有义。若后世但夺之以自利,则何名为抑?恐此意(司马)迁亦未知也。①

叶适以为春秋及其以前,没有抑制商贾,并且国家支持经商。战国时期,有人提出抑末,一直到西汉后期,逐渐形成重本抑末的思想教条。叶适说,抑末始于汉高祖,可能是有说法。重本抑末论向来被自命为代表思想、学术正统的人奉为圣王之道,叶适公然宣布它为非正论,即不是什么圣贤之道,而是偏颇之论,这是重本抑末观点流行了一千多年之后第一次被否定,表明了叶适大无畏的批判精神。重本抑末论源于先秦,而不是始于汉高祖"困辱商人之策",但它并非先秦儒者所主张,因而谈不上什么圣王之道。所以,叶适说重本抑末论始于汉高祖,是就儒家来说的。重本抑末论并非古圣先王留下的什么正论,它是尊重历史事实的,是事物本身发展的要求,后人提出重本抑末论可能是有什么主观目的。作为末的工商业者,属于四民之列。只有"四民交致其用",即士农工商各尽其用、互相交换、协调发展,才能实现"治化兴",即经济进行良性的大化流行,抑末对"治化"是有害无利的,虽然对某些人有利,但不是真正的利,对经济活动的运转是有害的,最终导致对整个国家和全体人民不利。汉初为了发展农业而重本抑末,虽然是一种片面的观点和做法,但还有一定的道理。后世的抑末,实际上借抑末来"夺之以自利",是封建国家夺民间之"末",而自为"末"以取利,是骗人的借口。不过,这不是真正的利,会导致整个社

---

① ［南宋］叶适:《习学记言序目》卷第十九《史记一·书》,中华书局 1977 年版,第 273-274 页。

会发展缓慢。第一,这不是事物本身的发展;第二,社会的经济运转不是良性的互动发展。这样创造的真正的利(财富)就少,甚至连真正的思想(遵循道的思想)也少。

叶适的这种思想是社会发展本身的要求。当时不独一般工商业有很大的发展,连粮食贸易也是大规模的远程经营:

> 臣采湖南士民之论,以为二十年来,岁虽熟而小歉辄不耐;地之所产,米最盛而中家无储粮。臣尝细察其故矣。江湖连接,无地不通,一舟出门,万里惟意,靡有碍隔。民计每岁种食之外,余米尽以贸易。大商则聚小家之所有,小舟亦附大舰而同营;辗转贩粜,以规厚利;父子相袭,老于风波,以为常俗:其不耐小歉而无余蓄,势使之也。①

粮食商品的贸易尚且如此,其他工商业品的贸易可想而知。如今"南海一号"整体浮出水面,就是一个很好的历史见证。有专家指出,打捞一艘古代沉船就是打捞一段消逝的历史。船及其里面物品就是历史流传物,能对我们产生效果历史的作用。关于效果历史,潘德荣教授指出:

> 效果历史(Wirkungsgeschichte),它是过去与当代相互作用的历史,这就是说,历史不能仅仅理解为过去已发生事件,把历史研究的任务规定为客观地再现历史事件,并从中勾画出历史发展行程的长链。相反,真正的历史对象不是客体,而是自身和他者的统一物,是一种关系,在此关系中同时存在着历史的真实和历史理解的真实。一种正当的诠释学必须在理解本身中显示历史的真实……它是历史的演变着的存在,历史作为传统,表明了我们形成于历史之中,亦即当代植根于历史;但另一方面,正因为历史参与了当代的形成,便在当代找到了它存在的根据,由此进入当代。②

我们通过效果历史把我们同历史上的事件联系起来,进入同一个对

---

① ［南宋］叶适:《水心文集》卷之一《奏札·札子二》,中华书局1961年版,第2—3页。
② 潘德荣:《诠释学导论》,中国台湾五南图书出版公司1999年版,第132页。

话视域,互相沟通,达到视域的融合,这样我们就更能很好地理解和把握历史,展示历史事件的历史意义和当代意义。"南海一号"在海底沉睡了800余年,正好是叶适生活的年代。"南海一号"向我们诉说了我国宋代的商贸繁荣景象。"南海一号"及其上面的所有物品是我们考察南宋社会的"活化石",为我们研究南宋的商品经济提供了古老而又全新的有力证据。其古老性反映了当时中国的真实状况,说明宋代是中华文明进程中的一个商贸空前的高峰期。其全新性向我们呈现了我们不知道的大量珍贵信息,如当时中国的贸易情况、民间海商的集聚、商品进出的种类、航海技术、造船工艺等。另外,大量瓷器、金器、铜器、锡器、铁器还向我们传递南宋时期,甚至比南宋时期更早的文化信息,破解这些遥远的文明密码,对我们正确理解历史特别是南宋历史的意义非同凡响。

南宋工商业的这种长足发展,不能不在有识之士的思想中深刻地反映出来。例如,与叶适同代的陈亮也认为商人致富对国家有利,如使"大商无巨万之藏",会使"国势日以困竭";他反对王安石新法的理由之一也是不应该打击商人,"青苗之政,惟恐富民之不困也;均输之法,惟恐商贾之不折也"[①]。可见,不同意抑末的思想不是个别的,但只有叶适才是从理论上公开否定抑末的观点:

> 《齐语》载管仲相齐本末粗备,后世言治功者皆祖述之。然详验细考,多所不合,今疏下方:昭穆固无治效可论,舍文武而论昭穆,岂是时已变周制耶? 然其语不类春秋时,盖未足据。"四民勿使杂处""别生分类"虽自古而然,然民情亦未尝不然也。处士于闲燕,谓学校也;不言学校而言闲燕,是不知学制尔。工必于官府,是使余民艰于器用也。商之市井,农之田野,固不待上之教令矣。其要欲使四民世为之,其理固当然,而四民古今未有不以世。至于蒸进髦士,则古人盖曰无类,虽工商不敢绝也。[②]

---

① [南宋]陈亮:《陈亮集》卷之一《书疏·上孝宗皇帝第一书》,中华书局1974年版,第6页。

② [南宋]叶适:《习学记言序目》卷第十二《国语·齐语》,中华书局1977年版,第167页。

叶适肯定四民要有分工,四民为世应该是平等的。他主张在政治上,工商业者应有平等的参与权,其俊杰之士应和士农的子弟一视同仁,被选拔出来为官。叶适又从反对"夺民自利"的主张出发,对王安石在变法中推行的市易法持反对态度,批评其"夺商贾之赢",认为商贾之赢是不应该夺的:

> 今天下之民,不齐久矣。开阖、敛散、轻重之权不一出于上,而富人大贾分而有之,不知其几千百年也,而遽夺之,可乎?①

叶适以为,富人大贾分享国家的轻重敛散之权早已有之,是千百年来的既成事实,不能遽然取消,更不能以此为理由来打击商贾富人。这与传统思想——由国家单独掌握轻重敛散之权——相悖,这也体现了叶适的分权思想,他为富人商贾从事贸易贷放经营辩护,支持商贾,反映了时代的要求。

同时,叶适也支持人们从事商业活动,为了解决当时兵冗的积弊(害),他提出:

> 然则何以治厢、禁军、弓手、士兵,而宽州县?宜先择一二十州畀之,使散杂役之厢军;今之厢军尽隶官下,无在营者,并与之以一二年之衣粮,使各自为子本以权给之,而州无复给。又散禁军……然则散禁军如散厢军。弓手之费差轻,士军差少,不急散也,久将消尽,要以必散而止。②

叶适主张给退役的士兵一些钱,充当从事商业活动、贸易经营的本钱,以自己谋生。秦、汉以来,遣散士兵的方法一般都是回家种田、从事农业生产,从来不曾有人主张让退役的士兵从事商业经营。不仅如此,叶适在军事活动中也发挥富商的作用:

> 募浙西、江东、西、湖南、福建厚赀产及盐茶米商能以力居民者,自一里为差至五里止,计其费以官之,佐以盐茶。募及其三,

---

① [南宋]叶适:《水心别集》卷之二《进卷·财计上》,中华书局1961年版,第659页。

② [南宋]叶适:《水心别集》卷之十五《外稿·终论二》,中华书局1961年版,第820—821页。

即择险隘,先为之遣将将万人,沿淮上下以护其作。①

在处理江淮地区的军事防务问题上,叶适提出如上办法能减轻军费开支,从而减轻国家和民众的负担。再者,大商人也多是在江淮以南,能保护他们的资产。从以上内容可以看出,叶适非常重视商人及其作用,他希望顺应时代的发展,动员社会各种力量来富民富国,自然地会导致他对传统抑末观点的批判。

二、重视富民,反对抑兼并

叶适非常重视人民在历史上的作用:

> 为国之要,在于得民。民多则田垦而税增,役众而兵强。田垦税增,役众兵强,则所为而必从,所欲而必遂。是故昔者战国相倾,莫急于致民。商鞅所以坏井田开阡陌者,诱三晋愿耕之民以实秦地也。汉末天下殚残而三国争利,孙权搜取山越之众以为民,至于帆海绝徼,俘执岛居之夷而用之。诸葛亮行……然则因民之众寡为国之强弱,自古而然矣。②

叶适认为自古而然,人多力量大,种田多,人们的收入多,税多,国富民强。特别典型的是商鞅废井田开阡陌,招收更多的人种田。不过,叶适也看到当今的问题所在:

> 而户口昌炽,生齿繁衍,几及全盛之世,其众强富大之形宜舞故于天下。然而偏聚而不均,势属而不亲,是故无垦田之利,无增税之人,役不众,兵不强,反有贫弱之实见于外,民虽多而不知所以用之,直听其自生自死而已。③

叶适看到,当今的人口较多,应该富强,但是由于分布不均,偏聚一方,土地有限,因此人力没有得到充分利用。叶适进一步提出:

> 有民必使之辟地,辟地则税增,故其居则可以为役,出则可

---

① ［南宋］叶适:《水心别集》卷之十六《后总》,中华书局1961年版,第847页。
② ［南宋］叶适:《水心别集》卷之二《民事中》,中华书局1961年版,第653页。
③ ［南宋］叶适:《水心别集》卷之二《民事中》,中华书局1961年版,第653页。

为兵。而今世不然,使之穷苦憔悴,无地以自业……有田者不自垦而垦者非其田,此其所以虽蕃炽昌衍而其上不得而用之者也。①

叶适分析了人口与土地的关系。劳动力必然与生产资料相结合,才能创造财富,增加国家税收。再者,也可能大地主有土地,而没有足够的人耕种。能耕种的人,也可能没有地。这样,人力和物力没有充分结合,则是因为"其上不得而用之者也"。叶适建议:"夫分闽、浙以实荆、楚,去狭而就广,田益垦而税益增。其出可以为兵,其居可以为役,财不理而自富,此当今之急务也。"②叶适的迁民思想就是把人口多的地方的人迁到人烟少的荆楚之地去开荒种地,增加收入,从而打破中国农民千百年来安土重迁的习俗,对于减轻发达地区的压力和增进落后地区的开发具有重要的意义。由此可以看出,叶适想方设法为民为国多谋福利。

叶适更是看好富民,认为富人的作用是巨大的:

夫州县狱讼繁多,终日之力不能胜,大半为富人役耳;是以吏不胜怨,常欲起而诛之。县官不幸而失养民之权,转归于富人,其积非一世也。小民之无田者,假田于富人;得田而无以为耕,借资于富人;岁时有急,求于富人;其甚者,庸作奴婢,归于富人;游手末作,俳优伎艺,传食于富人;而又上当官输,杂出无数,吏常有非时之责无以应上命,常取具于富人。然则富人者,州县之本,上下之所赖也。富人为天子养小民,又供上用,虽厚取赢以自封殖,计其勤劳亦略相当矣。乃其毫暴过甚兼取无已者,吏当教戒之;不可教戒。随事而治之,使之自改则止矣,不宜豫置疾恶于其心,苟欲以立威取名也。夫人主既未能自养小民,而吏先以破坏富人为事,徒使其客主相怨,有不安之心,此非善为治者也。③

---

① [南宋]叶适:《水心别集》卷之二《民事中》,中华书局1961年版,第654页。
② [南宋]叶适:《水心别集》卷之二《民事中》,中华书局1961年版,第655页。
③ [南宋]叶适:《水心别集》卷之二《民事下》,中华书局1961年版,第657页。

叶适把富人看成促进社会发展的重要力量,富人让贫民为自己干活,是为天子养小民,有功于国家,有益于社会。贫民能有地方干活,当然创造的总量价值会大,但是劳动成果能归贫民多少,倒是很大的问题。叶适没有具体分析。但是他并未完全肯定富人。他不赞成《易传·系辞上》所讲"崇高莫大乎富贵"的说法:

> "崇高莫大乎富贵",是以富贵为主,至权与道德并称,《书》《诗》何尝有此义,学者不可从也;从之,则富贵不足以成道德,而终至于灭道德矣。①

由此可以看出,叶适始终没有离开道德来谈功利。叶适看重富人,是看重他们的经济实力和他们在现实社会中所发挥的作用。叶适主张保富,还是从变弱国为强国的目的来分析的,富国富民本身也是一种道德行为,关键是怎样发展富人,同时也不要忘了穷人。再说,富人的财富实际上也是富人和穷人共同创造的,可能穷人创造的更多一些,只是到了富人的手中。社会发展至此,一时也没有办法,可能重视富人对国家更有利一些。既然富人在社会、国家中处于如此重要的地位,那么就应该扶植、保护富人,而不应该打击、抑制富人。传统的抑兼并的思想与政策,就是以打击富人为目标。所以叶适反对抑兼并、批判抑兼并就是很自然的了。他说:"今俗吏欲抑兼并,破富人以扶贫弱者,意则善矣。此可随时施之于其所治耳,非上之所恃以为治也。"②如果天子不能养小民,不论怎样,富人能养小民,并且小民也为富人做工,一旦俗吏破坏这种关系,可能使其客主相怨,有不安之心,此非善为治者也。

从历史上看,抑兼并和反抑兼并两种思想早已存在,实际上这是人们的生产活动的表现形式,是利益最大化和利益公平化的矛盾体现。富人想获得更多利益,老百姓也想得到更多实惠。所以抑兼并和反抑兼并一直存在。如果土地兼并太严重,大多数老百姓得不到实惠,甚至生活也有问题,那么老百姓就可能起义,从而推翻现实的兼并状况。以贫农为主要

---

① [南宋]叶适:《习学记言序目》卷第四《周易四·系辞上》,中华书局 1977 年版,第 47 页。
② [南宋]叶适:《水心别集》卷之二《民事下》,中华书局 1961 年版,第 657 页。

人口的国家,要求平均、抑兼并的思想,有深厚的现实基础,同时,由于兼并的发展,尤其是土地兼并的发展,不断加剧社会矛盾,使得很多有识之士为老百姓说话,这样,抑兼并思想和轻徭薄税思想一样,与争取更大利益的兼并、重税思想一同长期流行。宋代庶族地主及工商业的发展,使得反抑兼并的思想有所加强。宋代政府一开始就实行不抑兼并的政策;不抑兼并政策的实施,更支持和鼓励了反对抑兼并思想的发展。叶适虽然反对抑兼并,但并不是同意兼并者无限制地兼并。兼并得太严重,虽然有一部分老百姓为兼并者做工,能养生,但大部分老百姓不能生活,就会出乱子,社会将不稳定。叶适认为,应该教育欲望太大的兼并者,不可教戒,随事而治之,使之自改则止矣;即可能要就事情本身来采取具体措施。叶适提出:

> 故臣以为儒者复井田之学可罢,而俗吏抑兼并富人之意可损。因时施智,观世立法。诚使制度定于上,十年之后,无甚富甚贫之民,兼并不抑而自己,使天下速得生养之利,此天子与其群臣当汲汲为之。不然,古井田终不可行,今之制度又不复立,虚谈相眩,上下乖忤,俗吏以卑为实,儒者以高为名,天下何从而治哉![1]

叶适的无甚富甚贫之民的思想,还是注意到了社会上的两极分化现象,他本人也想方设法去克服,不过由于历史条件的局限,是不好解决的。如今 21 世纪的中国也有类似的现象,这是一个二律背反的问题,即效率与公平的问题。土地兼并,财产兼并,富人利用人们做工,创造的财富可能比人们分散做工在同等生产条件下创造的财富多。但创造较多的财富是归富人还是归老百姓,这又是一个问题。叶适还提出二者兼顾的思想:兼并不抑而自己,使天下速得生养之利。从根本上来说,事物本身的发展和展开,效率和公平应该是一致的。事物本身的进展有一个度,是有中道在里面的。如果你任意利用资源,将来就会不利,如乱砍滥伐森林树木。

---

① 　[南宋]叶适:《水心别集》卷之二《民事下》,中华书局 1961 年版,第 657 页。

所以,叶适非常重视生养之利,鼓励人们按事物本身的发展,调动各种积极因素,充分利用人力和物力,创造更多的财富。对现实状况,他提出:因时施智,观世立法。他在皇帝集权专制的时代,提出这种思想是有勇气的,其通达、明智、远见与卓识是很少见的。这种变通的观点要求顺应历史发展而不是人为地强力阻碍,以一种顺乎自然的态度,采取通达的方式去对待新出现的情况,让经济发展沿着自身的规律演进,非常有见地。

叶适反对抑兼并,当然就会反对复井田的主张。叶适看到,一味地强调公平、平均而人们不能富裕,也是毫无意义的。人们要适应历史的发展才能得到实惠,并且是真正的利。他说:

> 今之言爱民者,臣知其说矣。俗吏见近事,儒者好远谋,故小者欲抑夺兼并之家以宽细民,而大者则欲复古井田之制,使其民皆得其利。夫抑兼并之术,吏之强敏有必行之于州县者矣。而井田之制,百年之间,士方且与按图而画之,转以相授而自嫌其迂,未敢有以告于上者,虽告亦莫之听也。夫二说者,其为论虽可通,而皆非有益于当世,为治之道终不在此。[①]

在历史上人们对井田制一直有好感,可能在于能平均地田,有均贫富因素。均贫富可能还是在富裕的基础上防止两极分化好一些,不要都贫而均。叶适认为,井田"非有益于当世,为治之道终不在此"。他坚决反对复井田,认为历史条件已变化,井田已不可复,还认为井田并不是什么好的土地制度。他指出:

> 且不得天下之田尽在官,则不可以为井;而臣以为虽得天下之田尽在官,文、武、周公复出而治天下,亦不必为井。何者? 其为法琐细烦密,非今天下之所能为。昔者自黄帝至于成周,天子所自治者皆是一国之地,是以尺寸步亩可历见于乡遂之中,而置官师,役民夫,正疆界,治沟洫,终岁辛苦,以井田为事;而诸侯亦各自治其国,百世不移,故井田之法可颁于天下。然江、汉以南,

---

① ［南宋］叶适:《水心别集》卷之二《民事下》,中华书局 1961 年版,第 655 页。

潍、淄以东,其不能为者不强使也。今天下为一国,虽有郡县吏,皆总于上,率二三岁一代,其间大吏有不能一岁半岁而代去者。是将使谁为之乎?就使为之,非少假十数岁不能定也;此十岁之内,天下将不暇耕乎?井田之制虽先废于商鞅,而后诸侯亡,封建绝,然封建既绝,井田虽在,亦不得独存矣。故井田、封建,相待而行者也。①

叶适以为,实施井田制,应该全部土地都归国家(小诸侯国)直接所有,即"不得天下之田尽在官,则不可以为井"。一旦历史条件发展变化,"虽得天下之田尽在官,亦不必为井"。由于"其为法琐细烦密,非今天下之所能为",他认为,井田是和西周以及西周以前的封邦建国的"封建"制相联系的。"井田、封建,相待而行者也。"小诸侯国所辖地区不大,君主世代相承,可以长期一贯地投入力量,"置官师,役民夫,正疆界,治沟洫,终岁辛苦,以井田为事;故井田之法可颁于天下"。而在大一统的郡县制下,疆域广大,各地自然条件不同,根本无法推行方块整齐的井田制;即使在一个地区划分井田,至少也要十几年。在郡县制下,地方官更换频繁,两三年一换,大吏更有不到一年半载就更换的,划分井田这种"琐细烦密"、旷日持久的工作,就没有人全权负责。因此,叶适根据事物本身的发展状况提出因时施智、观世立法的策略,是很明智的。叶适又分析了井田本身能起多大的作用:

夫畎遂沟洫,环田而为之,间田而疏之,要以为人力备尽,望之而可观,而得粟之多寡则无异于后世耳。大陂长堰,因山为源,钟固流潦,视时决之,法简而易周,力少而用博。使后世之治无愧于三代,则为田之利,使民自养于中,亦独何异于古!②

叶适认为,井田制下谷物的产量并不比后世高,况且现在的土地制度能"使民自养于中",与在井田制下相比,人们的生活不一定差,但人们创造的总价值要比从前多得多。既然如此,就没有复井田的必要。宋代以

---

① [南宋]叶适:《水心别集》卷之二《民事下》,中华书局1961年版,第656页。
② [南宋]叶适:《水心别集》卷之二《民事下》,中华书局1961年版,第656页。

前,人们主要从平均的视角来称赞井田制。宋代就有不少人以是否有利于农业生产的标准来评价土地制度。叶适是其中一个典型的代表。他分析土地与人力怎样结合才能创造更多的收获,实际上就是分析在具体的历史条件下,做到怎样的"天人合一",才能按事物本身的发展,获得更多的真正的利。在此基础上,评价一种事物的优劣,要看它能带来功利的有无、大小,而不看它是不是人们一时主观崇拜的东西,要关注事物本身的进展。关于这种思维方式,黑格尔说过:

> 具有本质重要性的是,我们在整个考察研究过程中必须牢牢记住,概念和对象,为他的存在与自在的存在,这两个环节都在我们所研究的这个知识本身之内,因而我们不需要携带我们的尺度,也不需要在考察研究的时候应用我们的观念和思想:由于我们丢开这些东西,我们就能够按照事物自在的和自为的样子来考察它。[①]

黑格尔的"知识本身",要理解为世界历史和人类历史发展的本身(不能是精神本身),也就是事物发展本身,才是叶适的本义。由此可以看出,叶适评价一种土地制度合理与否,是看它能否有利于生产力的发展;也就是说,看它是否能够为人们带来更多的真正的利,从而达到富民富国的目的。

三、"以天下之财与天下共理之"

叶适看到人们的苛捐杂税太重,他关心人们的疾苦,想用理财来减轻人们的经济负担。他先研究了当时的实际情况:

> 尝试以祖宗之盛时所入之财,比于汉、唐之盛时一再倍;熙宁、元丰以后,随处之封桩,役钱之宽剩,青苗之结息,比治平以前数倍;而蔡京变钞法以后,比熙宁又再倍矣……然要之渡江以至于今,其所入财赋,视宣和又再倍矣。是自有天地,而财用之

---

① [德]黑格尔:《精神现象学》,贺麟、王玖兴译,商务印书馆 1979 年版,第 59 页。

多未有今日之比也。①

叶适把当今的赋税同以前相比,发现越来越严重,他分析这是否同人们的理财观念和理财方式有关:

> 理财与聚敛异,今之言理财者,聚敛而已矣。非独今之言理财者也。自周衰而其义失,以为取诸民而供上用,故谓之理财。而其善者,则取之巧而民不知,上有余而下不困,斯其为理财而已矣。故君子避理财之名,而小人执理财之权。夫君子不知其义而徒有仁义之意,以为理之者必取之也,是故避之而弗为。小人无仁义之意而有聚敛之资,虽非有益于己而务以多取为悦,是故当之而不辞,执之而弗置。而其上亦以君子为不能也,故举天下之大计属之小人,虽明知其负天下之不义,而莫之恤,以为是固当然而不疑也。呜呼! 使君子避理财之名,小人执理财之权,而上下任用亦出于小人而无疑,民之受病,国之受谤,何时而已!②

叶适区分了理财与聚敛。他认为自周衰以来,理财的本义已损失,当今的理财已变成了聚敛,尽管理财的技巧很高明。君子已有所知,结果,君子避谈理财、躲避理财,而小人就会趁机掌握理财之权,造成"民之受病,国之受谤,何时而已"! 叶适继续分析:

> 夫聚天下之人,则不可以无衣食之具。衣食之具,或此有而彼亡,或彼多而此寡,或不求则伏而不见,或无节则散而莫收,或消削而浸微,或少竭而不继,或其源虽在而浚导之无法,则其流壅遏而不行。是故以天下之财与天下共理之者,大禹、周公是也。古之人,未有不善理财而为圣君贤臣者也。若是者,其上之用度,固已沛然满足而不匮矣。后世之论,则以为小人善理财而圣贤不为利也。圣贤诚不为利也,上下不给而圣贤不知所以通

之,徒曰"我不为利也",此其所以使小人为之而无疑欤![①]

叶适的理财观念是,"以天下之财与天下共理之"。他认为,人们的财产要合理地分配和流通,使国民经济活跃、运转并流行起来。在叶适看来,人们的衣食之具的生产、分配、交换、消费,从总体上存在不少问题,特别是有些急功近利的做法和想法,必须排除。再如,分配不均、生产不能满足需要、流通阻碍、货币发行等,都需要国家来管理,实际上就是需要国家从宏观的视角来调控。可见,叶适所谓的理财就是对国民经济的宏观管理。通过国家理财,使人们的衣食之具的生产、分配、交换、消费各方面能够协调运行,使经济良性循环,从而创造更多的财富。要使国民经济有序发展,就需要圣君贤臣的指导,如大禹、周公等。理财应成为圣君贤臣的职责。所以说:"古之人,未有不善理财而为圣君贤臣者也。"如果圣君贤臣不为(真正)利、不理财(君子理财是为了经济的持续发展),一旦小人为利理财,不讲仁义,甚至不懂经济方面的义,理出的财就可能一塌糊涂,不是真正的利,就会影响整个国民经济的发展。很难说,有些小人不贪图自己的私利。

不过,叶适认为"取诸民而供上用"就是聚敛,这里要做具体分析。一般情况下,国家机构本身的运转也需要财力,其来源当然要取之于民,只要取之合理、用之有道,就不能视为聚敛。这里用国民经济发展的状况来说明。例如21世纪的中国,由于工商业的发展,国家经济实力壮大,国家就不再让农民上缴农业税,这不但不影响国民经济的发展,反而还促进国民经济的发展,古未有之。叶适也认为,如果以取诸民而供上用,作为理财目的,就是聚敛。而在理财的同时,把人们创造的一部分财富合理地供上用,应该是正常的。所以,叶适说:"若是者,其上之用度,固已沛然满足而不匮矣。"

关于上缴赋税的标准:

> 儒者争言古税法必出于十一,又有贡、助彻之异,而其实皆

---

① ［南宋］叶适:《水心别集》卷之二《进卷·财计上》,中华书局1961年版,第658页。

不过十一。夫以司徒教养其民,起居饮食待官而具,吉凶生死无不与偕,则取之虽或不止于十一,固非为过也。后世刍狗百姓,不教不养,贫富忧乐,茫然不知,因其自有而遂取之,则就能止于十一,而亦不胜其过矣,亦岂得为中正哉!况合天下以奉一君,地大税广……则虽二十而一可也,三十而一可也,岂得以孟子貉道之言为断耶?[①]

叶适认为,古时赋税应该重一些,因为上缴的赋税要负责"教养其民,起居饮食,吉凶生死",可能不止于十一,甚至多些也不为过。后世上缴的赋税不负责人们的上述内容,所缴的赋税应该轻些,二十而一可,三十而一也可。不能以貉道为标准,不能是十一。这样,叶适大胆地否定了什一税是理想的、中正的税制这一古旧传统观点,主张轻徭薄税,以便减轻人们的经济负担。

对于国民经济的管理:

古之圣人,以民不能自衣食而教以衣食之方。及其敝也,上下无制,而因其所以衣食者,斗其力,专其利,争夺而不愧,赡足而不止。老聃以是为教者之过也,故曰"至治之极,民各甘其食,美其服,安其俗,乐其业",彼以为"不贵难得""不见可欲"能使之然,虽非正论,尚有意也。今迁将以圣人之所教、老氏之所废者同归一途,所谓"善者因之,其次利道,其次教诲整齐"者,其权皆听于奸猾不轨之细民而后可,则孰与为治?兼失之矣。[②]

叶适认为,司马迁虽兼顾儒家和道家的一些思想和做法,但还是有所偏失。司马迁对经济采取放任的态度,叶适不以为然。叶适以为,要通过理财来解决人们的衣食之具,国家要注意宏观调控,弥补缺失,让整个国民经济正常运转起来。他不赞成对人们求利的争夺行为采取放任的态

---

① [南宋]叶适:《习学记言序目》卷第七《周礼·天官冢宰》,中华书局 1977 年版,第 85—86 页。

② [南宋]叶适:《习学记言序目》卷第二十《史记二·列传》,中华书局 1977 年版,第 293 页。

度。同样,他也不赞成由官府直接经营工商业,对工商业控制得太死,从而不能调动从事工商业人员的积极性。例如,叶适不赞成桑弘羊所实行的由官府直接经营工商业、垄断全国工商业的做法。他认为,桑弘羊"直聚敛而已耳"①,"桑弘羊一志以民为壑"②。叶适继续分析:

> 管氏视都邑大小,欲钱米并蓄,李悝、耿寿昌代农人敛散,皆所以通有无,备凶荒也。然吏不良,令不行,则虽有美政善意,尚为民害。若尽笼百货,自为买卖,视民如髦蛮,此但令行而已,吏安得为良乎?③

> 管仲始以盐策霸齐,余尝疑《左氏》所不载,而《管子书》乃诸子辩士刻薄揣摩者附会其说,非实事也。是时王道虽衰而未尽,圣贤余论尚存,若管子果夺商贾之利以自封殖,议者安肯赦之!且陈氏盗齐柄,盖以家量贷,以公量收,晏子谓"民爱之如父母,归之如流水";然则豪夺民利,非管氏所为决也。自后遂有桑弘羊孔仅,又后遂有刘晏李巽。弘羊等奉汉武之欲,最得罪于民;晏事与弘羊无异,其可恕者,弘羊兴利用兵,晏兵用而后兴利,若不得已尔。然又后至今五百年,晏之术不废愈增。史家乃言"取人不怨,予人不乏,道御而王,权用而霸";不知帝王所谓食货者,如禹益稷"播奏艰食鲜食""懋迁有无化居""烝民乃粒,万邦作乂",乃是为民通致食货,全与无取,岂得以权道王霸为一种!史家无识,如此轻立论,自不足责;其如学者因之沦浃心髓,一则非弘羊,一则是刘晏,随声褒贬,无复根柢,此治道所以沦没不可复振,稍有意者,宜痛哭流涕而思之也!④

---

① [南宋]叶适:《水心别集》卷之六《进卷·管子》,中华书局 1961 年版,第 706 页。
② [南宋]叶适:《习学记言序目》卷第二十二《汉书二·志》,中华书局 1977 年版,第 311 页。
③ [南宋]叶适:《习学记言序目》卷第二十二《汉书二·志》,中华书局 1977 年版,第 311 页。
④ [南宋]叶适:《习学记言序目》卷第四十二《唐书五·列传》,中华书局 1977 年版,第 620—621 页。

　　由此可以看出,叶适对国民经济的宏观和微观管理理解得比较深刻,以至于后世两者不能结合,发出"宜痛哭流涕而思之也"的感叹。叶适认为,国家(帝王)干预、调控经济是必要的,目的必须是起到通有无、备凶荒的作用,能够方便人们的生活,提高人们的生计能力和生活水平,促使全国的经济良性运转起来。决不能通过国家直接垄断经营与民争利,从而打击民营或私营工商业的发展。民不富,国家也难以强大。由此看来,叶适是鼓励工商业的自由发展的,这也能给更多的人带来福利,带来现实的幸福。此处谈到的幸福,可能与牟宗三的幸福观有些不同。杨泽波教授指出:

　　　　牟宗三写《圆善论》的一个重要目的,是用儒家圆教解决康德没能真正解决的圆善难题……虽然牟宗三强调他依据的是儒道佛三教义理,与康德不同,但他毕竟是要解决康德的圆善问题,而且相信这个问题已经得到了解决。如上所说,康德的圆善论是用德性配享现实的幸福,而儒家的幸福观是在成德过程中享受精神上的满足,这两者的思路显然不同。我们可以说,儒家幸福观比康德圆善论更朴实、更简易,甚至可以说更圆满、更融通,但不宜说儒家幸福观解决了康德圆善论所没有解决的问题。道理非常简单:无论儒家幸福观多么圆满、多么融通,它也没有,实际上也无法保证有德之人一定能享受到现实的幸福。[①]

　　笔者认为,要论幸福观,叶适的幸福观可能比牟宗三的幸福观更丰富、更现实一些。

　　货币与国计民生息息相关,叶适对此也特别关注。关于货币的管理和流通,叶适同样是从人们的利益和整个国民经济的发展来考虑的:

　　　　臣窃见近岁私铸铁钱散漫江淮,公私受弊,人情摇动,其事多端,幸蒙朝廷不惜厚费,特与收换,始得宁帖。臣昨在蕲州目见利害……其事有五:一曰开民间行使之路,二曰责州县关防之

---

①　杨泽波:《孟子性善论研究》,中国社会科学出版社 1995 年版,第 315 页。

要,三曰审朝廷称提之政,四曰谨诸监铸造之法,五曰详冶司废置之宜。[①]

叶适提出了五项建议,具体内容如下:

(一)何谓开民间行使之路? 始初铁钱不分官私,民间不辨好恶,得钱便使。自禁私钱,百姓惩创,卖买交关,文文拣择。或将官钱指为私钱,不肯收受;或只要一色样钱,谓如舒、蕲人各只使本监字号钱之类;或只要新铸官钱,且免拣择……朝廷禁断私钱,本要流通官钱,若官钱方更疑惑,岂得稳便!……须待官钱流通,物价复旧,方见禁断私钱之利……欲乞自朝廷降样行下,永远照使,要令村落僻远认识不疑,民旅交易流通无碍。如此,则既扰之精神可以收回,人亦知收换之实利矣。[②]

叶适主张,只有货币畅通才能促进经济的发展,才能不影响货币持有者的利益。应该清除铁钱流通的障碍。官私钱品种甚多,难以辨认选择,以至于阻碍商品交易,并连官钱流通也受其影响。在禁断私钱之前,须将"降样行下,永远照使,要令村落僻远认识不疑,民旅交易流通无碍",才能有利于官钱的流通和私钱的禁止。

(二)何谓责州县关防之要? 两路先后立限收换私钱,淮东多而淮西少。虽缘禁有迟速之故,然积累数年,委有许多私钱别无归著,其当与收换则一尔。今已于限内申报尽绝,而旧色私钱,尚颇散在民间。或限内齐赴不及,出限不可投换;或贯陌少可,无力投换;或富人收藏,意图他时禁弛,复得行用;既各尽绝,难恤其余。然市钱日用之中,常有夹带,所幸民间认识,择出不要……臣近令各州签听官,责属内厢巡地分都保等处,专一禁止

---

① ［南宋］叶适:《水心文集》卷之二《状表·淮西论铁钱五事状》,中华书局 1961 年版,第20 页。

② ［南宋］叶适:《水心文集》卷之二《状表·淮西论铁钱五事状》,中华书局 1961 年版,第20—21 页。

行使私钱之家,旬具委无行使私钱结罪,类申本司。只此一令,不必繁多,但要行之坚久,私钱无用,私铸自息……盖欲必无私铸,其说难信;欲必不使私钱,其事易遵。况经收换,朝廷为民之意已足;如有违戾,惩治大吏一人,自然震耸用命。如此,则令简而可行,实而可久矣。①

叶适主张,责成各州县将私钱全部收回,要稳妥有序地进行,不能用捕捉惩罚的方式,而是专一禁止行使私钱的人家,使其不再用私钱,行之坚久,私钱无用,私铸自息。盖欲必无私铸,其说难信;欲必不使私钱,其事易遵。在流通领域禁止私钱,再铸私钱也就没用了。要注意以官钱来收换私钱,不能一下子废行私钱;否则,就对人们带来伤害。

(三)何谓审朝廷称提之政? 始作铁钱,非要添此一项泉币,盖专以铜钱渗漏之患尔。铜钱过江北,既有铁钱以易之矣;铁钱过江南,亦必有铜钱易之可也。今铜钱地而不为铁钱地,事不均平,岂行法以来偶未之思欤? 故江北自行铁钱之后,金银官会,无不高贵,富商大贾,财本隔碍……若要称提得所,义理均平,当使铁钱之过江南,亦如铜钱之过江北,皆有兑换之处,两无废弃之虞……若恐铁钱过江,自合量宜撙节,但要存此发泄一路而已。②

江淮地区使用铁钱的目的是防止铜钱流入金国,所以铜钱过江北要换成铁钱。但铁钱不能流到江南,事不公平,会影响江北人们的生活,实际上有损人们的切身利益。朝廷实行称提之政,让铜钱与铁钱兑换得合理、公平,就能促进流通,促进经济发展。另外,铁钱过江能兑换,人们自会重视,若恐铁钱过江,自合量宜撙节,但要存此发泄一路而已。

(四)何谓谨诸监铸造之法? 臣窃详兴监以来所铸铁钱,其

---

① [南宋]叶适:《水心文集》卷之二《状表·淮西论铁钱五事状》,中华书局1961年版,第21—22页。
② [南宋]叶适:《水心文集》卷之二《状表·淮西论铁钱五事状》,中华书局1961年版,第22—23页。

轻重薄厚,精粗大小,略为相等……臣窃以钱文宜一,轻重大小
宜均,则民听不疑,行用不惑……臣细视之,新钱刻画粗大,其实
不如旧钱,用铁钱虽多,钱体不重,但加比验,自可分明……臣已
行下诸监,只以蕲春监淳熙七、八、九年钱样为准,务令精好,更
不添两数及四季翻样,欲乞更赐圣裁。庶几民听不疑,新旧
一等。①

叶适建议,官司铸造铁钱不许任意减重和粗制滥造,也不能增加重
量,要标准一致。要使"钱文宜一,轻重大小宜均",才能有利于流通。

(五)何谓详冶司废置之宜？臣窃以臣僚初议,专置铁冶一
司,是时私铸炽盛,铁钱流入浙西,内地骇愕,专官讲求,诚合权
道……且如舒、蕲两监,鼓铸之政,旧责守臣,其增造减工,糙恶
生弊,走弄文历,支用自由,当职官吏,固宜黜罚。为冶司者,但
当督察稽考,总其大柄而已……况铁炭中卖,处处增足……以臣
所见,私钱既蒙朝廷收换,若民间照样行使,则官钱流通;州郡严
禁夹带,则私铸止绝。铸造并遵旧法,而新旧钱不疑;称提出于
均平,而江南、北如一;逐路自有监司任责,则提点江淮、湖北,空
令取会迁回……塞希恩侥幸之门,杜贪功纷乱之意,静治不扰,
淮人自安。②

叶适以为,铁钱仍让舒、蕲两州铸造,不必收归国家自铸,铁炭中卖,
处处增足。看来,官府收换私钱以后,官钱自会流通,官府铸造铁钱应统
一标准,不得任意增减重量,应使铁钱到江南能够兑换,以保证钱币的购
买力。叶适对铁钱和铜钱的流通有整体的规划,有利于经济的发展,有利
于国家,有利人民。叶适体会到,(土地买卖、兼并)商品、货币的流通是
道的表现,这些流通含有人的因素,有人在起作用,都是人格化的体现。

---

① [南宋]叶适:《水心文集》卷之二《状表·淮西论铁钱五事状》,中华书局 1961 年版,第
23 页。
② [南宋]叶适:《水心文集》卷之二《状表·淮西论铁钱五事状》,中华书局 1961 年版,第
23—24 页。

由于不同的人和人群(当然包括在不同的历史时期)的目的不同,可能导致流通的堵塞程度不同,但道本身是大化流行的,人们还是会把堵塞和障碍清除掉,使之流通,做到继道成善,只是早晚而已。

在叶适生活的南宋,同时还有纸币的使用和流通。叶适对纸币也有自己的看法和主张:

> 天下以钱为患,二十年矣。百物皆所以为货,而钱并制其权;钱有轻重、大小,又自以相制而资其所不及。盖三钱并行,则相制之术尽矣;而犹不足,至于造楮以权之;凡今之所谓钱者反听命于楮,楮行而钱益少,此今之同患而不能救者也。夫率意而戏造,猥以补一时之阙而遂贻后日之忧。大都市肆,四方所集,不复有金钱之用,尽以楮相贸易,担囊而趋,胜一夫之力,辄为钱数百万,行旅之至于都者,皆轻出他货以售楮,天下阴相折阅,不可胜计。故凡今之弊,岂惟使钱益少,而他货亦并乏矣;设法以消天下之利,孰甚于此!兴利之臣,苟欲必行,知摩刻之易而不知其为尽钱之难,十年之后,四方之钱亦藏而不用矣,将交执空券,皇皇焉而无所从得,此岂非天下之大忧乎![1]

叶适看到,大城市只有纸币流通,金属货币退出了流通领域,即"大都市肆,四方所集,不复有金钱之用,尽以楮相贸易"。纸币贬值,使获得纸币的人受到贬值的损害,即"皆轻出他货以售楮,天下阴相折阅,不可胜计"。同时,市场的商品短缺,即"故凡今之弊,岂惟使钱益少,而他货亦并乏矣"。叶适看到,纸币的使用影响钱币的流通,他指出:

> 若夫羡钱之术,则鼓铸而已矣。虽然,尽鼓铸所得,何足以羡天下之钱?且天地之产,东南之铜或暂息而未复,虽有咸阳、孔仅之巧,何以致之?噫!不知夫造楮之弊,驱天下之钱,内积于府库,外藏于富室,而欲以禁钱鼓铸益之耶!……壅天下之钱,非上下之所欲也,用楮之势至于此也。赍行者有千倍之轻,

---

① [南宋]叶适:《水心别集》卷之二《进卷·财计中》,中华书局1961年版,第660页。

兑鬻者有什一之获,则楮在而钱亡,楮尊而钱贱者,固其势也。①

叶适认识到,纸币驱逐钱币是一种趋势,是不以人的意志为转移的实际情况,是事物本身(交换)在现阶段的表现。在金属货币和纸币并行的条件下,只有金属货币具有贮藏手段的职能,这在纸币贬值的情况下更为明显。不过,叶适更强调货币的流通功能:

> 且钱之所以上下尊之,其权尽重于百物者,为其能通百物之用也;积而不发,则无异于一物。铜性融溢,月铄岁化,此其腠天下之宝亦已多矣。夫徒知钱之不可以不积,而不知其障固而不流;徒知积之不可以不多,而不知其已聚者之不散,役楮于外以代其劳,而天下有坐镇莫移之钱,此岂智者之所为哉?②

由此可以看出,叶适在强调货币流通的功能时,有否定其贮藏功能的倾向,说明他还是着眼于商品的流通来讲的,有扶持商贾的目的。他认为,只有整个国民经济运转起来,才是良性发展,才真正有利于人民,有利于国家,做到大化流行、生生不息。同时,叶适是重视金属货币的。在当时的历史状况下,他认为铜钱是最适宜的货币,重于铜钱的已被历史所淘汰,轻于铜钱的则更加不行。他说:"贵莫如珠金,贱莫如泥沙,至钱而平矣。先王之用币也,钱居其一;而后世之用钱也,它币至于皆废,诚以为轻重之适也。故夫天下之货,未有可轻于钱者也;一朝而轻千倍,曾不为后日之计者,何也?"③

叶适认为,纸币轻于铜钱千倍,自然会产生严重的弊端。他所说的纸币驱逐钱币的现象发生在大城市。他继续分析:

> 计今之钱,自上而下者,有兵之料,有吏之俸,州县倚盐酒杂货之入,而民之贸易以输送者,大抵皆金钱也。故虽设虚券以阴纳天下之钱,而犹未至于尽藏而不用。方今之事,比于前世,则钱既已多矣,而犹患其少者,何也!……然大要天下百物皆贵而

---

① 〔南宋〕叶适:《水心别集》卷之二《进卷·财计中》,中华书局1961年版,第661页。
② 〔南宋〕叶适:《水心别集》卷之二《进卷·财计中》,中华书局1961年版,第661页。
③ 〔南宋〕叶适:《水心别集》卷之二《进卷·财计中》,中华书局1961年版,第661页。

钱贱……今日之患,钱多而物少,钱贱而物贵也,明矣。天下惟中民之家,衣食或不待钱而粗具。何者?其农力之所得者足以取也。而天下之不为中民者十六,是故常割中民以奉之,故钱货纷纷于市,而物不能多出于地。夫持空钱以制物犹不可,而况于持空券以制钱乎![①]

叶适认为,在全国范围内,处于流通中的钱币有不少,而且相对于商品来说还太多,所以"天下百物皆贵而钱贱",以至于"夫持空钱以制物犹不可,而况于持空券以制钱乎!"这里的"空钱"是指超出流通需要的钱,"空券"是指不兑现的纸币。他甚至认为:"十年之后,四方之钱亦藏而不用矣,将交执空券,皇皇焉而无所从得,此岂非天下之大忧乎!"由此可以看出,在宋朝出现的纸币,叶适对纸币始终有所担心,担心纸币驱逐钱币的问题。更深层的问题是纸币的产生有其合理性,在具有合理性的同时,是否也会带来一些不尽如人意的地方。甚至可以说,今天的通货膨胀问题,就是纸币问题。

上述问题要做具体分析,叶适可能不太清楚纸币的实质。马克思认为,纸币是金的符号或货币符号。纸币同商品价值的关系只不过是:商品价值观念地表现在一个金量上,这个金量则由纸象征地、可感觉地体现出来。纸币只有代表金量(金量同其他一切商品量一样,也是价值量),才成为价值符号。叶适谈到空钱的问题,意思是社会上有金量,而没有相应的商品量的价值。叶适谈到空券问题,意思是纸币不能代表相应金量,纸币就不能成为价值符号,贬值的厉害,可能就成为废纸。叶适可能最担心的是纸币价值和金量或商品量的价值的关系问题,二者一旦不相应,就会伤害人民、伤害国家。事物本身的发展是比较复杂的。马克思指出:

纸币流通的特殊规律只能从纸币是金的代表这种关系中产生。这一规律简单说来就是:纸币的发行限于它象征地代表的金(或银)的实际流通的数量。诚然,流通领域所能吸收的金量经常变动,时常高于或低于一定的平均水平。但是,一个国家的

---

① [南宋]叶适:《水心别集》卷之二《进卷·财计中》,中华书局1961年版,第661—662页。

流通手段量决不会降到一定的由经验确定的最低限量以下……
这个最低限量可以由纸做的象征来代替。但是，如果今天一切
流通渠道中的纸币已达到这些渠道所能吸收货币的饱和程度，
明天纸币就会因商品流通发生变动而泛滥开来。一切限度都消
失了。不过，如果纸币超过了自己的限度，即超过了能够流通的
同名的金币量，那么，即使不谈有信用扫地的危险，它在商品世
界毕竟只是代表由商品世界的内在规律所决定的那个金量，即
它所代表的那个金量。①

　　马克思是处在商品经济很发达的时代，一些商品经济的问题得到了
比较充分的展开，马克思能够比较准确地理解商品经济规律，在这一点
上，叶适是欠缺的。所以马克思肯定纸币只是代表由商品世界的内在规
律所决定的那个金量，即它所代表的那个金量。叶适凭经验得出"十年之
后，四方之钱亦藏而不用矣，将交执空券，皇皇焉而无所从得，此岂非天下
之大忧乎！"的结论，而没有进一步谈到纸币所代表的金量问题。另外，马
克思强调：货币符号本身需要得到客观的社会公认，而纸币的象征意义是
靠强制流通得到这种公认的。国家的这种强制行动，只有在一国范围内
或国内的流通领域内才有效，也只有在这个领域内，货币才完全执行它的
流通手段或铸币的职能，因而才能在纸币形式上取得一种同它的金属实
体在外部相脱离的并纯粹是职能的存在形式。② 马克思分析了社会的公
认和国家的强制在纸币行使中的作用，以便国家根据商品流通的规律来
调控物价，进而争取控制通货膨胀问题。叶适对此分析不够深刻，只是提
到"天下阴相折阅，不可胜计"的问题。当然，今人不能苛求古人，说到底，
这是事物本身的问题（事物本身没有充分展开），事物本身的问题也应该
由事物本身来解决。

　　叶适的上述观点与他对人的存在特性的看法，以及他的理欲观和义
利观有密切的联系，下面进入下一章考察。

---

① ［德］马克思：《资本论》，中央编译局译，人民出版社 1975 年版，第 147 页。
② ［德］马克思：《资本论》，中央编译局译，人民出版社 1975 年版，第 149 页。

第四章　德利观统一的内部机制

第一节　人之在特性分析

一、人之在的特性引出

叶适在天人关系中，分析人之存在特性：

> 天下之物，养之者必取之，养其山者必材，养其泽者必渔。其养之者备，则其取之者多；其养之者久，则其得之者精。夫其所以养之者，固其所以为取也。古者将欲取士而用之，则必先养之。故族、党、州、乡皆为之学，在诸侯者达于国学，在天子者达于太学，其在诸侯之学者必达于天子之学。性有仁、义、圣、智之本，行有中、和、孝、友之实，教有歌、舞、进、退之容，诵有诗、书、礼、乐之文。其为术也备而久，故其取之也必得其俊异之甚者。夫非必待之以卿相，而养之既若此矣。其后世衰不复取士，而养之之术坏。①

叶适认为，天和人的存在就是降命，命就是存在的意思。这里的"天"是指自然界，包括万事万物及其大化流行。首先肯定天和人是存在的，关

---

① ［南宋］叶适：《水心别集》卷之三《进卷·士学下》，中华书局1961年版，第676页。

键是要分析天和人的关系,也就是天和人怎样在,特别是人之在的特性。人们要生存,必须同天下之物打交道,人们通过养自然物,即人们按照物的本性在物上劳动,然后获得自己所需要的。在获得自己需要的东西的过程中,人们也有自己的观察和思考等精神活动,才能对自己的需要有比较准确的把握和选择。人们活动需要的东西,如材、鱼,就是利。人们劳动或实践越辛苦,成果相应也越多、越好。同样,人本身素质的提高也是一回事,也需要养,包括国家分层次、分阶段去培养,也是一种需要,要付出劳动和代价。培养人才,要按照人的本性来培养,包括性、行、教、诵等多方面。有合适的指导思想(精神),根据需要,辛勤耕耘,就能培养出好的人才(利),即"其为术也备而久,故其取之也必得其俊异之甚者"。这样,人的需要(欲取)、人的精神(术)、人的实践(养),在创造价值(利)的过程中共同起作用,从而达到人的需要。它们具有本体论(存在论)的意义。

关于这方面内容,冯契先生也有深刻的分析:

> 有关宇宙人生的具体真理的认识,就是关于性和天道的认识,它和人的自由发展内在地联系着,这就是智慧。获得智慧就意味着自由。自由是理想化为现实。理想对于现实来说,本来是超越的,理想是观念的东西,但是主体根据物质运动所提供的现实的可能性来提出理想,把理想作为目的贯彻于人的活动,这样理想作为目的,因它就内在于现实、内在于人的认识过程……这些例子讲的体用不二,都是物质实体自己运动。在化理想为现实的活动中,目的因贯彻于过程而得到了实现,那么就创造了价值。在价值创造的过程中间,自由的精神是体,而价值的创造是用。因此,我们说自我或自由的精神或自由的个性,就具有了本体的性质。这就是我常引用的"心无本体,功夫所至,就是本体"[①]。

冯契先生又说:

---

① 冯契:《冯契文集》第一卷《认识世界和认识自己》,华东师范大学出版社 1996 年版,第110 页。

对自然物进行加工的过程就是人的精神把现实的可能性和人的需要结合起来,使概念取得理想形态,并通过实践使理想化为现实(把理想形态的观念对象化),这样就创造了价值。所谓化理想为现实以创造价值,这里的价值当然是指在一定条件下对人类有肯定意义的正价值,如真、善、美、有利等。正价值是与负价值(有害、假、恶、丑等)相比较而存在的。①

从以上内容可以看出,冯契先生在天人关系、性与道关系中,分析了人之在的内涵及人与自然、人与社会的辩证关系。他认为,人类的总目标就是达到自由和真、善、美的境界,使自然成为适合于人性发展的人化的自然,使社会成为自由个性的联合体,使精神成为真、善、美统一的自由人格。自然的人化和社会进入自由王国都是自由个性的条件,是精神达到自由的条件,也可以说是人成为自由人格的结果。而这种个性的自由、精神的自由就在于智慧,就在于化理论为德性、化理论为方法。人类的目标就是在人的实践和认识的反复过程中展开的,是在认识世界、认识自我的历史过程中展开的,它本来是一个过程,体现了功夫和本体的统一、认识论和本体论的统一。认识论是广义的认识论,是存在意义上的认识论,体现了人的存在特性。化自在之物为为我之物的过程就是在实践的基础上认识世界的过程,认识是对客观世界的反映,又转过来指导人们的实践,能动地改造世界。客观的自然物得到了改造,自然界就人化了,就成了人化的自然。人化的自然也是自然界的一部分,自然的人化过程本身也是自然历史过程。它又不同于一般的自然过程,它是出于人的社会生活的需要,是人的利益之所在。这就是说,自然必然性所提供的现实可能性和人的需要相结合,才有人活动的合理的目的,才有人化自然的过程。通过改造自然的活动,使自然界人化了,自然物对人类来说就成了有价值的,就进入了价值界。价值界就是经过人的劳动、实践而改变了面貌的自然界,是人在自然界上加工的结果,就是对人有利的、有价值的种种可能性

---

① 冯契:《冯契文集》第一卷《认识世界和认识自己》,华东师范大学出版社 1996 年版,第345—346 页。

的实现。不过,需要说明的是,人要在自然规律的基础上活动才是有利的。人归根到底是不能违背自然规律的,人道与自然的必然之理有矛盾,但它归根到底需要合乎自然。只有人的劳动、社会生活所建立的秩序和自然界的秩序相一致而又不违背人的自然本性时,才能达到人和自然的统一,获得人的自由。

通过以上对叶适和冯契相关思想的分析,可以看出人之在的特性大致有三个方面或维度,即人之在的需要性、人之在的精神性和人之在的实践性。[①] 这三个维度相互影响、相互作用、相互促进,是一个动态的发展系统,也是一个有机的统一体,体现为大化流行、生生不息。

二、人之在的特性辨析

(一)人之在的需要性

人是自然界长期发展的产物,人作为自然界的一部分,即在天人关系中,人要活着,首先必须具有物质需要,即人必须吃喝住,以实现生命的新陈代谢。人的这一性质决定了人类必须不断与外界进行物质、能量和信息的交换,才能生存下去。马克思说:

> ……一切人类生存的第一个前提,也就是一切历史的第一个前提,这个前提是:人们为了能够"创造历史",必须能够生活。但是为了生活,首先就需要吃喝住穿以及其他一些东西。因此第一个历史活动就是生产满足这些需要的资料,即生产物质生活本身,而且这是这样的历史活动,一切历史的一种基本条件,人们单是为了能够生活就必须每日每时去完成它,现在和几千年前都是这样。[②]

马克思深刻分析了人之在的物质资料的需要,肯定现在和几千年都是这样。叶适提出"夫其所以养之者,固其所以为取也"的思想与之是同

---

① 参见刘敬鲁:《经济哲学导论》,中国人民大学出版社 2003 年版,第 148 页。
② 《马克思恩格斯选集》第一卷,中央编译局译,人民出版社 1995 年版,第 78—79 页。

一个意思。人作为自然界的最高存在者,同时又是有意识、有情感、有意志的存在者,即精神存在者,因而人之在又具有精神需要,如在意识方面有求知的需要,在情感方面有爱与被爱的需要,在意志方面有独立、自由的需要,等等。从人的自然性和社会性的角度来看,人的需要又可分为自然性需要和社会性需要。人的吃喝住的需要是自然性需要,而人的社会交往、社会结合(包括政治、经济、道德、文化)的需要则是社会性需要。

人被抛在世上,在天人关系中,人的需要总是与周围事物联系。为了按照事物的本性来说明事物,不妨也把人本身说成一件事物,即以第三人称来表达。不过又由于表达的需要和表达的习惯,还是把人称作主体吧,但不是主观性的我,即第一人称或第一人称在说话。还是把与人有联系的事物称作客体。在这里,主体和客体的关系也就是天和人的关系,不要把主客的关系当成以我为中心的主导型关系,主客体的关系应该是存在论意义上的生成性关系。需要的承担者是需要的主体,需要所指的对象是需要的客体。人之在的主体与客体关系即天人关系不是到了人类以意识去认识对象的时候才产生,更不是到了人类以物质手段去改造对象的时候才产生,而是在这一切之前即在人类的需要层面上就已经存在,例如,人的产生是有需要伴随才产生的(甚至说得彻底和原始一点,不需要蛋白分子,就没有人)。需要的主体和客体的关系按过程来说,只是一种方向性的关系,只是物质、能量和信息的交换,大化流行的表现而已。实际上,从某种意义上来说,需要就是实践,这样需要与实践的关系就会让人感觉到是同义语反复、循环说明,按形式逻辑是说不通的,但是这不能从认识的形式逻辑来说明,这是存在论(本体论)意义上的真正的辩证法和诠释学,也可以说是辩证诠释的循环发展,关键是看怎样进入这种辩证的循环、诠释的循环之过程。人之在的需要性显示出,人必须超出自身去获得需要对象,这意味着人类对自身当下存在的超越,意味着人类对自身当下肉体存在和精神存在的超越。需要性是人之在的一种超越特性。马克思说,已经得到满足的第一个需要本身、满足需要的活动和已经获得的满足需要而用的工具又引起新的需要,而这种新的需要的产生是第一个历史活动。①

马克思精辟地说明了需要本身的辩证、诠释和生成关系,需要还是事物本身的需要所产生,说到底就是事物本身大化流行、不断出新、万象更新的另一种陈述而已。在这里,只是通过人之在来呈现而已。正如叶适所说:"其养之者备,则其取之者多;其养之者久,则其得之者精。"

(二)人之在的精神性

人不仅是物质存在物,而且是精神存在物,是一个精神存在者。这里的精神不单指意识,而是包括人的意识(理论意识、道德意识、经济意识等)、情感、意志等在内的一切精神活动。人之在的精神性是指人所具有的不断进行意识活动、情感活动、意志活动的特性。人的各种意识是在天人关系中形成的,如"天行健,君子以自强不息"的君子意识,就是在天人互动的关系中形成的。人的精神活动是复杂的。有时就是人的精神需要,如求知、审美,也可以看作一种理论实践。不过,人之在的精神性,更多体现为中介性,在需要和需要实现的实践中,起到中介作用。正如叶适所说:"性有仁、义、圣、智之本,行有中、和、孝、友之实,教有歌、舞、进、退之容,诵有诗、书、礼、乐之文。"其中的主要内容就是精神活动、精神需要和道德践履。精神在自身以观念或理想的形式,把需要主体和需要客体联系起来。一方面,它把人的需要直接反映为需要意识或需要欲望,如一个人想要交通方便,需要买一辆车,先形成需要车的意识(精神主体)。另一方面,它又指向需要对象,形成需要对象的观念(精神客体),如在需要车反映为需要车意识后,又形成需要什么样的车的观念,这就把需要主体与需要对象在精神中联系起来。在精神中,知道需要对象还没有完,更重要的是继续形成如何才能获得需要对象的观念,甚至形成如何把还不是需要对象的客体改造、转换成需要对象的观念,此即形成实践观念,从而为人实现需要的实践活动提供理论指导。当精神指导实践时,它不仅包含了人为什么要进行实践的根据或动力,而且包含了人应该如何实践、以

---

① 《马克思恩格斯选集》第一卷,中央编译局译,人民出版社 1995 年版,第 79 页。

什么样的态度和情感去实践等内容,规定了人类进行实践活动的方向和方式,从而把需要与实践具体地、现实地统一起来。上述步骤是重要的,只不过是初步的打算和计划,在具体的实现过程中,人之在的实践性是根本的,上述想法可能要有变化。既然人及其生存是作为关系和过程而存在的,人是有意识的生存者,那么个人作为历史的和理论的出发点,就不是直观的、单纯的人自身,个人总是携带着前人遗留的和自己创造的各种各样的社会条件,相互结成一定的社会关系,实践地进入历史并走向自己的未来。个人作为自己的起点和目的,是一个历史地发生变化的过程,这个过程并非简单的循环往复。如果说,在历史和理论上作为起点的人比较简单贫乏的话,那么,在历史和理论上作为目的的则应当是获得了比较丰富的规定性的人。换言之,起点上的人没有多少主体性,目的上的人则有了较高的主体性。

(三)人之在的实践性

由以上分析可以看出,人之在的需要性,其内部形成需要主体和需要客体;人之在的精神性,其内部形成精神主体和精神客体。同时,精神主客体是以需要的主客体为基础。人的需要进一步形成人的需要意识(理想),更关键的是,怎样把需要意识变成现实的需要,这就要靠人的实践。这也是天人关系中最核心的环节。关于实践,马克思有精辟的、革命性的分析:

> 从前的一切唯物主义(包括费尔巴哈的唯物主义)的主要缺
> 点是:对对象、现实、感性,只是从客体的或者直观的形式去理
> 解,而不是把他们当作感性的人的活动、当作实践去理解,不是
> 从主体方面去理解。因此,和唯物主义相反,能动的方面却被唯
> 心主义抽象地发展了,当然,唯心主义是不知道现实的、感性的
> 活动本身的。费尔巴哈想研究跟思想客体确实不同的感性客
> 体:但是他没有把人的活动本身理解为对象性的(gegenstandli-
> che)活动。①

---

① 《马克思恩格斯选集》第一卷,中央编译局译,人民出版社1995年版,第54页。

马克思认为,他以前的哲学包括唯物主义和唯心主义(可能主要指西方的),都有缺陷,从根本上说,它们都是把人与自然割裂开来,形成主客二分的局面。事实上,人与自然是一体,主客是合一的,即天人合一。在实践中,达到主客合一的辩证发展。从前的唯物主义把对象、现实、感性只是当作纯粹的客体来理解,没有形成需要的客体,没有通过人的实践,形成现实的客体,没有形成含有人的劳动的客体。客体没有主体化,自然没有人化,还只是冷冰冰的物。唯心主义即观念或理念主义,只是抓住思想、思想客体不放,只是在需要意识里发展,只是精神活动开展得好,但不知道现实的、感性的活动本身,不与需要的、现实的客体相联系,不通过对象性的活动在对象物(人化的自然)中表现出来。看来,主客是一体的,天人是合一的,并且是相互影响、相互作用、不断更新、共同发展的。也可以看出,实践具有双重的超越性:一方面,它改变客体的存在,使客体转化为非自身形式的他物(人化物),从而超越了客体;另一方面,它把需要通过意识、情感、意志等精神性的中介付诸外部的现实性活动,从而超越了需要活动的内在性、超越了精神活动的主观性、超越了主体的整体当下存在。正是在实践的这种双重超越中,人才不断实现着主体与客体、主体尺度与客体尺度的统一。马克思认为,实践(特别是生产实践)是人的存在方式:

> 一当人开始生产自己的生活资料的时候,这一步是由他们的肉体组织所决定的,人本身就开始把自己和动物区别开来。人们生产自己的生活资料,同时间接地生产着自己的物质生活本身。人们用以生产自己的生活资料的方式,首先取决于他们已有的和需要再生产的生活资料本身的特性。这种生产方式不应当只从它是个人肉体存在的再生产这方面加以考察。它在更大程度上是这些个人的一定的活动方式,是他们表现自己生活的一定方式、他们的一定的生活方式。个人怎样表现自己的生活,他们自己就是怎样。因此,他们是什么样的,这同他们的生产是一致的——既和他们生产什么一致,又和他们怎样生产一

致。因而,个人是什么样的,这取决于他们进行生产的物质
条件。①

马克思认为,人的实践特别是生产实践、生活实践是什么样的,人就
是什么样的。叶适也可能对此有所认识,所以他说:"古者将欲取士而用
之,则必先养之。其为术也备而久,故其取之也必得其俊异之甚者。"人们
的养,即人们的实践活动,有什么样的实践活动(包括理论实践、道德实
践、经济实践、政治实践等),就会有什么样的人才。这些都说明,人之在
的实践性是人之所以为人的最根本的特征。实践性(即诠释,从本体论意
义上讲的)是人类存在特性中最显著、最根本、最生动的层面。没有实践,
需要就只能停留在机体的自然性活动的范围内(如呼吸空气),需要所建
立的需要主体与需要客体的关系也只能是自然的。同样,没有实践,精神
只能停留在自身的主观性之中,精神活动所建立的精神主体与精神客体
的关系也只能停留在精神自身范围内。只有在实践性这一维度上,在这
一维度所寓于其中的实践活动中,需要才走向具体的实现过程,精神才见
诸客观的物质活动,主体特性才以突出的外部形式凸显出来。但是,从总
的历史发展进程来看,人类的主体特性总是在与客体的客体性的对立统
一中不断发展,因为人类虽然主要是从其自身的主体特性尺度出发,但这
种尺度只有在与客体的客体性尺度相统一的情况下,人类的目的才能真
正得到实现。防止极端个人主义和极端人类主义的关键,在于使人类确
立起尽可能遵守客体尺度、力求达到人类的主体尺度与客体尺度相统一
的合理的行为方式和存在方式。意思是说,在遵循中道的基础上,达到动
态的天人合一。关于这一思想,叶适是一直主张和坚持的,只是没有详细
地展开。按事物本身的发展和遵循中道的思想来分析问题,同样也体现
在他对理欲关系的看法上。

---

① 《马克思恩格斯选集》第一卷,中央编译局译,人民出版社 1995 年版,第 67—68 页。

第二节　理欲统一

叶适谈论人的理与欲的关系,是从人之在的特性出发:

"人生而静,天之性也,感于物而动,性之欲也。"但不生耳,生即动,何有于静? 以性为静,以物为欲,尊性而贱欲,相去几何?

《大学》言"致知在格物,物格而后知至";而此言"物至知知,然后好恶形焉,好恶无节于内,知诱于外,不能反躬,天理灭矣";则是知与物均为不善,此躬何自而反,天理乌得而存? 甚矣儒者怗于言道,而不知道之所从也![①]

叶适反对"人生而静"的观点,认为人生而动,人一生下来,就是动的(不用说,不是死的情况),人需要能量,就要与外物接触,就有物欲,有一定的需要。需要是人之在的特性。叶适根据《大学》的"致知在格物,物格而后知至"和《乐记》的"物至知知,然后好恶形焉,好恶无节于内,知诱于外,不能反躬,天理灭矣",得出人在同事物的接触中认识事物,如果认识到事物的道理都为不善,怎么能形成内心的善(人道和中道)呢? 由此,反躬的根据就没有了,当然天理也就没有了。只是当今的儒者言道太多,却不知道是从哪里来的,仅仅是知其然而不知其所以然,从而割裂了理与欲的关系,甚至歪曲为存天理灭人欲。同样,不能以天理和人欲来区分圣狂:

君子之当自损者,莫如惩忿而窒欲,当自益者,莫如改过而迁善,故亦以二卦象之,盖皆非刚阳不能,而揉阴无预乎其间也。若使内为纯刚,而忿不待惩,欲不待窒,刚道自足,而无善可迁,无过可改,则尧舜禹汤之所以修己者废矣。然后知近世之论学,

---

① 　[南宋]叶适:《习学记言序目》卷第八《礼记·乐记》,中华书局 1977 年版,第 103—104 页。

谓动以天为无妄,而以天理人欲为圣狂之分者,其择义未精也。①

如果以天理和人欲为标准来划分圣人和狂人,圣人仅存天理,那么君子所要损的内容是"惩忿而窒欲",君子所要益的内容是"改过而迁善",以及"尧舜禹汤之所以修己者",就没有必要了。然而,近世儒者坚持两个极端就会自相矛盾。所以,"以天理人欲为圣狂之分者,其择义未精也"。叶适认为理是事物之理,人也是一种事物。人的欲望和需要就是事物之理,理是事物本身具有的,关键是怎样把握住事物的真理——中道,而不是否定事物的理。中道之理在道德行为方面体现为礼,要求人们做事情要符合理,同时也要符合礼,既要尊重事实,又要有价值的合理性。人的需要和欲望较多地表现为人们对利(物质和精神方面)的追求。对利的追求,其本身是合理的,重要的是怎样把握好需要和欲望的度,不能过于膨胀,超过中道之理。中道之理在道德方面表现为礼,在法律方面表现为具体的法(当然是根据中道的法)。这样理与欲的关系在某种意义上又表现为礼与利、法与利的关系。

对人的欲,也要做具体的分析,人的欲望可以有基本的生活需要,也可以有较高标准和较高水准的需要。一般情况下,人们不会否定基本的生活需要,理学家也不否定。朱熹说:"人欲便也是天理里面做出来,虽是人欲,人欲中自有天理。"②"若是饥而欲食,渴而欲饮,则此欲亦岂能无?但亦是合当如此者。"③饮食是人的基本生活需要,在朱熹看来,这种需要的满足是完全合理的,没有什么邪恶之意。这说明,他在一定程度上认为人欲和天理不是绝对对立的,二者具有统一性。但朱熹又说:"饮食者,天理也;要求美味,人欲也。"④美味,超出人的基本需要,有了一定的条件,提高人们的生活水平是必要的和合理的,可能会引起一些不良现象,不过

①　[南宋]叶适:《习学记言序目》卷第二《周易二·损、益》,中华书局 1977 年版,第 24 页。
②　[南宋]朱熹:《朱子语类》卷十三,岳麓书社 1997 年版,第 199 页。
③　[南宋]朱熹:《朱子语类》卷九十四,岳麓书社 1997 年版,第 2168 页。
④　[南宋]朱熹:《朱子语类》卷十三,岳麓书社 1997 年版,第 200 页。

这本来没有什么恶的性质,但在理学家看来这是一种邪恶:"人欲者,此心之疾疢,循之则其心私而且邪。"①在一定限度内,追求美好生活,也是人欲,是好事而不是坏事。然而,理学家将人欲等同于道德上的私心、邪恶,难免在理论上走向极端,如"天理人欲相为消长,克得人欲,乃能复礼"②;"学者须是革尽人欲,复尽天理,方始是学"③;"主于道则欲消,而艺亦可进;主于艺则欲炽而道亡,艺亦不进"④。由此发展出存天理、灭人欲、理欲截然对立的思想和行动。叶适对这一思想和行动是坚决反对的。叶适说:

> 人之所美而以为恶,人之所善而以为不善。贤可尚,惧其争也,难得之货可贵,惧其盗也,心有可欲,惧其乱也。凡人心实而腹虚,骨弱而志强,其有欲于物者势也,能使反之,则其无欲于物者亦势也。圣人知天下之所欲,而顺道节文之使至于治;而老氏以为抑遏泯绝之,使不至于乱;此有为无为之别也。孔子曰:"无为而治者,其舜也欤! 夫何为哉? 恭己正南面而已。"盖美美善善,尚贤贵货,见其可欲,舜之有为,而老氏之所病也。然则孔子之言如此,岂非舜虽有为而实未尝为乎? 恐老氏未能知也。⑤

叶适认为,人之有欲于物和人之无欲于物都是势之必然,圣人知天下之所欲,而顺道节文之使至于治。圣人能把有欲、无欲按事物本身的中道调节好,做到既有为而又无为、既有欲而又无欲,像舜的作为一样,而不像老氏的作为,只是泯灭物欲,只是无欲。这里想到庞朴先生谈的儒家辩证法,他认为见对立而尚中,因对立、尚中而有三分法,这大概就是儒家辩证法的体系。道家也承认对立,但他们向往的是"天地与我并生而万物与我为一"⑥,即在主观上消融对立为一体。法家也承认对立,但他们强调的

---

① ［南宋］朱熹:《朱文公文集》卷十三《辛丑延和奏札二》。
② ［南宋］朱熹:《朱子语类》卷三十,岳麓书社 1997 年版,第 694 页。
③ ［南宋］朱熹:《朱子语类》卷十三,岳麓书社 1997 年版,第 200 页。
④ ［南宋］陆九渊:《陆九渊集》卷二十二《杂著》,中华书局 1980 年版,第 272 页。
⑤ ［南宋］叶适:《习学记言序目》卷第十五《老子》,中华书局 1977 年版,第 211 页。
⑥ 《庄子·齐物论》。

是"知臣主之异利者王,以为同者劫,与共事者杀"①,即要求确保这种不两立的对立。也就是说,道家向往一,法家保持二,而儒家则提倡三,有所谓圣人"与天地参""德配天地"②。这是先秦三大学派的一个很有趣也很有实际价值和理论意义的差别。③ 庞朴先生"三分法"的儒家辩证法,对认识和把握儒家的中庸之道大有启发和帮助。人的有欲和无欲(理),只有辩证的处理才是事物本身。再如:

> "古之知道者,务全其生。"谓道所以为生,全生者全道也。"全生者为上,亏生者次之,死次之,迫斯为下矣。""所谓迫生者,六欲莫得其宜也,皆获其所甚恶者也。辱莫大于不义,不义者,迫生也,故曰迫生者不如死。"按子贡问政,子曰:"足食足兵,民信之矣。"曰:"必不得已而去,于斯三者何先?"曰"去兵。""必不得已而去,于斯二者何先?"曰:"去食。自古皆有死,民无信不立。"夫以不义不如死与宁死而无去信者,皆以道而为生;全生以归道,圣贤道其常,立论之本指也,岂赐也已知而故设问乎? 不然,则是饮食男女之生,而道者外假而已,凡可以存生而废道者皆当安而为之,而又奚以疑!④

叶适认为,全生者全道也,迫生不如死。生,六欲皆得其宜也;迫生,六欲莫得其宜也。夫以不义(宜)不如死与宁死而无去信者,皆以道而为生,即生生不息。在生与死之间,全生者为上,亏生者次之,死次之,迫斯为下矣。人生的不宜(义),指六欲莫得其宜也,不如死。生——六欲——死之间,要辩证地把握,达到中道,全生。不过,在这之间,叶适又有具体分析:

> 《春秋》者,道之极也,圣人之终事也。天地之大义,在于君

---

① 《韩非子·八经》。
② 《礼记·经解》。
③ 庞朴:《儒家辩证法研究》,中华书局 1984 年版,第 101 页。
④ [南宋]叶适:《习学记言序目》卷第十六《子华子·阳城胥渠问》,中华书局 1977 年版,第 220 页。

臣、父子、兄弟、夫妇、朋友、宾主之交,其尤精者,上通于阴阳,旁达于无间。古之圣人,其必有以合是而出者矣。其于治人也,止恶而进善,有不同焉。止之于心而不行之于事,人不见其自治之迹,而己不多其能自治之功,是虽圣人不能加也。有己则有私,有私则有欲,而既行之于事矣,然而知仁义礼乐之胜己也,折而从之,则圣人之治之也佚,是其次也。仁义礼乐有不能胜,则圣人之治始劳矣,然而闻人之非己也必以为惧,闻人之是己也必以为喜,是故因其所喜惧而治之,是又其次也。是己不喜,非己不惧,不喜者,自弃也;不惧也,自暴也;宜何以治之? 然而察其情也,其必不为善则慕夫赏,其必为不善则畏夫罚,圣人之治人,至是止矣。[①]

叶适认为,人的修养、用功夫的不同,导致了不同的道德境界,人的私欲有无也不同。能将恶、私欲止之于心而不行之于事,人不见其自治之迹,而己不多其能自治之功,是虽圣人不能加也。这是一种无以复加的高境界。有己则有私,有私则有欲,而既行之于事矣,然而知仁义礼乐之胜己也,折而从之,则圣人之治之也佚,是其次也。这是比较现实的、可行的、适宜的境界。然而,闻人之非己也必以为惧,闻人之是己也必以为喜,是故因其所喜惧而治之,是又其次也。这是一种在人们的道德评价、社会舆论的影响下能主动改过自善的状况。最后一种状况是自弃、自暴者,道德对之不起作用,可能要靠刑罚来治理了。第一种境界是要求人无私无欲,这种境界可能具有较高的理论价值。在现实中,第二种境界比较能显示事物的本性,同时又是事物本身的辩证法。用仁义礼乐来调节人的欲望和需要,达到致中和的目的。叶适指出:

伪不可见而能匿情,故为阴;情可见而能灭伪,故为阳;礼乐兼防而中和兼得,则性正而身安,此古人之微言笃论也。若后世

---

①　[南宋]叶适:《水心别集》卷之五《进卷·春秋》,中华书局1961年版,第701页。

之师者,教人抑情以徇伪,礼不能中,乐不能和,则性枉而身病矣。①

这里叶适批评后世之师者,不懂得事物本身的辩证法,不能真正把握人的本性。教人抑情以徇伪,也就是存天理、灭人欲,把人的情与伪、理与欲截然对立起来,使得礼乐不能发挥作用,不能达到中和状态。在中和状态中,每一种情感和欲望都以和谐作为精神,不使自己趋于极端,并能使另一种情感和欲望得以正常的持续发展。康德对此问题有自己的分析,有机械论的倾向。康德认为,自然的善和道德的善是不能够混淆在一起的,因为这样它们就会互相抵消,根本达不到真正极乐的目的;反之,处在相互冲突中的过舒适生活的意向和道德的意向,以及后者对前者的原则上的节制,则结合在一起构成了一部分在感性上、另一部分在道德的智性上有教养的人的总目的。但由于在使用中,上述混淆是难以避免的,所以人需要用一种试剂(reagentia)把这个混合物加以分解,看看那些能够相互结合以得到某种道德极乐的享受,其成分和比例是如何相互结合起来的。使舒适生活与交往中的德行协调起来的思想方式就是人道。在这里,问题并不在于舒适的程度,因为对于人们以为是舒适所不可缺少的那些东西,一个人要求得多些,另一个人却要求得少些;重要的是,用道德法则去节制追求舒适生活的意向时所应取的比例关系。善于交际也是一种美德,但追求交际却往往变成情欲。不过,当社交的享受完全用铺张浪费来得到虚有其表的促进时,这种不适当的善于交际就不再是美德,而是一种破坏人道的舒适生活。② 冯契先生则认为,对任何健全的人格来说,一方面"有仁义礼智以正其德",另一方面"有声色臭味以厚其生",两者是不可分离的。感性与理性、成身与成性应该是统一的。德性必须凝于形色,所以成性正在于成身……反对道学家的"无欲""无情""无我"的说教,比

---

① ［南宋］叶适:《习学记言序目》卷第七《周礼·春官宗伯》,中华书局 1977 年版,第 87—88 页。

② ［德］康德:《实用人类学》,邓晓芒译,上海人民出版社 2005 年版,第 197—198 页。

较注重身心的全面发展,即知、意、情的全面发展。^① 不过,叶适也考虑到比较特殊的情况,且具有儒家的倾向,他说:

> 古人之德,未尝不兼物而言,舍物举德,《春秋》之论也。孔子曰:"饭疏食,饮水,曲肱而枕之,乐亦在其中矣;不义而富且贵,于我如浮云",亦欲德兼物,不能兼则舍物而自乐也。^②

叶适认为,古人之常道是德物相兼。只有在德和物不可兼得的情况下,才舍物以举德,以求自乐。孔子所说的那种情况,是与不义即不德而富且贵相比较,虽然贫穷一些,但能吃上饭,人能活着,并且生活在有德之中,代表着正义的一方,当然也乐在其中。这也是德物(利)对立统一的辩证法之中显德的儒家特点。

人的需要是多方面的,包括人的物欲和道德,在此需要的基础上形成人对具体物需要的意识和人的道德意识。精神领域完成统一后,更重要的是怎样在现实中实现,要实现就要通过人之在的实践性体现出来,即通过人的劳动实现出来。关于这一点,叶适也有所涉及,但没有充分展开。叶适以为,人不仅是降命,而且是降衷,人不仅有自然属性,还有社会属性。在天人合一中,人能够通过实践活动即劳动,使自然人化,把自然物变成天人合一之物,为人所用。如前面提到的水作为一种自然物,是不求于人的。人通过凿井汲水,而求水为人所用。如天下之物,养之者必取之,养其山者必材,养其泽者必渔。其养之者备,则其取之者多;其养之者久,则其得之者精。再如,包括人本身在内,古者将欲取士而用之,则必先养之。故族、党、州、乡皆为之学,在诸侯者达于国学,在天子者达于太学,其在诸侯之学者必达于天子之学。这些都要通过人的体力劳动和脑力劳动来实现,所以叶适说,天下之物,未有人不极其勤而可以致用者也。在其中,道德调控人的物欲,要真正实现,也要通过人的劳动,例如不要过度

---

① 冯契:《冯契文集》第三卷《人的自由和真善美》,华东师范大学出版社 1996 年版,第 116 页。

② [南宋]叶适:《习学记言序目》卷第十《左传一·襄公一》,中华书局 1977 年版,第 145 页。

开发人类的资源,要进行保护,保护当然要付出劳动。人本身状况的调节,也要付出劳动,劳动(脑力、体力)能调节人的情欲,也能锻炼人的身体。因此,人的情与伪、理与欲在现实中的统一要依靠人的劳动。张义德认为,叶适肯定了物欲是人的自然本性,是不能禁绝的;但是,他也认为物欲不应无限制地任其发展,而应受到社会秩序、道德规范等的约束,这就是礼,就是伪,它们可以调节人的情和欲,使之合乎理,不越其分,不出其位。这里最重要的是物欲与道德的关系问题:物欲是道德的基础,道德是对物欲的限制和规定。① 如果人的欲望情节太严重,可能要绳之以法,用法律来强制人的情欲和物欲,这也是中道之理的迫切要求,或者说是中道之理对之应有的惩罚。杨国荣教授认为,道德总是具有两重性,它既超越于感性要求及物质利益,又并非完全与之隔绝:就其起源与作用而言,道德的功能在于协调社会的利益关系,并最终使物质利益得到最大限度的实现。离开了这一目标,道德原则及伦常的现实意义便容易被架空。从孔孟开始,儒家较多地突出了道德超越感性这一面,并相应地强调了对主体利欲的抑制,这种价值取向固然突出了道德的内在价值及其崇高性,但同时也多少使之趋于抽象化,后者在宋儒那里表现得更为明显。② 在这里,杨国荣教授所说的宋儒也就是叶适所反对和批评的儒者。张义德先生和杨国荣教授所做的分析能进一步帮助把握叶适的思想。叶适认为,道本身是至公大道,具有公平、公正、公有性,人难免有自需、倾向、私有性,整个人类历史可能就是处理二者关系的历史,即性与道关系的过程的历史。在其中,人的个性不断发展和完善,即继道成善,人的自由度不断扩大,人的需要性、精神性和实践性高度合理化,在此基础上争取与道永存。叶适关于理和欲关系的思想,是与他的义与利关系的思想密切联系的。

---

① 张义德:《叶适评传》,南京大学出版社 1994 年版,第 308 页。
② 杨国荣:《善的历程——儒家价值体系研究》,上海人民出版社 2006 年版,第 284-285 页。

第三节　义利统一

一、义与利问题产生的现实基础

在分析叶适的义利思想之前，有必要探讨一下，人类从古至今为什么一直要谈论这一话题。这还要从天人关系内部来探析。人同自己的周围世界相联系，表现为一种对周围事物的需要性，通过此需要性来满足自己的生存。但周围事物并不是能时时、事事尽如人意。人之在的需要性，就表现为一种匮乏性。人不仅是自然的存在者，而且是人为的存在者。其他生命物种是由自然诞生而自然地活下去，而人类这种生命物种也是自然地诞生，却要为自己谋生而活下去。他对生命存在的资源条件，不仅要遵循自然的方式而获得，而且要按照自己的方式得到满足。这样，周围世界为他提供的自然资源远远不够他所需要的用度，人类生命存在对资源条件的用度同周围世界为他提供的自然资源的限度之间，也就形成了一个不能相满足的差距，这个资源需要与无法满足其需要的差距，相对人之在来说，就是匮乏。人之在所需要的资源的匮乏性，也就从根本上决定了人类生命存在的非完满性。人被抛在世间，情况就是如此。人要凭自己的勤劳、勇敢和智慧，去创造和获得其生命存在所需资源的丰裕性，来实现其生命存在的完满性。如果人只是顺应生命的自然本性而自然而然地存在，就必须忍受其存在的非完满性，如动物一样，这是人类生命存在所不愿接受的事实。人类要不断地脱离不完满性而进入相对的完满性，在其过程中，要付出终生的努力劳动，克服困难，要付出沉重的代价，但有些令人难以忍受，导致一些人不入正道。这就是人之在根源上的矛盾和冲突。人类生命存在的一切问题就是从这个根源性问题引发出来，人类生命存在的所有道德问题都是从这个根源性的问题中产生的。

存在性的匮乏与人的需要的矛盾，以及解决这一矛盾的艰难性，在不断地考验着人们，这种考验包括要付出艰辛劳动、坚强毅力、聪明智慧和优良品德。这一矛盾的不断解决,推动人类历史不断发展。人类生命存在区别于其他生命存在状态的高贵意向和人类生命存在资源的匮乏性与人类生命追求其存在状态的完满性之间的永恒冲突及矛盾,推动着人本身不断地劳作和实践,即"天行健,君子以自强不息"。在人类历史的进程中,人们始终要解决上述冲突和矛盾,在一定的时期和历史条件下,在具体的现实中,只能达到资源的相对丰裕和人的存在状态的相对完满;也就是说,在相对一定的时代,人对利的满足和人格完满性都具有一定的相对性、适宜的度,即义,表现为生命存在的道德状态。也就是说,相对的丰裕与完满状态,就是人类生命存在的现实道德与善,就是义与利的具体的历史的统一的表现形态。然而,这种追求生命资源的相对丰裕性和实现其生命存在状态的相对完满性的努力行动,却要付出艰辛的劳动,有些人可能不愿或不能忍受。这对于人的个体生命来说,就可能产生一种主观意念上的侥幸心理,即希望付出较小的代价,获得更多的生存资源或更大程度的完满生活状态。这种错误的侥幸心理,就会导致错误的行动,最终导致不良的后果,事与愿违。有些人竭其生命智慧与天赋的机巧,做一些与忠实劳动相违反的、谋取他人利益或破坏他人生活的行为,虽然这种生命的行动所达到的实际结果,在一定程度上实现了自己生命的丰裕或达到自我生活状态的感觉完满,却与生命存在的终极关怀(至善)相违背,它是对人之为人的生命存在的最内在的自我损害,这种自我损害体现为对他人生命存在的损害,所以这种自损和损他的生命存在形态是恶的、不义的。这样就容易导致义与利分裂,甚至处于截然对立的状态。凭侥幸心理、投机取巧所获得的利,是不义的利。利的真正来源是人的辛苦的劳动。人的利益更多的不是属于心理范畴,而是属于行为范畴,即要靠具体的劳动(脑力劳动和体力劳动)来实现。在天人关系中,人们通过勤劳(勤劳也是一种美德),遵循天道,化天之天(自然的存在)为人之天(人化的存在),人们从中得到所需要的东西,获得利益,也获得利用和支配利益的自由。个人利益是个人劳动付出的一种报酬。针对在公正原则指导下的社会生活而言,绝对不允许有不劳动的利益。古人有"不劳动者不得食"的箴言,实际上就是讲利益与劳动(自强不息即仁)的关系、美德(仁义)与功利的关系。利益是劳动的恩赐(表现为应该得,是义),一份劳动、一份报酬,一份付出、一份利益和收获。而一份利益和收获也就伴随着一份自由的生活与人生(仁义与利益互动发展,表现为诠释循环的过程性)。这样,义和利能达到比较理想的、相对完满的统一。但在现实中,由于复杂的社会关系,义和利有时很难达到相对合理的统一,所以始终成为人们关注的焦点。上述分析也许是人们从古至今一直在谈论义利关系的重要原因。当然,叶适熟知南宋的社会现实,也真正了解当时的义利关系。

二、"利,义之和"

义利观是中国哲学史上的重要问题之一,从古到今讨论不息。义,繁体为"義"。"义"字已在甲骨文中出现;后来,"义"字在汉字结构上,是由"羊"和"我"二字上下排列会意而成,在这里,"羊"作为比较温顺的动物,比植物更具有"灵性"(是对前面讲的"利"字来说的)。"羊"直接在我身上、在我心上,是用心(理性)力来把握的。"羊"象征着好的品性,代表真善美、吉祥如意、神圣无比的向上价值。"我"在下面支撑着、崇敬着、捍卫着美好的形象或事物。义,又引申发展为适宜、应该、规范、善等意义,代表人之为人必须无条件坚决为之奋斗的最高理想、坚定追求的最高境界。"义"字具有道德的含义,主要体现为道义和正义等方面。再者,"义"通"宜","宜"表示祭祀,具有杀(生)的意思。"义"又通"仪",即仪行,表现出威武的阵容。"义"的这种威严的含义,可以容纳得下"宜"的杀戮的意思,以及合适、美善的意思,而且不带"宜"字固有的那种血腥气味;加上二字同音,便于通假,所以具有了取代"宜"字而为道德规范的最佳资格。①

义和利是人之在的需要性的体现,义更多的是人的理性追求的价值,利更多的是人的感性的追求目标。人本身的存在是一个具体的矛盾的统一体。其中,义与利的关系也是通过理性与感性的关系折射出来。义与

---

① 庞朴:《儒家辩证法研究》,中华书局 1984 年版,第 24 页。

利是对立还是统一，在不同的哲学家和学术流派那里真是百花齐放、百家争鸣。

叶适对义与利的关系有自己独到的见解和主张：

> 古人之称曰："利，义之和；"其次曰："义，利之本；"其后曰："何必曰利？"然则虽和义犹不害其为纯义也，虽废利犹不害其为专利也，此古今之分也。①

叶适认为，"和义"依然不会破坏"义"的纯洁性，"废利"也一样不排除"专利"的可能性。这是一种辩证的观点。在古时，利是义的体现，义是利的体，利是义的用，要根据义来分配利，通过分配利来体现义，义和利是统一的。而到后世，人们把义和利分割开来，这是古今的分别。

在古时，人们就开始谈论义与利。《易》开始："乾，元亨利贞。""利"被说成"利者，义之和也……利物足以和义"。"乾始能以美利利天下，不言所利，大矣哉！"大体意思是：筮得乾卦，大通顺，占问有利。利是义的体现……施利万物则足以体现义。乾元之德以嘉美的惠利泽及万物，而它却不自夸其德，这真是太伟大了。乾道大化流行，滋润万物，气象万千，生机勃勃，硕果累累，真是物华天宝，人杰地灵。人世间的一切都是大道运行的体现和结果。唐人孔颖达对"利者，义之和"的注疏是："言天能利益庶物，使物各得其宜而和同也。"又说："'利物足以和义'者，言君子利益万物，使物各得其宜，足以和合于义，法天之利也。"②程颐《易传》："利者，万物之遂。"③"和于义乃能利物，岂有不得其宜而能利物者乎？"④这里的"利"，是指顺和物性、各宜其利。其实，"利物之用"的说法在《尚书》中就有："正德、利用、厚生，惟和。"⑤这同样为后世所用，如"正德、利用、厚生，

---

① ［南宋］叶适：《习学记言序目》卷第十一《左传二·襄公二》，中华书局1977年版，第155页。
② ［清］阮元校刻：《十三经注疏》，中华书局1980年版，第15页。
③ ［宋］程颐、郑汝谐撰：《伊川易传》，上海古籍出版社1989年版，第3页。
④ ［宋］程颐、郑汝谐撰：《伊川易传》，上海古籍出版社1989年版，第6页。
⑤ 《尚书·大禹谟》。

谓之三事"①。不过，在《易》中，"利"也指利益，如"崇高莫大乎富贵。备物致用，立成器，以为天下利，莫大乎圣人"②。再如"以利天下"③，这种"天下之利"自然是"公利"，也可以有利国和利民之别。《左传》记载："邾文公卜迁于绎。史曰：'利于民而不利于君。'邾子曰：'苟利于民，孤之利也。天生民而树之君，以利之也。民既利矣，孤必与焉'。"④国君以利民为利，是值得提倡的，也是儒家的主张，叶适是赞成的。但与此相对，也出现了主张"专利"的观点，如"可以安社稷利国家者，则专之可也"⑤；"苟利国家，不求富贵"⑥。这些都是只顾国家的"公利"而不顾国民利益的聚敛行为。叶适是反对这种"专利"的。为什么会这样呢？关键在于，"公利"往往被认为是"义"，而"义"与"利"相比重要得多。也有打着"公利"的标牌行私利的行为，如一些团体口头上喊为人们伸张正义，实际上是为自己的小团体谋利益，其内部可能是公平的，但对人民大众来说，就是不义的，甚至到最后他们被揭露出来，原来是一小群腐败分子。这样的现象在历史上和当今屡见不鲜。

孔子对义利关系的论述也比较全面，大致有两方面含义：一是遵循事物的本性（义），自然会得到利；二是人与人、人与社会之间也要遵循义，才能合理地安排利。《论语》记载，"子罕言，利与命与仁"⑦；"君子喻于义，小人喻于利"⑧。这些内容在前文有分析，一般都被解释为孔子不多讲利，并以此作为孔子不言利的证据。其实不然。孔子并非不言利，而是强调以义取利。他要求："因民之所利而利之，斯不亦惠而不费乎？"⑨邢昺疏："民居五土，所利不同。山者利其禽兽，渚者利其鱼盐，中原利其五谷。

---

① 《左传·文公七年》。
② 《易·系辞上》。
③ 《易·系辞下》。
④ 《左传·文公十三年》。
⑤ 《公羊传·庄公十九年》。
⑥ 《礼记·儒行》。
⑦ 《论语·子罕》。
⑧ 《论语·里仁》。
⑨ 《论语·尧曰》。

人君因其所利,使各居其所安不易其利,则是惠爱利民在政,且不费于财也。"①孔子还要求:"无欲速,无见小利。欲速则不达,见小利则大事不成。"②这就要求人们要顺应事物的本性以得其利,按事物本身的发展过程和发展特点来形成利,要有可持续发展的意向,不要急功近利。再者,人们按照事物的本性,通过劳动获得利之后,孔子仍要求人们分配利益要符合道德,并且要求以义来节制取利。孔子主张"见利思义"③或"居利思义"④,"不义而富且贵,于我如浮云"⑤。孔子在谈人的行为时说:"非义不合""见利不亏其义"。⑥孔子并不是不要利,而是强调获利要符合义的规范。"子曰:'放于利而行,多怨。'"⑦这里说的是个人之利、私利;也就是说,人若只根据利而行,唯利是图,则被认为要遭怨恨。关于惠民之利,孔子也谈论好多。(前面有说明)叶适是赞成孔子观点的,反对的是只谈义不谈利或贵义贱利。例如下面的讨论:

> 问:"子罕言利",孔子自不曾说及利,岂但罕言而已? 曰:大《易》一书所言多矣。利,只是这个利。若只管说与人,未必晓得"以义为利"之意,却一向只管营营贪得计较。孟子曰:"未有仁而遗其亲,未有义而后其君。"这个是说利,但人不可先计其利。惟知行吾仁,非为不遗其亲而行仁;惟知行吾义,不为不后其君而行义。⑧

这里以孟子的话为例,谈论以义为利,但不可先计其利。重视义是对的,但不能没有利;不重视利,或者把利忘掉,则义就成了无用之空话。

> 又曰:只认识义和处便是利,不去利上求利了。孟子只说个

---

① ［清］阮元校刻:《十三经注疏》,中华书局 1980 年版,第 2535 页。

② 《论语·子路》。

③ 《论语·宪问》。

④ 《左传·昭公二十八年》。

⑤ 《论语·述而》。

⑥ 《礼记·儒行》。

⑦ 《论语·里仁》。

⑧ ［南宋］朱熹:《朱子语类》,岳麓书社 1997 年版,第 850 页。

仁义,"未有仁而遗其亲,未有义而后其君"。只说到个"义"字时,早是掉了那"利"字不说了。缘他是个里外牵连的物事,才牵著这一边,便动那一边,所以这个字难说。①

不论怎样,如果把"义,利之本"只理解为重视义而贱利,就割裂了义和利之间的辩证关系。更重要的不是怎样说的问题,而是怎样做的问题,要有具体的实践活动把二者统一起来,才能变为现实。

三、"何必曰利?"

关于"何必曰利?"叶适主要还是就他当时所反对的儒者来说的。"何必曰利?"应该是孟子的原话。"孟子见梁惠王,王曰:'叟!不远千里而来,亦将有以利吾国乎?'孟子对曰:'王何必曰利?亦有仁义而已矣。'"并一再重申:"仁义而已矣,何必曰利?"②孟子的这段话历来被认为是比孔子的"小人喻于利"更加发展的轻视功利、宣扬义利对立的典型依据。在《告子下》中,他提出,不应以分析交战有利无利来说服秦国和楚国罢兵,"悦于利"会使人们"怀利"行事,国家必亡。应以仁义来说服双方,结论还是"何必曰利?"孟子主张王道政治、仁政治国,而不是霸道政治、以(武)力治国。其实,孟子强调的是不要用"利"来劝导国君,这种利是战争之利。孟子并非根本不讲利,他讲的利不是战争之利,而是仁政之利。对孟子的"何必曰利"要做具体分析。杨泽波教授认为,"何必曰利?亦有仁义而已矣",只是相对君王而言,意思是不要单纯追求富国强兵,不是不要讲利益。也就是说,这句话必须从治国方略上理解,从王政或霸政上理解,不能从利益的有无上去理解。从《孟子》本身是无论如何得不出君王不能讲利(物质利益)这样的结论来的。对于农民、工民、商民之利,孟子是坚决肯定的。对于士,义的价值远远超过利,士是一个特殊阶层,所以应该以义为重,以行道为己任(无恒产而有恒心),但在不违背义的前提下,也应该维持自己的生存,追求一定程度的利。这里的关键是有没有道,合不合

① [南宋]朱熹:《朱子语类》,岳麓书社1997年版,第849页。
② 《孟子·梁惠王上》。

宜。道为质,宜为量。无道不宜,利再小也不能求;有道合宜,利再大也不为过。再者,如果君主本人的利与人民的利分开来讲的话,孟子以为霸道只是凸显了君主自己的利益,而非人民的利益。为了君主自己的利益,天下争霸,带来战争,等于把人民引向火海,是不义的。不过,孟子推行王道,以仁政治国,强调国家治理的道德性和道德基础性。如果没有相应的规范和法律来配套的话,可能是有缺陷的。这样,孟子的仁政蓝图又构成对基本的治国手段——规范和法律(或者没有)——超越的可能性。正是这种可能性存在,一方面使他的仁政相对于老百姓而言容易流于空想;另一方面又将可能使他的仁政蓝图沦为专制主义统治可以任意运用的工具。这在中国两千多年的封建历史上是可以见到的。

再者,孟子也讲过"以利为本"。孟子曰:"天下之言性也,则故而已。故者,以利为本……禹之行水也,行其所无事也。如智者亦行其所无事,则智亦大矣。"[1]意思是说,天下讨论的人性,只要能推求其所以然便行了,推求其所以然,基础在于顺其自然之理……禹的使水运行,就是行其所无事,顺其自然,因势利导。假设聪明人也能行其所无事,不违反其所以然而努力实行,那就是大智了。这里的"故"即所以然、规律、法则、本性,在《离娄下》同一段中,有"天之高也,星辰之远也,苟求其故,千岁之日至,可坐而致也"。顺其故,则利之。"故者,以利为本"是说,遵循事物的本性、常则就有利,与孔子和《易》所言有相通处。由此可见,孟子并非不讲利,而是从顺宜事物之性的角度谈利,不仅仅是恒产的财利、利益。在这里,孟子的意思是按照自然规律而为即是利,叶适对此点是肯定的。叶适反对的是义与利的分离。

关于义与利的关系,亚里士多德认为它们统一于自然法之中。自然法是反映自然存秩序的法律,是自然存在的秩序。人定法是规定社会存在秩序的法律,它是社会存在的秩序。自然法的基本精神是正义,它是永恒不变的,是普遍适用的,它是人定法制定的凭据,所以它高于人定法。

---

① 《孟子·离娄下》。

人定法是国家和社会衡量人们行为的是非曲直的尺度,它是遵循自然法而制定的,因此,它的价值皈依是正义精神。自然法的基本精神是正义。所谓正义,就是恰如其分、毫无偏私的权衡,把握中道的权衡。正义精神的基础是理性;正义精神的基本内涵是"善德"和"公共福利"。因此,正义精神在亚里士多德那里,可以说是理性精神、善良的美德和利益精神的整体表述。理性决定了人与动物的根本区别;而利益精神体现了人生存在的现实的目的和人与人的本质关系;善良的美德标志着人类存在的崇高性与人类生活的实际意义所在及价值皈依。此三者,构成了自然法的整体内容。

现在来看朱熹对"何必曰利?"的主张:

> 仁义根于人心之固有,天理之公也。利心生于物我之相形,人欲之私也。循天理,则不求利而自无不利;殉人欲,则求利未得而害己随之。所谓毫厘之差,千里之缪。此孟子之书所以造端讬始之深意,学者所宜精察而明辨也。太史公曰:"余读《孟子书》至梁惠王问何以利吾国,未尝不废书而叹也。曰嗟乎! 利诚乱之始也。夫子罕言利,常防其源也。故曰'放于利而行,多怨'。自天子以至庶人,好利之弊,何以异哉?"程子曰:君子未尝不欲利,但专以利为心则有害。惟仁义则不求利而未尝不利也。当是之时,天下之人惟利是求,而不复知有仁义。故孟子言仁义而不言利,所以拔本塞源而救其弊,此圣贤之心也。[①]

在这里,朱熹抬高孟子,但他不能真正理解孟子的"利"的含义,有点可悲,不过,这也许是发展了孟子。孟子是言利的,只是要做具体的分疏。(上面谈到)朱熹引用司马迁的话,作为论据。实际上,司马迁也没有完全准确地把握孔子和孟子的利的真正含义,以至于对后世产生错误的影响。关于此点,杨泽波教授指出:

> 其实,孟子劝说行仁政,说到底仍然离不开功利目的。因为

---

① 〔南宋〕朱熹:《四书章句集注·孟子集注卷一》,中华书局 1983 年版,第 202 页。

行仁政不是空的,无非是要国泰民安、国富民强。这里的关键在于是"先义而后利"还是"先利而后义"。先义而后利,国家必定强盛,结果是有义而且有利;先利而后义,国家必定大乱,结果不仅无义而且无利。孟子之后,人们往往不能辨明此章的不同对象和义利的不同含义,以为"何必曰利"就是不要讲利益,不能识破孟子此章中所言对象的一步滑转,不能体会"只有孟子实行仁政,国家才能真正富足昌盛"的思想。司马迁作《孟子荀卿列传》,一开篇就发了一通感慨……这段话常常为后人津津乐道,可见错误理解影响之深。①

可以看出,孔子的"罕言利与命与仁"和孟子"何必曰利?"的利是曲折而成的,乃是大利也。一般的人,如果修养的功夫不到,是不会体验、领悟出来的。朱熹也可能领悟出来了,但又走向了另一个极端,从而割裂了义和利的关系。朱熹认为:"仁义根于人心之固有,天理之公也。利心生于物我之相形,人欲之私也。循天理,则不求利而自无不利;殉人欲,则求利未得而害己随之。""必以仁义为先,而不以功利为急。"②"罕言利者,盖凡做事只循这道理做去,利自在其中矣。如'利涉大川''利用行师',圣人岂不言利。"③他是将义置于首要地位,认为圣人是言利的。"利者义之和。""义疑于不和矣,然处之而各得其所,则和。义之和处便是利。""义是个有界分断制底物事,疑于不和。然使物各得其分,不相侵越,乃所以为和也。""利是那义里面生出来底。凡事处制得合宜,利便随之,所以云'利者义之和'。盖是义便兼得利。若只理会利,却是从中间半截做下去,遗了上面一截义底。小人只理会后面半截,君子从头来。"④在朱熹的思想中,顺循天理就是"义"兼得"利","正其义则利自在,明其道功自在。专去计较利害,定未必有利"⑤。朱熹不否定从"义"出发的"利",而反对从"欲"

① 杨泽波:《孟子性善论研究》,中国社会科学出版社1995年版,第249—250页。
② [南宋]朱熹:《朱文公文集》卷七五。
③ [南宋]朱熹:《朱子语类》卷三十七,岳麓书社1997年版,第849页。
④ [南宋]朱熹:《朱子语类》卷六十八,岳麓书社1997年版,第1529页。
⑤ [南宋]朱熹:《朱子语类》卷三十七,岳麓书社1997年版,第884页。

出发的利。他把义与利作两截来说,有分离二者的倾向。

朱熹认为:"浙学却专是功利……则学者习之,便可见效,此意甚可忧。"①实际上以陈亮、叶适为代表的浙学并非不讲义,从他们的论述中不难看出,他们强调的是二者的统一,反对将义利绝然对立。陈亮同朱熹进行了近三年之久的"王霸义利之辨"。朱熹指责陈亮,希望他"绌去义利双行、王霸并用之说,而从事于惩忿窒欲、迁善改过之事,粹然以醇儒之道自律"②。而陈亮反驳说:

> 诸儒自处者曰义曰王,汉唐做得成者曰利曰霸,一头自如此说,一头自如彼做;说得虽甚好,做得亦不恶;如此却是义利双行、王霸并用。如亮之说,却是直上直下,只有一个头颅做得成耳。③

可见,陈亮并非主张义利双行,而是主张义利统一。陈亮坚持认为,绝不能将事业的开辟与功利的寻求从王道之中抽取掉,而必须确认它们原是为王道所包容的;否认这一点,便是对儒学之整体统一的分解。陈亮说:"利之所在,何往而不可哉!"④"夫义者,立人之大节"⑤,他肯定的是有功用的"义"。所以,与陈亮同时代的陈傅良把他的思想概括为:"功到成处,便是有德,事到济处,便是有理。"⑥董平教授指出:在道德与功利这一问题上,陈亮是主张两者和谐统一的。他丝毫未贬低道德,又坦率地肯定了社会的普遍功利乃是可欲的对象,在价值上则是善的。这一观点的理论基础是他关于人性的见解。人性既然统合了人的自然性与社会性,则物质利益的追求与道德禀赋的显现便都合乎人性的自身目的。因此之故,人在现实性上便需要作为主体性之载体的"心"来实现对其统摄与制

---

① 〔南宋〕朱熹:《朱子语类》卷一二三,岳麓书社 1997 年版,第 2677 页。
② 〔南宋〕朱熹:《朱文公文集》卷三六《答陈同甫》第四书。
③ 〔南宋〕陈亮:《陈亮集》卷之二十《书·又甲辰秋书》,中华书局 1974 年版,第 281 页。
④ 〔南宋〕陈亮:《陈亮集》卷之十一《策·四弊》,中华书局 1974 年版,第 127 页。
⑤ 〔南宋〕陈亮:《陈亮集》卷之十三《史传序·义士传序》,中华书局 1974 年版,第 154 页。
⑥ 〔南宋〕陈傅良:《止斋集·答陈同父三》,吉林出版集团有限责任公司 2005 年版,第 305 页。

导,使之各当其定分而不乱,不致失去其内部的均衡。① 由此可以看出,陈亮、叶适在义利统一的观点上是相通的。

四、"既无功利,则道义者乃无用之虚语尔"

叶适对后世把义和利分割开来,表现为两种极端的观点提出批评,他说:"陋儒不晓,一切筑垣而封之,反以不言利自锢,而言利者遂因缘以病民矣。"②叶适反对不言利而只言义的空言和言利者不顾义以害民的两种情况。在反对两种偏向的同时,叶适更从较早提出义与利不一致的人物——董仲舒——的观点开始批判。之所以这样,是由于"后世学者指意亦多本之仲舒",这里的"后世学者"指的是宋代的理学家。当时,朱熹为了恢复重义轻利的传统,破除浙学(永康、永嘉学派)的影响,一方面,极力推崇董仲舒的"正义不谋利,明道不计功"的学说,作为《白鹿洞书院学规》揭示出来,教育学生。朱熹认为,讲仁义为先,并不是迂阔无用之谈,是因为"万事本于一心"。他以为君子之学,不能专在利害上计较,而应该穷理而守之,唯理是从,归根到底就是正义、明道。另一方面,严格区分义、利之别,而不能混为一事。朱熹认为:"学无浅深,并要辨义利。"③这是说,人人要分辨义与利,事事要分辨义与利。如何分辨义利之别?"或问:'义利之别?'曰:'只是为己为人之分。'"④为己,就是人欲之私;为人,就是天理之公。"人只有一个公私,天下只有一个邪正。"⑤分别得天理人欲、公私邪正,则能明义利之辨。也就是说,义利之别,即公私、天理人欲之分。分别之后,就容易导致存天理灭人欲,重义轻利,甚至存义灭利,仅仅谈论道德的纯粹性、动机性,而没有效果性。关于此点,叶适指出:

> 《诗》《书》所谓稽古先民者,皆恭俭敬畏,力行不息,去民之

---

① 董平:《陈亮评传》,南京大学出版社 1996 年版,第 318 页。

② [南宋]叶适:《习学记言序目》卷第二十二《汉书二·志》,中华书局 1977 年版,第 311 页。

③ [南宋]朱熹:《朱子语类》卷十三,岳麓书社 1997 年版,第 202 页。

④ [南宋]朱熹:《朱子语类》卷十三,岳麓书社 1997 年版,第 202 页。

⑤ [南宋]朱熹:《朱子语类》卷十三,岳麓书社 1997 年版,第 203 页。

疾,成其利,致其义,而不以心参之。孔子言:"仁者己欲立而立人,己欲达而达人,能近取譬。"盖不特人主见道不实,当时言道者自不实也。①

叶适提倡要像古代先民那样身体力行,艰苦奋斗,为民着想,通过自己的德行和劳动,除去人们的害处,给人们带来好处和利益,从而代表正义的行动和形象,为大众建功立业。叶适突出人的力行不息,在天人之中,人们不断地化自然之物为人为之物,为自己带来利益,满足自己的生活需要。同时,能己欲立而立人,己欲达而达人,并且能脚踏实地地就当下的事实选择例子一步步去做,这样就可以说能去实现道了,道义也就会有具体的内容,不至于抽象和空虚。有身体力行的劳动,就会有实实在在的利益和好处存在。而不像朱熹那样,"万事本于一心"。对于此种现象,杨国荣教授认为,广义的自然兼指对象,就对象而言,从天之天到人之天的转化过程(自然的人化过程),主要表现为化自在之物为为我之物。先秦儒家的代表人物之一荀子,已注意到了自然人化的这一内涵,并对此进行了具体的考察,然而,在宋明新儒学(理学)那里,自然的人化虽然被空前地凸显,但这一过程同时又常常被狭隘地理解为人的自然本性的转化,对象由自在之物到为我之物的历史过程,基本上处于他们的视野之外。②由于宋代的理学家比较注重人的道德修养的提高,缺乏改造自然界的意识和具体的行动,不太清楚或甚至不谈、不顾利的来源和形成过程,即对象由自在之物到为我之物的历史过程,从而从根本上导致他们产生淡化利的意识。叶适注意到了这一点,提倡实德和实政。在这一点上,陈亮和叶适都比较强调人的身体力行,强调人的劳动实践。人们遵循天道和人道去劳动,就能创造价值,也就是义与利的统一。基于此,叶适批评董仲舒没能正确地把握义与利的关系:

"仁人正谊不谋利,明道不计功",此语初看极好,细看全疏

---

① [南宋]叶适:《习学记言序目》卷第二十三《汉书三·列传》,中华书局 1977 年版,第 322 页。

② 杨国荣:《善的历程——儒家价值体系研究》,上海人民出版社 2006 年版,第 275 页。

阔。古人以利与人而不自居其功,故道义光明。后世儒者行仲舒之论,既无功利,则道义者乃无用之虚语尔;然举者不能胜,行者不能至,而反以为诟于天下矣。①

在此,叶适严厉地批评了董仲舒和一些后世儒者把道义(道德)和功利分离看待的错误观点。从根本上来说,道义和功利是一体的。义的意义在于中道。对于道义和功利的关系,应从事物本身、事物的本性、动态的状态来分析。道存在于事物中,道的大化流行显现为事物的更新和发展。新事物的出现,也就是道运行的功劳和结果,体现为事物本身的功利。功利的出现标志着道的大化流行、生生不息。看似语言重复循环,实际上就是事物的本然,是事物本身的辩证法和诠释方式,是生存论意义的状态。人们不能主观地、静止地甚至抽象地去分析,否则将陷入二难境地。其实这种二难境地,事物本身是没有的,而是人们自觉或不自觉地、人为地产生,没有遵循事物本然所导致的结果。相对于人来说,人本身也是一种事物,但人能"天行健,君子以自强不息"。人们通过勤劳创造价值,勤劳就是人的美德,价值可以表现为德业和功利。在正常情况下,一方面,人们遵循道而劳动总会有成果。常言道,功夫不负有心人,下功夫就会有收获,即有利的出现。另一方面,如果没有功利出现,说明道义没有起作用(即无用),也没有在人本身上体现出来,即人没有做功夫(人的各种劳动实践)。人做功夫本来就是道义的展开(人的自强不息)。不过这里要辩证地理解,利的显现和功夫的进展是过程性的,不能因为功夫不到、不能显大利而否定做功夫,做了有时也没用。这两方面是一体的,是统一的同一个过程。同样的道理,如果不道义,当然就会有害处,即不利。如果说,某些人一时的不道义,好像自己得到了好处即利,从而害了别人,实际上,这些人在道义上早就否定了自己,得的只是一时的不义之利,不要忘了,道义和功利的展开是过程性的,将来道义和功利的一体会达到真正的统一,即会摆平(公正)此事。例如,在天人关系中,人如果破坏大自

① [南宋]叶适:《习学记言序目》卷第二十三《汉书三·列传》,中华书局 1977 年版,第 324 页。

然的秩序而不是融入其中,将会受到大自然的报复。叶适正是因为认识
到了道义和功利的辩证关系,才极力地批评割裂和歪曲道义与功利之间
关系的错误观点。叶适认为:"既无功利,则道义者乃无用之虚语尔。"这
是与《诗》《书》所传的圣人之道相一致的。叶适在这里批评了董仲舒,同
时也批评了空谈义理的宋代理学家。下面再看董仲舒的观点:

正其谊不谋其利,明其道不计其功。①

不能致功,虽有贤名,予之赏。②

体莫贵于心,故养莫重于义。义之养生人大于利矣。③

可以看出,董仲舒有明显的道义论特色,并且他又把道德(义)和功利
分开来讲,而不是一个统一体。一个属于道德领域,另一个属于非道德领
域,有些像康德一样,在实践理性(道德)领域内部不能有一点欲望和功利
的思想。义的地位远远高于利,义只能限制利,没有利,义仍在。杨国荣
教授对董仲舒的这一观点有精彩的分析:道德(义)既有超功利性的一面,
又非完全隔绝于功利之外,当董仲舒将不计其利视为道德领域的基本原
则,而在非道德领域引入功利原则时,他实际上将道德的二重性分别安置
在不同的领域,而并没能实现二者的内在统一。义和利的这种分离,同时
又在更深的层面上蕴含着价值观的内在分离:一方面,追求道德上的完
善,便应剔除一切功利的因素(正其谊不谋其利,明其道不计其功);另一
方面,一旦涉及非道德的领域,则应以考其功、计其利为原则。于是,当道
德的完善成为主要目标时,功利的原则便必然受到贬抑,在后来的宋明新
儒学中,我们便可以看到这一趋向的发展……董仲舒并没有离开以义制
利的儒学传统。对义之普遍规范作用的肯定,诚然也表现出一种沟通义
与利的趋向,但这种沟通是通过义对利的单向制约实现的,它并未解决道
德规范(义)及道德判断本身的现实基础问题,因而相应地并未能真正达

① [汉]班固撰,[唐]颜师古注:《汉书》卷五十六《董仲舒传第二十六》,中华书局1975年版,第2524页。
② [汉]董仲舒撰,[清]凌曙注:《春秋繁露·考功名》,中华书局1975年版,第223页。
③ [汉]董仲舒撰,[清]凌曙注:《春秋繁露·身之养重于义》,中华书局1975年版,第321页。

到不计其利与考功兴利的统一。①

叶适认识到，董仲舒和后世理学家，没有把道德和功利很好地统一起来，他就要解决这一问题，从而更好地服务于现实和社会。他认为道德和功利辩证统一，如果有不义的时候，就会带来害处，这样就有利和害之别，在现实中存在。他肯定就利避害，实际上，也就是坚持正义，抵制非正义。他认为："人心，众人之同心也，所以就利远害，能成养生送死之事也。是心也，可以成而不可以安；能使之安者，道心也，利害生死不胶于中者也。"意思是说，利害之心是人之常情，其作用是能成养生送死之事也。而道心即道义之心，起到调节人心的利害生死关系并使之安其分的作用。因此，计较利害，就利避害，就是就义避不义，是自然的事。同时，叶适义利兼顾，他不单纯谈利害，还以义来约束、规范利：

> 儒者以迂阔见非于世，所从来远矣。三代以前，无迂阔之
> 论。盖唐、虞、夏、商之事虽不可复见，而臣以《诗》《书》考之，知
> 其崇义以养利，隆礼以致力，其君臣上下皆有阔大迂远之意，而
> 非一人之所自能者，是故天下亦莫得而名也。②

叶适主张"崇义以养利，隆礼以致力"。（在这里，力和利应该有相通之处：人通过劳动可以达到利。）养利要靠义，致力要靠礼。利体现着义，用利充实义。用力要体现着礼（节），不能只靠武力服人。同时，礼节要实在，要用心力即敬，必要时要用力即劳动去实现。他反对把义和利两端分的观点，如"义理之是非在目前者常又不能守，而每以利害为去就，盖自古而然；而又有庸人执以为义理之所在非圣人不能择者，亦自古而然"，并认为"二端，学者不可不谨察也"。同时他也认为义与利的统一体现着历史性的特点：

> 天地之初，皆夷狄也，相攘相杀，以力自雄，盖其常势，虽炎
> 黄以道御之，不能止也。及尧舜以身为德，感而化物，远近丕变，

---

① 杨国荣：《善的历程——儒家价值体系研究》，上海人民出版社 2006 年版，第 150 页。
② ［南宋］叶适：《水心别集》卷之三《进卷·士学上》，中华书局 1961 年版，第 674 页。

功成治定,择贤退处,不为己有,而忠信礼让之俗成矣。夫先人后己,徒义远利,必出于心之自然而明于理之不可悖。故汤既放桀,惟有惭德,而其臣反作诰以谕解之。若夫乱臣贼子则不然,公为弑逆而恶大恶之闻,崔杼所以杀太史;将行篡夺而畏正论之禁;曹操所以杀孔融。至于彼自行之,此自书之,不杀不争,两不相忌,而天下易姓,此又杼与操智虑之所未至,而虬固不足以知之也,悲夫![1]

又曰:

让善,善也,然而能有善;争善,亦善也,然而无善。[2]

叶适认为,人类历史整体发展趋势在义利方面应该是"崇义以养利,隆礼以致力"。但在客观上也应该看到,在历史的不同时期,义和利、礼和力的关系的发展表现为不同的形式。在人类历史上,总会有正义(包括礼的规范)和非正义(失礼)存在,总会有利和害存在,总会有善和恶的存在,它们对立统一地辩证运动,从而推动历史的发展。历史的发展又是正义的体现,即道的运行,人类自强不息,生生不已即仁。利生就是仁,就是义,就是善;害生则为残,则为贼,则为恶。善相对于恶而又高于恶;恶是善的堕落,而善是恶的拯救与出路。人类所谓的方向和超越,就是由恶转善、弃恶从善,也就是向着一切人的自由而和谐地生存提升。因此,人类相互之间必须重人道、崇良善、禁侵害、黜恶行。由于人类内部总是有竞争,于是"恶"便曾充当人们生存竞争的手段,进而充当历史运动的杠杆。但与善相对因而也相通的"恶",其合理性的限度正在于它的目的是善,能够充当善的有限的手段。善要借恶而行,这也是历史的辩证法。[3] 在历史的发展过程中,叶适更提倡君民合一:

古者民与君为一,后世民与君为二。古者君既养民,又教

---

① 　[南宋]叶适:《习学记言序目》卷第三十五《周书》,中华书局 1977 年版,第 528 页。

② 　[南宋]叶适:《习学记言序目》卷第十《左传一·襄公一》,中华书局 1977 年版,第 145 页。

③ 　参见张曙光:《开显"天地之大德"》,《学术月刊》,2008 年第 3 期。

民,然后治民,而其力常有余。后世不养不教,专治民而其力犹不足。古者民以不足病其官,后世官以不足病其民。凡后世之治无不与古异,故论古者事远而不可行,因今者谓行而不可安。嗟乎!其孰能任是者乎!夫太息而言古义,于今必不能改,将安所用?徒以为笑于执事者而已。虽然,不可不知也。①

盖自君言之,则当先民而后君;自民言之,则当先公而后私;理各有所正,不苟自晦也。②

古之圣人,以民不能自衣食而教以衣食之方。及其敝也,上下无制,而因其所以衣食者,斗其力,专其利,争夺而不愧,赡足而不止。老聃以是为教者之过也,故曰"至治之极,民各甘其食,美其服,安其乐,乐其业",彼以为"不贵难得"、"不见可欲"能使之然,虽非正论,尚有意也。③

叶适认为,应该民与君为一,君既养民,又教民,然后治民,君对民负责,教民衣食之方,先民而后君。民拥护君,先公而后私。教与养的关系,在某种意义上就是德与利的关系,二者是统一的。一方面,养的目的是让老百姓丰衣足食,能正常生活,进行正常的劳动和生产,这本身就是一种爱,即仁爱,表现为德。另一方面,教化老百姓怎样做人,怎样生产和劳动,做到君子以自强不息,这样就有好的结果,就能造福于老百姓和自己的国家,从而表现为利。二者的互动和作用,推动着人们的道德素质和生活水平不断地提高和发展,成为新一代的人,从而表现为二者的统一。但后世很多官员"然举者不能胜,行者不能至,而反以为诟于天下矣"。同时,叶适也强调礼义(甚至法律)的作用,否则上下无制,而因其所以衣食者,斗其力,专其利,争夺而不愧,赡足而不止。老聃认识到了这一点,值得肯定,但非正论也。因为人们不能始终要过小国寡民的社会,人类社会

---

① [南宋]叶适:《水心别集》卷之二《进卷·民事上》,中华书局 1961 年版,第 651 页。
② [南宋]叶适:《习学记言序目》卷第十《左传一·襄公一》,中华书局 1977 年版,第 146 页。
③ [南宋]叶适:《习学记言序目》卷第二十《史记二·列传》,中华书局 1977 年版,第 293 页。

在人们需要的推动下不断向前发展,人有需要欲望是自然的,关键是怎样在正义之下正常发展,从而促进人类历史的进步。可以看出,叶适认为,养民与教民,衣食与礼义,生养与道德相统一,义与利是辩证统一的,可以称作生养之仁、生养之义、生养之道。同时,叶适也强调法律的作用,在法律中体现义与利的统一。他指出:

> 夫以法为治,今世之大议论,岂可不孰讲而详知也!盖人不平而法至平,人有私而法无私,人有存亡而法常在;故今世以"人乱法不乱"为常语,此所以难于任人而易于任法也。虽然,人则未易任也。以唐、虞、三代之盛王,至诚一意以相与,而后其人可任。今则安能!至于不任人而任法,则必任其足以行吾法之人,而不任其智不足以知法与力不足以行法者,而后法可任,此易见之论也。……臣故欲陛下纵未能任人而废法,以行唐、虞、三代远大之政,姑欲任人以行法,使法不为虚文而人亦因以见其实用,功罪当于赏罚,号令一于观听,简易而信,果敢而仁,若汉以来者可矣。①

叶适认为,人如果有不平的话,而法可以至平,人有私而法无私,人有存亡而法常在。通过法律以见其实用,功罪当于赏罚,简易而信,果敢而仁。这样能够促进义利的平衡,不至于有大的偏差。对此,冯契先生做了详尽的分析:我们认为"义"和"利"、道德和利益应该是统一的。任何社会都需要有一定的道德规范来维护社会的合理秩序,使群和己的利益都能适当得到满足。"利,所得而喜也;害,所得而恶也。"②人的一切有目的的活动就在于免苦求乐、趋利避害,这个观点是正确的。为了要处理这些利害、苦乐之间的矛盾,即人与人之间、个人与集体之间的矛盾,就有一些应当遵循的准则,这就是礼义、法度。荀子把礼义和法度都看作度量分界的标准。不过法与道德有区别:法更多带有强制的性质。法家强调暴力的原则,倚重于法,认为人之天性都要趋利避害,所以可以用赏罚来制约人

---

① ［南宋］叶适:《水心别集》卷之十四《外稿·新书》,中华书局1961年版,第806页。
② 《墨子·经上》。

的行动,用带有强制性的法使人不敢为恶。道德行为的特点,是要把合理的人际关系建立在"爱"的基础上,建立在自愿自觉的基础上。① 再者,历史上商鞅的名利论对人性做出分析,肯定人们都有追求名利的欲望,从物质利益原则出发制定国家的政策。这是一种深刻的见解,而且行之有效。但是,他完全否定道德教化的作用,则是走向了另一个极端。道德教育虽然不是万能的,却又是任何社会不可缺少的。不承认道德规范对人们思想的约束作用,对它采取排斥的态度是错误的,终将受到历史的惩罚。韩非从人的本性是自利的原则出发,认为决不能靠仁义来治国。他不相信人会自动地为统治者做好事,但认为通过严刑峻法可以迫使人们不敢做坏事,从而达到一国的统一。韩非的自利论和商鞅的名利论属于同一类型,其错误亦相同。韩非认为,人不可能自动做好事,实际上在社会道德的影响和制约下,必然会有很多人考虑社会利益,并不都是因为怕犯法才不去做坏事的。任何社会都必须建立在一定的道德规范的基础上,韩非对此毫无认识,从而走上另一个极端。康德对此认为:建立国家这个问题不管听起来有多么艰难,即便是一个魔鬼的民族也能解决(只要他们有此理智)。也就是说,"一群有理性的生物为了保存自己而在一起要求普遍的法律,但是他们每一个人又秘密地倾向于把自己除外;他们应该是这样安排并建立他们的体制,以至于尽管他们自己私下的心愿是彼此极力相反的,却又如此之彼此互相防止了这一点,从而在他们的公开行为中,其结果又恰好正像他们并没有任何这类恶劣的心愿是一样的"②。

叶适的"崇义以养利,隆礼以致力"的思想和做法,无不令人想起西方功利主义创始人边沁的思想。叶适关心人们的疾苦和利害,为人们去害兴利,为大众造福,同时又关心公共利益,关心民族和国家的福祉。这一思想与边沁的思想有相通之处。边沁对被压迫人民抱有深切的同情心,他制订了监狱改革计划,并亲自担任典狱长实施之,他支持空想社会主义

---

① 冯契:《冯契文集》第三卷《人的自由和真善美》,华东师范大学出版社 1996 年版,第 207—208 页。

② [德]康德:《历史理性批判文集》,何兆武译,商务印书馆 1990 年版,第 125 页。

者欧文的实验,还为农民创办了"节俭银行"。边沁认为人的本性是趋乐避苦,与叶适的就利避害的思想有相似之处。边沁认为,功利是指任何客体的这样一种性质:由此,它倾向于给利益相关者带来实惠、好处、快乐、利益或幸福(所有这些在此含义相同),或者倾向于防止利益相关者遭受损害、痛苦、祸患或不幸(这些也含义相同);如果利益相关者是一般的共同体,那就是共同体的幸福,如果是一个具体的个人,那就是这个人的幸福。共同体的利益是道德术语中最笼统的用语之一,因而它往往失去意义。在它有意义时,它有如下描述:共同体是一个虚构体,由那些被认为可以说构成其成员的个人组成。那么,共同体的利益是什么呢?是组成共同体的若干成员的利益总和。不理解什么是个人利益,谈论共同体的利益便毫无意义。当一个事物倾向于增大一个人的快乐总和时,或同义地说倾向于减少其痛苦总和时,它就被说成促进了这个人的利益,或为了这个人的利益。[①] 可以看出,边沁把个人利益和整体利益的关系分析得很透彻,处理得很好,用个人利益来充实整体利益、共同利益,既尊重了个人利益,又强调了公共利益,而不至于强调了个人利益而忽视了公共利益,或者强调了公共利益而又不使个人利益落空。叶适的崇义以养利、以利来体现义的思想,也是既尊重百姓的个人利益,又重视民族和国家的利益,民富则国强。同时,为了确保个人和共同体的利益,边沁认为要有法律的支持和保障。他谈到,当一项政府措施(这只是一种特殊的行动,由特殊的人去做)增大共同体幸福的倾向大于它减少这一幸福的倾向时,它就可以说是符合或服从功利原理。当一项行动,或特别是一项政府措施,被一个人设想为符合功利原理,那么为论述方便起见,可以想象有一类法规或命令,被称为功利的法规或命令,并且如此谈论有关行动,把它当作符合这样的法规或命令。[②] 在此处,边沁利用措施和法律来保证个人和共同体的利益,叶适也有重视法律的思想。边沁的功利思想具有目的论和后果论特征,他认为人类是否契合道德价值,取决于行为的目的和结

---

① ［英］边沁:《道德与立法原理导论》,时殷弘译,商务印书馆2000年版,第58页。

② ［英］边沁:《道德与立法原理导论》,时殷弘译,商务印书馆2000年版,第59页。

果。所谓目的和结果,在于创造符合大众的最大的合理需要及快乐,其中包含一切合理的欲求、经济利益及社会民生之需要。叶适不满后世儒者偏执董仲舒所强调的道义思想,割裂和忽视了与民生经济、社会财富有关的功利,不但不能减轻民生疾苦、增进社会的安康幸福,且使道义成为无用之虚语而不能落实于人们的合理的社会需求中。从叶适崇实务事、为老百姓谋福利、捍卫民族和国家利益来看,他的功利思想与功利主义的目的论和后果论是相通的。不过,叶适也非常重视人的德性修养,强调仁义礼智圣的品德和"天行健,君子以自强不息"的本性,特别是道德和功利的内在的有机的统一,而不同于康德的外在的比例搭配。康德认为,幸福只有在与理性存在者的德性严格成比例,因而使理性存在者配得幸福时,才构成一个世界的至善,我们必须根据纯粹的却是实践的理性的规范在这个世界中安身立命,但这个世界只是一个理知的世界,因为感官世界并没有从物的本性中给我们预示出目的的这样一种系统的统一,这种统一的实在性也不能建立在别的东西之上,而只能建立在一个最高的本源的善的预设之上,在那里,以某种至上原因的一切充分性装备起来的独立理性,按照最完善的合目的性,而把普遍的、虽然在感官世界中极力向我们隐藏着的事物秩序建立起来、维持下来和完成起来。① 杨国荣教授对此分析:以追求存在的完善为指向,道德与幸福的关系展开为一个不断扬弃对峙而走向统一的过程。康德试图通过赋予人的存在以道德的规定来担保幸福的合理导向,无疑看到了道德与幸福之间可能导致的紧张,但其将幸福加以德性化的思维趋向,却易于引向以道德消解幸福。相形之下,亚里士多德认为幸福即是善,则更多地肯定了幸福与道德之间的一致性,但若过分强调二者的一致性,在逻辑上亦容易忽略幸福与道德之间可能出现的冲突。前者注意到,离开道德的制约,幸福将变得片面化;后者则有见于离开幸福,道德也将导向抽象化。扬弃道德与幸福关系中的这种片面性,意味着走向人自身的全面发展:二者在本质上呈现为同一个过

---

① 〔德〕康德:《纯粹理性批判》,邓晓芒译,人民出版社 2004 年版,第 617—618 页。

程。① 可以说，叶适在中国传统文化的背景下，即天人合一、理欲统一、义利统一的思想土壤中，比较合理地处理道德和幸福(功利)的关系，从而避免了道义论和功利论各自的片面性。

然而，韦政通先生对叶适上述思想，甚至叶适的整个思想有比较犀利的分析：

> 所谓"内外交相成之道"，即"治教并行"，内圣与外王合一的理想，这是中国文化提供的伟大理想，水心生长在一个偏向内圣之学发展的时代，重新认识到并肯定了这个理想，却有其不寻常的意义。但因此而贬抑儒统，完全不了解春秋以后儒学发展的社会政治因素，以及政教分化以后的历史意义，他这方面所表现的独断与无知，是相当惊人的。②

韦政通先生的评价是发人深省的，不过，如果谈政教分离的话，则可能要分出一个心性儒学和一个政治儒学，这一区分是不是中国历史的真实状况，要由中国历史本身来说明，是很复杂的。然而，叶适看到当时的社会状况，不尽如人意，而有崇古现象，希望有尧、舜、禹、周公时期的治民治国的理念，是可以想象和理解的。

同时，叶适在义与利的关系上，对士农工商者们也有不同的分说。他认为："士在天地间，无他职业，一徇于道，一由于学而已。道有伸有屈，生死之也；学无仕无已，始终之也。集义而行，道之序也；致命而止，学之成也。"意思是说，士人主要是追求天人之道，一是行道，二是为学，以精神活动为主。但叶适也强调，"力行不息，去民之疾，成其利，致其义。既养民，又教民，然后治民"，即士人能管理社会、管理国家、疏导民众、教导人民、发展生产。叶适又说：

> 义勇而先，利怯而后，君子；小人反是。然则廉者种之，贪者毁之也……为其厚不为其薄，治于己不治于人，宁散无积，宁俭

① 杨国荣：《伦理与存在》，上海人民出版社2002年版，第274页。
② 韦政通：《中国思想史》，上海书店出版社2003年版，第852页。

无怍,皆所以种而不敢毁也。朝种暮获,市人之德也;时种岁获,农夫之德也;种不求获,不敢毁,不敢成,圣贤之德也;冲漠之际,万理炳然,种者常福,毁者常祸,天地之德也。[①]

叶适认为,士人懂得的道理,相对来说,可能多一些、深刻一些,要义勇而先,利怯而后。争取先天下之忧而忧,后天下之乐而乐。对自己要求高一些,做到严以律己、宽以待人。士人要晓得天人之德,即天人之道,也就是事物本身的运行规律和趋势。市人之德即工商之德,与农夫之德一样,主要靠勤劳播种,靠勤劳收获(体力多一些)。但士人遵循天地之德,引导人们,呵护天地之道,不敢破坏之,不敢拔苗助长之,守护中道,维护大道的正常运行,乃圣贤之德也。这样天何言哉,四时行焉,万理炳然,种者常福,毁者常祸,天地之德显也,天地之道行也,正义存也,福利在也,岂不妙哉!

叶适谈论更多的是国家和民族的利害、天下的利害、天下的正义问题:

> 然而不明其地,则不可以任其人;不任其人,则不可以要其功。内治不定,则夫仇仇者谁与谋之?……纪纲所在,错缪无序。然则有民谁治?有兵谁用?有地谁守?岁迁月易,孰为可见之效?而陛下规恢之图,终将邑邑不试而已乎!天下非可以私智为也,方略非可以私术验也。胜败兴废,古今出一涂辙而已。惟本朝之论,则欲私为而私验之,是以颓弊委靡,至于今日而莫晓其故。此臣所谓必尽知天下之害,而后能尽知天下之利也。[②]

> 慰民心,苏民力,解缠起痼,兴滞补弊……然非先尽其害,则不能得其利,害尽去则利见矣。故四者之害,又当条列而言之于后,使知害者尽,则去害者果。去害诚果,则有可言之利矣,故言

---

① [南宋]叶适:《水心文集》卷十一《郭氏种德庵记》,中华书局 1961 年版,第 184 页。
② [南宋]叶适:《水心别集》卷之十四《外稿·纪纲四》,中华书局 1961 年版,第 817 页。

其所以为利者,又在于条列四害之后也。①

可以看出,叶适是从利害入手,进而到义与不义的问题。害和利是比较明显的,因为他们是不义和义的体现。通过利害比较,容易把握正义问题。首先要知道现存的利害,然后去害存利,也就是去不义存义。叶适尽知当时天下的害(在前文中有分析),使知害者尽,则去害者果。去害诚果,则有可言之利矣。由此可以看出,叶适义利观的进路与一些理学家的义利观的进路也不一样。一些理学家认为,利害是不必计较的,凡事只要从义出发,有了义,利也就有了(实际上为贱利)。叶适认为,要先从害入手,然后才能知利之所在,去害才能见利。只讲义而不计较利害,是空言。叶适从害到利以明天下之大义,才是实德、实政、实利。叶适主张去害兴利、改弱就强,最后实现统一祖国的大义。

成中英先生对义和利的关系有深刻的解释:由于义的抽象性,义可以用利诠释之,名之为公利;利也可以用义诠释之,名之为公义。在此种理解下,利和义可称之为理想的利和义。在此意义下,利和义是统一的。但两者都必须以天下或天下之民为理想的对象;亦即以天下之民的利为利,此即义。此一观点或可名之为理想的功利主义或理想的公义主义。如此,则或可把儒学中的义与功利主义中的利联系起来。② 张义德先生也对叶适的义与利的思想作出了相似的结论,他认为叶适有两个特点:其一是以"利民""利天下"为价值取向和价值标准;其二是主张以"义"谋"利","义"与"利"统一。这种功利主义肯定人的私利,但更强调公利;它并未引向利己主义,反对见利忘义。因此,这种功利主义实为一种社会功利主义,或可称公利主义。③

叶适的公利主义思想的产生,既与他批判当时的正统哲学有关,更与当时的商品经济发展的程度相联系。浙东地区是商品经济发达地区,特

---

① ［南宋］叶适:《水心别集》卷之十《外稿·实谋》,中华书局 1961 年版,第 768-769 页。

② 卢敦基、陈承革主编:《陈亮研究——永康学派与浙东精神》,上海古籍出版社 2005 年版,第 24 页。

③ 张义德:《叶适评传》,南京大学出版社 1994 年版,第 329 页。

定的地理环境和经济状况奠定了这里的人们重功利实业、讲实利功效的观念意识。朱熹说:"陆氏之学虽是偏,尚是要去做个人。若永康永嘉之说,大不成学问,不知何故如此。"①这正好说明了叶适的公利主义的反传统倾向,这一倾向产生了一定的历史影响。不过,钱穆先生认为,水心论学,实在要轶出当时正统理学之轨辙,另来一套新花样,这方面自近龙川,而与象山大异。毕竟仍是婺学、异抚学,只同要与朱子为敌。但不久南宋即亡,朱学在北方复兴,虽不得谓其是朱学之真精神,却亦不再有水心所谓理想的新花样出现。以后元、明、清三代,象山尚时见称述,龙川亦有人道及,而如水心,则似更少人提及。但若专从学术史立场来批评朱子所定之四书,则水心意见,终为可取。②但是,一个人的思想只要是代表事物本身的展开,或者是代表事物本身的部分的展开,不论它被怎样冷落或冷落多久,它总会显现的,因为金子总会发光。成中英先生认为,陈亮和叶适都是历史上重要的人物。陈亮看到的是国家权力发展的重要性,叶适看到的是社会功利经济发展的合理性。他们都能辩才无碍,有能力形成更系统化的理论以打动人心。但他们没有遇到西方18世纪开放的时代,像亚当·斯密一样,得到支持,发生影响。相反,他们面对的是一个已形成气候的道学思想格局,很难打破。然而,他们却仍为儒家的义利关系提供了一个组织性的及工具性的次目标,藉以实现儒学所追求的至善。陈亮和叶适的思想可以说超越了他们的时代,也超越了他们那个时代的中心思想,必须在另一个时代的文化与思想网络里,兑现或凸显他们的意义与价值。总的来说,陈亮和叶适所代表的是儒家思想从德性论向功利理性论或实用理性论的转化,必须等待适当的时机方能开花结果。他们仍属于以义求利、以利行义、多元宋明儒学与走向商业经济发展的时代。如今,我们要在此道理的基础上,积极地建构一个代表事物本身发展特点的,促进人与自然、人与人、人与社会和谐发展的,既保护自然又维护人民生活权利的,德利统一的,动态发展的有机体。

---

① ［南宋］朱熹:《朱子语类》卷第一百二十二,岳麓书社1997年版,第2667页。
② 钱穆:《中国学术思想史论丛》卷五,安徽教育出版社2004年版,第274页。

参考文献

一、基础文献

1. [南宋]叶适:《习学记言》,中华书局 1977 年版。

2. [南宋]叶适:《叶适集》,中华书局 1961 年版。

3. [南宋]朱熹:《朱子语类》,岳麓书社 1997 年版。

4. [南宋]朱熹:《朱文公文集》,四库全书存目丛书。

5. [南宋]朱熹:《四书章句集注》,中华书局 1983 年版。

6. [南宋]朱熹:《论语或问》,上海古籍出版社 2001 年版。

7. [南宋]陆九渊:《陆九渊集》,中华书局 1980 年版。

8. [汉]班固撰,[唐]颜师古注:《汉书》,中华书局 1975 年版。

9. [汉]董仲舒撰,[清]凌曙注:《春秋繁露》,中华书局 1975 年版。

10. [宋]程颢、程颐:《二程集》,中华书局 1981 年版。

11. [宋]程颐、郑汝谐撰:《伊川易传》,上海古籍出版社 1989 年版。

12. [宋]张载:《张载集》,中华书局 1978 年版。

13. [南宋]薛季宣:《薛季宣集》,上海社会科学院出版社 2003 年版。

14. [南宋]陈亮:《陈亮集》,中华书局 1974 年版。

15. [南宋]陈傅良:《止斋集》,吉林出版集团有限责任公司 2005 年版。

16. [南宋]吕祖谦:《东莱文集》,四库全书存目丛书。

17. [明末清初]黄宗羲:《宋元学案》,中华书局 1986 年版。

18. [清]颜元:《颜元集》,中华书局 1987 年版。

19. [清]阮元校刻:《十三经注疏》,中华书局 1980 年版。

二、近人著述(翻译)

1. 王文锦译解:《礼记译解》,中华书局 2001 年版。

2. 周秉均注译:《尚书》,岳麓书社 2001 年版。

3. 杨伯峻译注:《论语译注》,中华书局 1982 年版。

4. 杨伯峻译注:《孟子译注》,中华书局 1960 年版。

5. 杨伯峻编著:《春秋左传注》,中华书局 1990 年版。

6. 陈鼓应注译:《庄子今注今译》,中华书局 1983 年版。

7. 陈鼓应注译:《周易今注今译》,商务印书馆 2005 年版。

8. 陈鼓应注译:《老子今注今译》,商务印书馆 2003 年版。

9. 胡寄窗:《中国经济思想史》,上海人民出版社 1962 年版。

10. 赵靖:《中国经济思想史述要》,北京大学出版社 1998 年版。

11. 石世奇:《中国传统经济思想研究》,北京大学出版社 2005 年版。

12. 冯友兰:《贞元六书》,华东师范大学出版社 1996 年版。

13. 冯契:《冯契文集》,华东师范大学出版社 1996 年版。

14. 徐复观:《中国人性论史》,上海三联书店 2001 年版。

15. 朱伯崑:《易学哲学史》,昆仑出版社 2005 年版。

16. 庞朴:《儒家辩证法研究》,中华书局 1984 年版。

17. 庞朴:《帛书五行篇研究》,齐鲁书社 1980 年版。

18. 成中英:《成中英文集》,湖北人民出版社 2006 年版。

19. 山口久和:《章学诚的知识论》,上海古籍出版社 2006 年版。

20. 马克思、恩格斯:《马克思恩格斯选集》,人民出版社 1995 年版。

21. 马克思:《资本论》,人民出版社 1975 年版。

22. 亚当·斯密:《国富论》,商务印书馆 1972 年版。

23. 亚当·斯密:《道德情操论》,商务印书馆 1997 年版。

24. 李斯特:《政治经济学的国民体系》,商务印书馆 1961 年版。

25. 马克斯·韦伯:《新教伦理与资本主义精神》,陕西师范大学出版社 2002 年版。

26. 马克斯·韦伯:《儒教与道教》,商务印书馆 1995 年版。

27. 余英时:《儒家伦理与商人精神》,广西师范大学出版社 2004 年版。

28. 余英时:《中国近世宗教伦理与商人精神》,广西师范大学出版社 2004 年版。

29. 余英时:《中国思想传统及其现代变迁》,广西师范大学出版社 2004 年版。

30. 鲁宾斯坦:《经济学与语言》,上海财经大学出版社 2004 年版。

31. 西美尔:《货币哲学》,华夏出版社 2002 年版。

32. 凯恩斯:《就业·利息和货币通论》,商务印书馆 1999 年版。

33. 马歇尔:《经济学原理》,商务印书馆 1965 年版。

34. 王慎之:《西方经济思想库》,经济科学出版社 1997 年版。

35. 韦森:《经济学与哲学:制度分析的哲学基础》,上海人民出版社 2005 年版。

36. 韦森:《思辨的经济学》,山东友谊出版社 2006 年版。

37. 张雄:《市场经济中的非理性世界》,立信会计出版社 1995 年版。

38. 张雄:《经济哲学从历史哲学向经济哲学的跨越》,云南人民出版社 2002 年版。

39. 张雄、鲁品越:《中国经济哲学评论(2004·货币哲学专辑)》,社会科学出版社 2005 年版。

40. 姜锡东:《宋代商人和商业》,中华书局 2002 年版。

41. 何俊:《宋代儒学建构》,上海人民出版社 2004 年版。

42. 马涛:《儒家传统与现代市场经济》,复旦大学出版社 2000 年版。

43. 马涛:《经济思想史教程》,复旦大学出版社 2006 年版。

44. 马涛:《理性崇拜与缺憾——经济认识论批判》,上海社会科学出版社 2000 年版。

45. 林国雄:《金钱价值的两仪论》,慈惠堂出版社 2004 年版。

46. 伽达默尔:《真理与方法》,上海译文出版社 2004 年版。

47. 冯契:《冯契文集》,华东师范大学出版社 1997 年版。

48. 康德:《纯粹理性批判》,人民出版社 2004 年版。

49. 康德:《实践理性批判》,人民出版社 2003 年版。

50. 康德:《判断力批判》,人民出版社 2002 年版。

51. 康德:《道德形而上学》,上海人民出版社 2005 年版。

52. 康德:《实用人类学》,上海人民出版社 2005 年版。

53. 康德:《逻辑学讲义》,商务印书馆 1991 年版。

54. 康德:《历史理性批判文集》,商务印书馆 1990 年版。

55. 牟宗三:《中西哲学之会通十四讲》,上海古籍出版社 1997 年版。

56. 牟宗三:《牟宗三先生全集·心体与性体》,中国台湾联经出版事业公司 2003 年版。

57. 牟宗三:《宋明儒学的问题与发展》,华东师范大学出版社 2004 年版。

58. 牟宗三:《中国哲学十九讲》,上海古籍出版社 1997 年版。

59. 牟宗三:《从陆象山到刘蕺山》,上海古籍出版社 2001 年版。

60. 牟宗三:《中国哲学的特质》,上海古籍出版社 2007 年版。

61. 海德格尔:《海德格尔选集》,上海三联书店 1996 年版。

62. 海德格尔:《存在与时间》,生活·读书·新知三联书店 2006 年版。

63. 海德格尔:《在通向语言的途中》,商务印书馆 1997 年版。

64. 海德格尔:《面向思的事情》,商务印书馆 1996 年版。

65. 海德格尔:《演讲与论文集》,生活·读书·新知三联书店 2005 年版。

66. 阿马蒂亚·森:《理性与自由》,中国人民大学出版社 2006 年版。

67. 阿马蒂亚·森:《以自由看待发展》,中国人民大学出版社 2002 年版。

68. 阿马蒂亚·森:《贫困与饥荒》,商务印书馆 2001 年版。

69. 阿马蒂亚·森:《伦理学与经济学》,商务印书馆 2000 年版。

70. 莱昂内尔·罗宾斯:《经济科学的性质和意义》,商务印书馆 2000 年版。

71. 阿瑟·刘易斯:《经济增长理论》,商务印书馆 1983 年版。

72. 厉以宁:《经济学的伦理问题》,生活·读书·新知三联书店 1995 年版。

73. 周梦江:《叶适评传》,作家出版社 1998 年版。

74. 周梦江:《叶适与永嘉学派》,浙江古籍出版社 1992 年版。

75. 周梦江:《叶适年谱》,浙江古籍出版社 1996 年版。

76. 张义德:《叶适与永嘉学派论集》,光明日报出版社 2000 年版。

77. 张义德:《叶适评传》,南京大学出版社 1994 年版。

78. 朱迎平:《永嘉巨子——叶适传》,浙江人民出版社 2006 年版。

79. 司马云杰:《大道运行论》,陕西人民出版社 2003 年版。

80. 柏拉图:《理想国》,商务印书馆 1986 年版。

81. 亚里士多德:《亚里士多德选集伦理学卷》,中国人民大学出版社 1999 年版。

82. 亚里士多德:《亚里士多德选集政治学卷》,中国人民大学出版社 1999 年版。

83. 亚里士多德:《形而上学》,商务印书馆 1959 年版。

84. 边沁:《道德与立法原理导论》,商务印书馆 2000 年版。

85. 约翰·穆勒:《功用主义》,商务印书馆 1936 年版。

86. 约翰·穆勒:《政治经济学原理及其在社会哲学上的若干应用》,商务印书馆 1991 年版。

87. 斯坦利·L.布鲁:《经济思想史》,机械工业出版社 2006 年版。

88. 汤在新、颜鹏飞:《近代西方经济学》,上海人民出版社 2002 年版。

89. 张军:《书里书外的经济学》,上海三联书店 2002 年版。

90. 张德胜:《儒商与现代社会——义利关系的社会学之变》,南京大学出版社 2002 年版。

91. 陈勇勤:《中西方经济思想的演化及比较研究》,中国人民大学出版社 2006 年版。

92. 王大庆:《本与末——古代中国与古代希腊经济思想比较研究》,商务印书馆 2006 年版。

93. 罗尔斯:《正义论》,中国社会科学出版社 1988 年版。

94. 罗尔斯:《作为公平的正义——正义新论》,上海三联书店 2002 年版。

95. 哈耶克:《个人主义与经济秩序》,生活·读书·新知三联书店 2003 年版。

96. 哈耶克:《通往奴役之路》,中国社会科学出版社 1997 年版。

97. 哈贝马斯:《在事实与规范之间》,生活·读书·新知三联书店 2003 年版。

98. 哈贝马斯:《交往行为理论》,上海人民出版社 2004 年版。

99. 格尔哈德·帕普克:《知识、自由与秩序》,中国社会科学出版社 2001 年版。

100. 卡尔·波普尔:《开放社会及其敌人》,中国社会科学出版社 1999 年版。

101. 阿拉斯代尔·麦金太尔:《伦理学简史》,商务印书馆 2003 年版。

102. 叶坦:《儒学与经济》,广西人民出版社 2005 年版。

103. 叶坦:《富国富民论》,北京出版社 1991 年版。

104. 叶坦:《传统经济观大论战》,北京大学出版社 1990 年版。

105. 董平、刘宏章:《陈亮评传》,南京大学出版社 1996 年版。

106. 张立文:《朱熹思想研究》,中国社会科学出版社 2001 年版。

107. 张立文:《中国哲学逻辑结构论》,中国社会科学出版社 2002 年版。

108. 陈来:《中国近世思想史研究》,商务印书馆 2003 年版。

109. 杨国荣:《善的历程》,上海人民出版社 2006 年版。

110. 杨国荣:《思与所思》,北京师范大学出版社 2006 年版。

111. 杨国荣:《庄子的思想世界》,北京大学出版社 2006 年版。

112. 杨国荣:《伦理与存在——道德哲学研究》,上海人民出版社 2002 年版。

113. 刘敬鲁:《经济哲学导论》,中国人民大学出版社 2003 年版。

114. 陈卫平:《孔子评传》,广西教育出版社 1997 年年版。

115. 陈卫平:《第一页与胚胎》,上海人民出版社 1992 年版。

116. 高瑞泉:《从历史中发现价值》,中国大百科全书出版社 2006 年版。

117. 高瑞泉:《中国现代精神传统》,东方出版中心 1999 年版。

118. 潘德荣:《诠释学导论》,中国台湾五南图书出版有限公司 1999 年版。

119. 潘德荣:《文字·诠释·传统》,上海译文出版社 2003 年版。

120. 崔宜明:《道德哲学引论》,上海人民出版社 2006 年版。

121. 杨泽波:《孟子性善论研究》,中国社会科学出版社 1995 年版。

122. 杨泽波:《牟宗三三系论论衡》,复旦大学出版社 2006 年版。

123. 祁润兴:《陆九渊评传》,南京大学出版社 1998 年版。

124. 俞吾金:《重新理解马克思》,北京师范大学出版社 2005 年版。

125. 王亚南:《王亚南经济思想史论文集》,上海人民出版社 1981 年版。

126. 巫宝三:《巫宝三集》,中国社会科学出版社 2003 年版。

127. 巫宝三:《管子经济思想研究》,中国社会科学出版社 1989 年版。

128. 巫宝三:《中国经济思想史资料选辑》,中国社会科学出版社 1996 年版。

129. 埃里克·罗尔:《经济思想史》,商务印书馆 1981 年版。

130. 朱有志:《先秦诸子经济哲学思想研究》,湖南人民出版社 1997 年版。

131. 贺麟:《文化与人生》,商务印书馆 1988 年版。

132. 韦政通:《中国思想史》,上海书店出版社 2003 年版。

133. 钱穆:《中国学术思想史论丛》卷五,安徽教育出版社 2004 年版。

134. 张岱年:《中国哲学大纲》,中国社会科学出版社 1982 年版。

135. 熊十力:《体用论》,中国人民大学出版社 2006 年版。

136. 熊彼特:《经济分析史》,商务印书馆 1991 年版。

137. 贝克尔:《人类行为的经济分析》,上海人民出版社 1995 年版。

138. 哈耶克:《自由秩序原理》,生活·读书·新知三联书店 1997 年版。

139. 王兴国:《牟宗三哲学思想研究》,人民出版社 2007 年版。

140. 黑格尔:《精神现象学》,商务印书馆 1979 年版。

141. 黑格尔:《小逻辑》,商务印书馆 1980 年版。

142. 休谟:《人性论》,商务印书馆 1980 年版。

143. 杜国庠:《杜国庠文集》,人民出版社 1962 年版。

144. 郭沫若:《中国古代社会研究》,河北教育出版社 2004 年版。

145. 王庆节:《解释学、海德格尔与儒道今释》,中国人民大学出版社 2004 年版。

146. 蒙培元:《蒙培元讲孔子》,北京大学出版社 2005 年版。

147. 蒙培元:《蒙培元讲孟子》,北京大学出版社 2006 年版。

148. 蒙培元:《人与自然——中国哲学生态观》,人民出版社 2004 年版。

149. 唐庆增:《中国经济思想史》,商务印书馆 1936 年版。

150. 胡适:《中国哲学史大纲》,东方出版社 1996 年版。

151. 谈敏:《法国重农学派学说的中国渊源》,上海人民出版社 1992 年版。

152. 安乐哲、罗思文:《论语的哲学诠释》,中国社会科学出版社 2003 年版。

153. 张祥龙:《海德格尔思想与中国天道》,生活·读书·新知三联书店 2007 年版。

154. 叶世昌:《古代中国经济思想史》,复旦大学出版社 2003 年版。

155. 卢敦基、陈承革土编:《陈亮——永康学派与浙东精神》,上海古籍出版社 2005 年版。

三、西文著作

1. Hans-Georg Gadamer. *Truth and Method*. China Social Sciences Publishing House Chengcheng Book Ltd. ,1975.

2. Immanuel Kant. *Critique of Pure Reason*. China Social Sciences Publishing House Chengcheng Books Ltd,Reprinted from the English Edition by the Macmillan Press Ltd. ,1933.

3. Joan Robinson. *Economic Philosophy*. London C. A. Watts &Co. Ltd. ,1962.

4. Chenhuan-chang. *The Economic Principles of Confucius and His School*. Columbia University Press,1911.

5. Thomas S. Kuhn. *The Structure of Scientific Revolutions*. The University of Chicago,1962.

四、部分论文

1. 华山:《叶适思想批判》,《山东大学学报》,1961 年第 4 期。

2. 李经元:《叶适思想及其对理学的批判》,《中国史研究》,1984 年第 1 期。

3. 徐洪兴:《论叶适的"非孟"思想》,《浙江学刊》,1994 年第 3 期。

4. 张义德:《如何评价叶适的"中庸"、"致中和"思想》,《孔子研究》,1993 年第 3 期。

5. 王伦信:《叶适的教育思想》,《华东师范大学学报》,1988 年第 3 期。

6. 沈荨:《叶适反传统的国民经济管理思想》,《历史教学问题》,1988 年第 3 期。

7. 麻桑:《"义""利""害"观念的现代诠释——以叶适功利伦理学说为进路兼以朱学为基本参照》,《孔子研究》,2006 年第 5 期。

8. 蒋伟胜(博士论文):《习学成德——叶适的外王内圣之道》,2006 年 4 月。

9. 杨国荣:《论冯契的广义认识论》,《中国哲学史》,2006 年第 1 期。

10. 孙熙国:《知"道",成"道"与行"道"——对〈郭店楚墓竹简〉儒家"德"论的一种解说》,《哲学研究》,2007 年第 12 期。

11. 陈卫平:《现代哲学的默会知识论与传统儒家的理想人格论》,《探索与争鸣》,2005 年第 11 期。

12. 李亚彬:《子思为孔孟之间的过渡环节》,《哲学研究》,2007 年第 4 期。

13. 潘德荣:《理解方法论视野中的读者与文本——加达默尔与方法论诠释学》,《中国社会科学》,2008 年第 2 期。

14. 蒙培元:《两个世界还是一个世界——朱子哲学辩证之一》,《学术月刊》,2008 年第 3 期。

15. 张曙光:《开显"天地之大德"》,《学术月刊》,2008 年第 3 期。